Mentes
que Mudam

G227m Gardner, Howard
        Mentes que mudam: a arte e a ciência de mudar as nossas
    idéias e a dos outros / Howard Gardner; trad. Maria Adriana
    Veríssimo Veronese. – Porto Alegre : Artmed/Bookman, 2005.

    ISBN 978-85-363-0428-1

    1. Ciência cognitiva. I. Título.

                                            CDU 159.953.5

Catalogação na publicação: Mônica Ballejo Canto – CRB 10/1023

Mentes que Mudam

A arte e a ciência de mudar as nossas idéias e as dos outros

Howard Gardner

Tradução:
Maria Adriana Veríssimo Veronese

Consultoria, supervisão e revisão técnica desta edição:
Rogério de Castro Oliveira
Doutor em Educação. Professor Titular da UFRGS.

2005

Obra originalmente publicada sob o título *Changing minds:*
the art and science of changing our own and other peoples minds
© 2004 Howard Gardner – Harvard Business School Press.
ISBN 1-57851-709-5

Capa
Gustavo Macri,
arte-finalização a partir do original

Preparação do original
Aline Pereira

Leitura final
Maria Rita Quintella

Supervisão editorial
Mônica Ballejo Canto

Projeto gráfico e editoração eletrônica
Armazém Digital Editoração Eletrônica – rcmv

Reservados todos os direitos de publicação, em língua portuguesa, à
ARTMED® EDITORA S.A.
Av. Jerônimo de Ornelas, 670 - Santana
90040-340 Porto Alegre RS
Fone (51) 3027-7000 Fax (51) 3027-7070

É proibida a duplicação ou reprodução deste volume, no todo ou em parte,
sob quaisquer formas ou por quaisquer meios (eletrônico, mecânico, gravação,
fotocópia, distribuição na Web e outros), sem permissão expressa da Editora.

SÃO PAULO
Av. Angélica, 1091 - Higienópolis
01227-100 São Paulo SP
Fone (11) 3665-1100 Fax (11) 3667-1333

SAC 0800 703-3444

IMPRESSO NO BRASIL
PRINTED IN BRAZIL
Impresso sob demanda na Meta Brasil a pedido de Grupo A Educação.

Sobre o Autor

Howard Gardner é *John H. and Elisabeth A. Hobbs Professor of Cognition and Education* na Harvard Graduate School of Education. Ele também é professor adjunto de Psicologia na Harvard University, professor adjunto de Neurologia na Boston University School of Medicine e diretor sênior do Projeto Zero de Harvard.

Gardner é mais conhecido nos círculos educacionais por sua teoria das inteligências múltiplas, uma crítica à noção de que existe apenas uma inteligência humana que pode ser avaliada por instrumentos psicométricos padronizados. Durante as últimas duas décadas, ele e seus colegas do Projeto Zero trabalharam na criação de avaliações baseadas no desempenho, na educação para a compreensão, no uso das inteligências múltiplas para se chegar a currículos, instrução e avaliação mais personalizados e na natureza dos esforços interdisciplinares na educação. Nos últimos anos, em colaboração com os psicólogos Mihaly Csikszentmihalyi e William Damon, Gardner realizou um estudo sobre o trabalho qualificado – um trabalho que é ao mesmo tempo de excelente qualidade e socialmente responsável. O Projeto do Trabalho Qualificado inclui estudos de líderes que se destacaram em várias profissões – entre elas jornalismo, direito, ciência, medicina, teatro e filantropia – assim como o exame de instituições e de organizações exemplares.

Gardner é autor de centenas de artigos e 20 livros traduzidos em 22 línguas, incluindo *Trabalho qualificado: quando a excelência e a ética se encontram; A criança pré-escolar; Arte, mente e cérebro: uma abordagem cognitiva da criatividade; Estruturas da mente: a teoria das inteligências múltiplas; Inteligência: múltiplas perspectivas; Inteligências múltiplas: a teoria na prática; Projeto Spectrum: a teoria das inteligências múltiplas na educação infantil – V.1 – Utilizando as competências das crianças, V.2 – Atividades iniciais de aprendizagem, V.3 – Avaliação em educação infantil*, publicados pela Artmed Editora, *The discipline mind: beyond facts and standardized tests, the K-12 Education that every child deserves* e *Making good: how young people cope with moral dilemmas at work* (com Wendy Fischman, Becca Solomon e Deborah Greenspan).

Entre numerosos prêmios, Gardner recebeu o MacArthur Prize Fellowship em 1981. Em 1990, foi o primeiro norte-americano a receber o University of Louisville's Grawemeyer Award in Education e, em 2000, foi admitido como Fellow da John S. Guggenheim Memorial Foundation. Recebeu diversos títulos honorários de 20 universidades, incluindo instituições da Irlanda, Itália e Israel.

Para Courtney Sale Ross-Holst

Agradecimentos

Muitas pessoas ajudaram a produzir esta mudança no meu próprio ponto de vista e a concretizar este livro. Meu maior débito editorial é com Hollis Heimbouch, que perseverou em um empreendimento às vezes frustrante e merece, no mínimo, o crédito por uma "ajuda atlética" na forma e no conteúdo finais do livro. Meu maior débito de pesquisa é para com Kim Barberich, minha competente assistente, que me ajudou a compreender a aplicabilidade das minhas idéias em um contexto empresarial e fez críticas muito úteis a diversos rascunhos. No lado editorial, também agradeço a Marjorie Williams e a Jeff Kehoe, da HBSP; a Lucy McCauley, que fez um trabalho soberbo na edição de um penúltimo rascunho um tanto desajeitado; e a Cathi Reinfelder e a Jane Bonassar, pelos estágios finais da edição. No meu escritório, Alex Chisholm coordenou a preparação do manuscrito. Minha esposa, Ellen Winner, e meu filho, Jay Gardner, deram conselhos e apoio ao longo do caminho. A Templeton Foundation financiou minhas investigações sobre o trabalho qualificado na administração. Dentre os muitos colegas com quem discuti esses temas no decorrer dos anos, gostaria de destacar três amigos aos quais agradeço especialmente: Warren Bennis, por seu conhecimento sem paralelo de questões envolvendo administração e liderança, Jeffrey Epstein, pelas excelentes perguntas que formulou e James O. Freedman, por sua generosidade e sabedoria.

Dedico este livro à Courtney Sale Ross-Holst. Começamos como colegas refletindo sobre as questões envolvidas na criação de uma nova escola. Courtney encarregou-se da maior parte da reflexão, mas eu não hesitei em "me lembrar" dessas reflexões. No decorrer dos anos, colaboramos em numerosos empreendimentos em vários locais e nos tornamos bons amigos. O conselho de Courtney é, quase invariavelmente, adequado; e, para usar um termo que raramente evoco, ela é uma verdadeira visionária. Existe uma outra maneira, mais direta, de expressar o que acabei de dizer: Courtney mudou minha perspectiva em muitas questões importantes. Acredito que suas idéias atualmente visionárias sobre educação algum dia parecerão comuns, porque – em uma escala global – ela terá ajudado a produzir mudanças que importam.

Prefácio

Livros podem ser auto-referenciais. De várias maneiras, este livro corporifica as características da mudança mental que ele descreve. A princípio, pensei que estava escrevendo um tipo de livro, mas mudei de idéia – mudei minha mente – e acabou surgindo um livro muito diferente. Como acontece freqüentemente, a mudança ocorreu de modo imperceptível, quase inconsciente, mas no final aflorou à consciência. O resto foi fácil.

Deixe-me explicar. Como muitos acadêmicos que se dedicam à pesquisa há décadas, estou envolvido em uma ampla rede de empreendimentos. Ao longo dos anos estudei a inteligência, a criatividade, a liderança, o ensino, a aprendizagem, a reforma escolar e a ética, sempre do ponto de vista da psicologia cognitiva. Na década de 1990, um editor da Harvard Business School Press (HBSP) perguntou-me se eu gostaria de escrever sobre minhas idéias para um público empresarial. Após certo ceticismo inicial, comecei a me entusiasmar com o convite. Concordamos que eu trataria de todos esses tópicos com um olhar voltado para as questões que interessam aos indivíduos do mundo corporativo.

Nos anos seguintes, fiz algumas tentativas de iniciar o livro, mas nenhuma foi totalmente satisfatória. A idéia de reembalar minhas idéias principais para os leitores do *Wall Street Journal* ou do *Business Week* parecia um pouco fora de propósito. Na época, eu estava em um momento diferente do meu pensamento, e a equipe editorial da HBSP também havia mudado. Certo dia do outono de 2001, quando conversava com a diretora editorial Hollis Heimbouch, foi se formando uma nova idéia. Pelo que lembro, essa conversa catalisadora foi mais ou menos como segue. Hollis disse: "Você está interessado em como os líderes influenciam os membros de seu grupo; também está interessado na educação e na dificuldade de ensinar algo novo. Qual é a conexão, o 'ponto de união'?" Uma idéia da década de 1970 passou pela minha mente, embrulhada em uma frase deselegante: "Deixemos Nixon ser Nixon". Eu respondi: "O que realmente me interessa no momento, Hollis, é como podemos fazer com que as pessoas mudem sua maneira de pensar sobre as coisas que importam". Ela retrucou: "Bem, então você deve escrever aquele livro".

Com esse diálogo aparentemente simples, mudei totalmente de direção e, sem grandes tensões, logo surgiu um novo livro.

À luz do modelo desenvolvido nas páginas que se seguem, como agora eu encaro essa mudança mental? Simplificando as coisas, comecei com uma idéia contida em uma representação: uma série de ensaios sobre vários tópicos que já havia tratado, cada um pontuado com exemplos tirados da administração, e não da educação (meu foco habitual). Acabei com uma idéia bem diferente: uma profunda reflexão sobre a natureza da mudança mental, ilustrada com exemplos de uma variedade de esferas deliberadamente ampla. Neste livro, descrevo sete diferentes alavancas da mudança mental. No caso da mudança de idéia que ocorreu no curso da redação deste volume, as alavancas que chamo de *ressonância, redescrição representacional* e *resistência* foram as que mais operaram. Descrevo também seis diferentes áreas da mudança mental; nesse exemplo particular, a área apresentada foi a acadêmica, uma esfera que apresenta a mente mudando por meio da manipulação de diferentes sistemas simbólicos. Espero que este resumo taquigráfico seja decifrado com a leitura de *Mentes que mudam*.

Sumário

Prefácio xi

1. Os conteúdos da mente 15
2. As formas da mente 35
3. O poder das primeiras teorias 59
4. Liderando uma população diversificada 77
5. Liderando uma instituição:
   como lidar com uma população uniforme 97
6. Mudando mentes indiretamente: por meio de descobertas
   científicas, avanços acadêmicos e criações artísticas 117
7. Mudança de mentes em um ambiente formal 135
8. Mudança de mentes muito próximas 151
9. Mudando a própria mente 173
10. Epílogo: o futuro da mudança de mentes 197

Apêndice 211
Índice 221

1

Os Conteúdos da Mente

Falamos o tempo todo sobre mudar de idéia. O significado dessa metáfora tão comum parece suficientemente claro: temos opiniões que seguem em uma determinada direção, alguma operação é realizada e – vejam só – a opinião agora vai em outra direção. Por mais clara que essa figura de linguagem possa parecer sob uma consideração superficial, o fenômeno da mudança de mentes é um dos menos examinados e – afirmaria – uma das menos compreendidas experiências humanas conhecidas.

O que acontece quando mudamos nosso modo de pensar? E o que, exatamente, é necessário para que uma pessoa mude mentalmente e comece a agir com base nessa mudança? Estas perguntas atraíram a minha curiosidade: pensei sobre elas como pesquisador psicológico, embora simultaneamente percebesse que alguns aspectos da mudança mental provavelmente continuarão sendo uma arte em um futuro previsível. Nas páginas seguintes apresento as minhas respostas.

Mentes, é claro, são difíceis de mudar. Mas tantos aspectos da nossa vida são orientados justamente para isso – convencer um colega a fazer uma tarefa de uma maneira nova, tentar erradicar nossos próprios preconceitos. Alguns de nós, inclusive, estão envolvidos profissionalmente no negócio de mudar mentes: o terapeuta que influencia o autoconceito do paciente; o professor que apresenta aos alunos novas maneiras de pensar sobre um assunto conhecido; o vendedor ou publicitário que convence os consumidores a mudar de marca. Os líderes, quase por definição, são pessoas que mudam mentes – sejam eles líderes de uma nação, corporação ou instituição beneficente. Então, com certeza, em vez de tomar como natural o processo da mudança mental, podemos nos beneficiar muito de um melhor entendimento de seus mistérios fascinantes – do que acontece, exatamente, quando uma mente muda de um estado aparentemente intratável para um ponto de vista radicalmente diferente.

Inicialmente, permita-me explicar o que quero dizer – e o que não quero dizer – quando uso a expressão "mudar mentes". Para começar, estou falando sobre mudanças mentais significativas. Em um sentido trivial, nossa mente muda a todo momento quando estamos acordados e, com toda a probabilidade, também quando estamos cochilando ou dormindo. Mesmo quando ficamos senis, nossa mente está mudando, embora nem sempre de maneira desejável. Reservarei a expressão "mudar mentes" para as situações em que indivíduos ou grupos abandonam seu modo costumeiro de pensar sobre questões importantes e, a partir daí, passam a vê-las de um modo diferente. Assim, se decido ler as seções do jornal em uma ordem diferente, ou almoçar ao meio-dia em vez de à uma hora, isso não se qualifica como mudança mental. Se, por outro lado, sempre votei no partido democrata e decido que a partir de agora farei uma campanha ativa pelo partido libertador, ou se decido largar a faculdade de direito para ir tocar piano em um bar, considero ambas as decisões como mudanças mentais significativas. (É claro, sempre há o caso do esquisitão para o qual trocar a hora do almoço representa uma mudança maior do que trocar de carreira.) A mesma comparação vale para a situação em que alguém é o agente da mudança – a pessoa que produz uma mudança mental. A professora que decide fazer testes na quinta em vez de na sexta-feira e, portanto, afeta o meu cronograma semanal de estudo, está produzindo uma mudança mental modesta em mim. Mas a professora que me estimula a aprender e, portanto, me incentiva a continuar estudando um assunto mesmo depois do final do curso, afetou o meu pensamento de modo mais substancial.

Focalizo mudanças mentais que ocorrem conscientemente, de modo típico, como resultado de forças que podem ser identificadas (e não de uma manipulação sutil). Examino uma série de agentes que visam produzir uma mudança mental e o fazem de maneira direta e transparente. Meus exemplos incluem líderes políticos como a primeira-ministra Margaret Thatcher, que alterou a direção da Grã-Bretanha nos anos de 1980; líderes empresariais como John Browne, agora Lorde Browne, que mudou as operações da gigantesca companhia britânica de petróleo, a BP, nos anos de 1990; o biólogo Charles Darwin, que transformou a maneira de os cientistas (e, finalmente, dos leigos) pensarem sobre a origem humana; o espião Whittaker Chambers, cujas tumultuadas mudanças mentais alteraram a paisagem política dos Estados Unidos nos anos de 1950; e professores de escola, membros da família, colegas de profissão, terapeutas e amantes, menos conhecidos, que mudaram a mente das pessoas que os cercavam.

Meu foco principal são os agentes que conseguem mudar mentes, mas também examino tentativas fracassadas de líderes políticos, líderes empresariais, intelectuais e outros aspirantes a transformadores de mentes. Exceto incidentalmente, não tratarei de mudanças que ocorrem por compulsão, nem de mudanças que acontecem como resultado de trapaças ou manipulação. Apresento sete fatores – variando da razão à resistência – que operam, individual ou conjuntamente, para produzir ou impedir mudanças mentais significativas; e mostrarei como eles funcionam em uma variedade de casos específicos. Estou consciente de que as mudanças nem sempre ocorrem por causa das intenções dos agentes de mudança ou dos desejos da pessoa cujo pensamento mudou; alguns efeitos serão indiretos, sutis, a longo prazo, involuntários ou, inclusive, perversos.

Muitas vezes, os artistas são os primeiros a explorar terrenos que acabam sendo explorados de forma mais explícita por acadêmicos. O romancista e ensaísta Nicholson Baker apresenta um exemplo encantador de mudança mental e – de modo mais revelador – oferece uma explicação intuitiva de como essa mudança aconteceu.[1] Baker relembra uma viagem de ônibus que fez da cidade de Nova York para Rochester. A co-ocorrência de dois eventos naquela viagem estimulou Baker a refletir sobre o processo de mudança mental.

Em primeiro lugar, em uma parada programada da rota, o motorista do ônibus notou um sapato perdido. Ele perguntou se o sapato pertencia a alguém. Quando nenhum dos passageiros respondeu, o motorista do ônibus atirou o sapato em uma lata de lixo próxima. Em um momento posterior da viagem, um passageiro de aparência patética perguntou ao motorista se não tinha sido encontrado um sapato. O motorista informou-o de que era tarde demais e que o sapato já fora jogado no lixo nas proximidades de Binghamton.

Baker compara a atitude decidida de jogar fora o sapato com um exemplo muito mais gradual de chegar a uma decisão – de fato, uma mudança de perspectiva sofrida por ele. Durante essa mesma viagem de ônibus, o escritor começara a fantasiar sobre como poderia mobiliar um apartamento. Em especial, ele pensara em uma maneira imaginativa de sentar: ele compraria e instalaria fileiras de empilhadeiras amarelas e escavadeiras laranja em seu apartamento. Os visitantes poderiam sentar em balanços pendurados nas alças das empilhadeiras ou nas cubas existentes nas escavadeiras. Baker estava no processo de calcular o peso de quantas empilhadeiras o assoalho suportaria quando o desventurado passageiro perguntara em vão sobre o paradeiro de seu sapato.

Baker reflete sobre o que aconteceu nos cinco anos decorrentes desde a primeira vez em que imaginara essa forma exótica de mobília: "Descobri que, sem ter percebido, eu mudara de idéia. Já não quero viver em um apartamento mobiliado com empilhadeiras e escavadeiras. Em algum momento, joguei fora aquele interesse tão irrevogavelmente como o motorista do ônibus jogou fora o pé direito do sapato daquele triste homenzinho. No entanto, nesse tempo interveniente, não tive um só momento de incerteza ou reflexão a respeito de escavadeiras".[2]

Baker prossegue, refletindo sobre a natureza peculiar dessas mudanças mentais graduais – mudanças como o afastamento de dois amigos, uma mudança no gosto artístico, uma alteração de consciência ou persuasão política. Segundo ele, a mudança mental geralmente resulta de uma mudança lenta, quase imperceptível, de perspectiva, e não de uma única argumentação ou súbita epifania. Além disso, os assim chamados súbitos *insights* normalmente são coisas que só percebemos após o fato ocorrido, e se tornam histórias que por fim contamos a nós mesmos e aos outros para explicar nossa mudança mental. Ele conclui sua reflexão com uma caracterização que abrange justamente o tipo de mudança mental que estou tentando compreender: "Não quero a história do professor temido-mas-amado, do livro que causou um verdadeiro terremoto, dos anos de intenso estudo seguidos por uma descoberta visionária, das agruras do arrependimento; quero cada mudança mental seqüencial em sua multiplicidade verdadeira, complicada, coagulada, vinácea, com todos os coloridos fluxos de inteligência ainda presos a ela e adejando ao vento".[3]

Em uma perspectiva fenomenológica, Baker capturou bem a experiência que todos vivenciamos no que se refere a dois tipos de mudança mental: por um lado, uma decisão aparentemente abrupta, como atirar um sapato pela janela; por outro, uma decisão à qual chegamos gradualmente, talvez imperceptivelmente, no decorrer de um período mais longo de tempo, como uma mudança no gosto pessoal. Acredito que Baker está certo ao afirmar que mesmo as mudanças que irrompem dramaticamente na consciência geralmente mascaram processos mais sutis, que se consolidam no decorrer de um período de tempo mais longo. No entanto, esses casos de mudança mental pessoal fazem parte de uma subclasse: muitas vezes, outros agentes – líderes, professores, personalidades da mídia – desempenham um papel decisivo na produção de uma mudança mental, seja ela súbita ou inesperada.

Todas essas formas de mudança mental exigem uma explicação. O que é enigmático para o romancista ou provocador para o ensaísta pode e deve ser explicado pelo cientista social. Neste livro, identifico (1) os vários agentes e agências da mudança mental, (2) os instrumentos que eles têm à sua disposição e (3) os sete fatores que ajudam a determinar se eles terão sucesso na mudança mental. E tento mostrar o poder da minha explicação cognitiva, fazendo uma comparação com explicações rivais: por exemplo, uma explicação baseada em fatores biológicos e outra que focaliza fatores culturais ou históricos.

Antes de nos lançarmos aos agentes e instrumentos específicos que podem criar uma mudança mental, permita-me definir o que quero dizer quando falo sobre o que acontece na "mente". Apesar de Nicholson Baker e eu estarmos falando sobre mudança mental, está claro que aquilo sobre o que estou escrevendo (e talvez sobre o que ele também esteja escrevendo) envolve, em última análise, mudança de comportamento. Mudanças que ocorrem "dentro da mente" podem ser de interesse acadêmico, mas se não resultarem em mudanças de comportamento presentes ou futuras elas não me interessam.

Por que, então, não falamos simplesmente sobre o comportamento? Por que introduzir a mente nesta discussão? Porque um dos segredos da mudança mental é a produção de uma mudança nas "representações mentais" do indivíduo – a maneira específica pela qual a pessoa percebe, codifica, retém e acessa informações. Aqui entramos em cheio na história da psicologia – e em uma maneira de pensar sobre a mente humana que nos permite responder à pergunta: o que é preciso para mudar uma mente?

UMA PSICOLOGIA ABERTA À FALA "DA MENTE"

Há um século, nos primeiros dias da psicologia científica, os pesquisadores dependiam principalmente de auto-relatos (introspecção) e não hesitavam em falar sobre idéias, pensamentos, imagens, estados de consciência, até sobre a mente. Infelizmente, os seres humanos não são necessariamente observadores acurados da sua vida mental, e explicações introspectivas da experiência não satisfazem padrões científicos rigorosos. Como uma reação contra a excessiva confiança em relatos pessoais, estilo Nicholson Baker, uma geração de psicólogos decidiu eliminar de sua disciplina tão nova todo o testemunho pessoal – toda a referência a fenômenos mentais. Ao contrário, eles defenderam uma ênfase exclusiva em comportamentos observáveis – atos que podem ser objetivamente observados, registrados e quantificados. Sua abordagem – que vigorou nos Estados Unidos e em outros países por meio século – chamava-se comportamentalismo. Os princípios (e limites) do comportamentalismo são bem transmitidos por uma antiga piada: Dois comportamentalistas fazem amor. O primeiro diz para o outro: "Puxa, foi ótimo para você. Mas, diga-me, como foi para mim?"

Sejam quais forem suas virtudes, o comportamentalismo morreu durante a segunda metade do século XX. Houve vários responsáveis por essa execução, mas o principal carrasco foi o computador. Nas décadas de 1950 e 1960, ficou claro que os computadores eram capazes de resolver problemas extremamente sofisticados. Para realizar essa solução de problemas, os computadores precisavam de informações – dados – sobre as quais eram executadas várias operações em seqüência. Muitas vezes, os computadores faziam cálculos de uma maneira que parecia semelhante à empregada pela mente humana. Conforme surgiam evidências de que objetos feitos pelo homem eram capazes de pensar, parecia absurdo negar a atividade mental àquelas entidades – os seres humanos – que construíram o *hardware*, criaram o *software* e modelaram os processos pelos quais os computadores operavam.

Então aconteceu a revolução cognitiva.[4] Essa corrente intelectual espalhou-se rapidamente por várias disciplinas 50 anos atrás e deu origem a um campo interdisciplinar chamado ciência cognitiva. Rejeitando a rigidez do comportamentalismo, os cientistas cognitivos revisitaram as perguntas e conceitos que haviam sido vistos como alvo fácil durante os primeiros anos da psicologia (e, na verdade, nas grandes filosofias do passado). Os cognitivistas não hesitaram em falar sobre imagens, idéias, operações mentais e a mente. Ao fazer isso, eles basearam-se fortemente na analogia e na terminologia da era do computador. E assim, como os aparelhos mecânicos ou elétricos de computação, dizia-se que os indivíduos assimilam a informação, a processam de várias maneiras e criam diversas representações mentais. É possível descrever essas representações mentais em inglês (ou francês ou suaíli) comum – como farei freqüentemente. Mas, no final das contas, é preferível que tais representações mentais sejam descritas tão precisamente como os objetos e as operações de uma linguagem de programação. Na verdade, um novo campo chamado neurociência cognitiva postula que, algum dia, essas representações mentais serão explicáveis em termos puramente fisiológicos. Poderemos apontar para um conjunto de conexões neurais ou redes que representam uma determinada imagem, idéia ou conceito e observar diretamente as mudanças acontecendo. E, se as futuras técnicas de transplantes de cérebro ou engenharia genética atingirem seu potencial, talvez sejamos capazes inclusive de mudar mentes operando diretamente sobre os neurônios ou nucleotídeos (o leitor encontrará mais sobre isso no capítulo de encerramento do livro).

Para realizar a presente investigação, aproprio-me da linguagem da ciência cognitiva e falo sobre como as representações mentais mudam ou são mudadas. Certamente, as nossas representações mentais mudam o tempo todo de uma maneira modesta. Na verdade, você não teria chegado a este ponto do primeiro capítulo se não tivesse sofrido mudanças voluntárias de representação – talvez mudanças na maneira pela qual você compreende a história da psicologia ou pensa sobre a frase comum "mudar de idéia". Além disso, a menos que leia textos de ciência social puramente por prazer, você presumivelmente está avançando na leitura deste livro na esperança de que as suas representações mentais de "mudar mentes" sofram modificações e essas modificações sejam úteis para você em casa, no trabalho ou em seu barzinho favorito.

Afinal, que negócio é esse de representações mentais? Vamos começar com um exemplo.

REPRESENTAÇÕES MENTAIS: O PRINCÍPIO DE 80/20

Pense na mudança mental que muitos indivíduos experienciam ao longo dos anos. Desde o início da infância, a maioria de nós opera de acordo com a seguinte suposição: quando confrontados com uma tarefa, devemos nos esforçar ao máximo e dedicar porções de tempo equivalente a cada parte da tarefa. Segundo esse "princípio de 50/50", se tivermos de aprender uma música, dominar um novo jogo ou fazer alguma tarefa em casa ou no trabalho, devemos dividir os nossos esforços igualmente entre os vários componentes.

Agora considere outra perspectiva em relação a essa questão. No início do século passado, o economista e sociólogo italiano Vilifredo Pareto propôs o que passou a ser conhecido como a regra ou o "princípio de 80/20". Conforme explicou Richard Koch em seu fascinante livro *The 80/20 Principle*,[5] geralmente podemos realizar a maioria das coisas que queremos – talvez uns 80% do alvo – com um esforço relativamente modesto – talvez apenas 20% do esforço esperado (veja a Figura 1.1). É importante ser judicioso sobre os alvos de nossos esforços e estar alerta a "pontos críticos" que colocam um objetivo dentro (ou fora) do nosso alcance. Inversamente, devemos evitar a tentação natural de injetar quantidades iguais de energia em todas as partes da tarefa, problema, projeto ou passatempo, ou dedicar a mesma atenção a cada empregado, amigo ou preocupação.

FIGURA 1.1 O princípio de 80/20

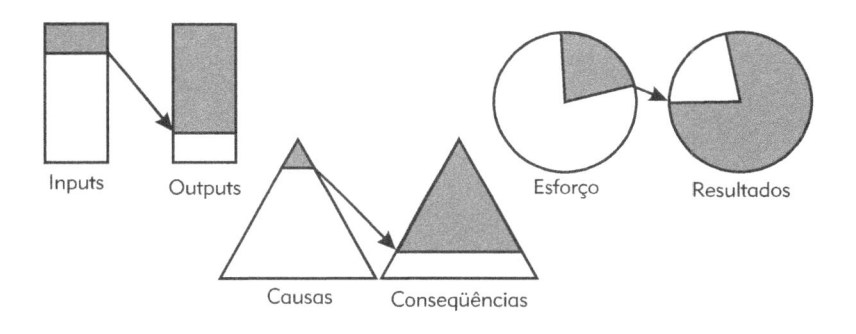

De Richard Koch, *The 80/20 Principle* (New York: Currency/Doubleday, 1998).
Reimpressa com permissão da Random House.

Por que alguém mudaria de opinião, deixando de operar segundo o princípio de 50/50 e passando a acreditar na proposição aparentemente contra-intuitiva de Pareto? Vamos considerar alguns exemplos concretos. Estudos mostram que, na maioria dos negócios, cerca de 80% dos lucros vêm de 20% dos produtos. Certamente faz sentido dedicar atenção e recursos aos produtos lucrativos e abandonar os que dão prejuízo. Na maioria dos negócios, os melhores profissionais produzem muito mais do que a sua parcela dos lucros; assim, devemos recompensar os melhores profissionais e tentar colocar os improdutivos (e não-lucrativos) em posições inferiores. Complementando essa noção (e com um cumprimento para os pessimistas), 80% dos problemas na força de trabalho decorrem, caracteristicamente, de um pequeno número de criadores de caso – que, a menos que sejam parentes do patrão, devem prontamente ser removidos da companhia. (Na América corporativa essa filosofia foi explicitamente adotada por empresas como a GE, que selecionam os 20% melhores para serem recompensados e os 10% piores para serem esquecidos.) A mesma proporção aplica-se aos clientes: os melhores clientes são responsáveis pela maior parte dos nossos sucessos, enquanto a vasta maioria deles contribui pouco para a nossa linha de base. Com respeito a quase qualquer produto ou projeto, podemos atingir nossas especificações e objetivos básicos com apenas um quinto do esforço costumeiro; quase todos os esforços restantes são dedicados simplesmente a alcançar a perfeição ou a satisfazer nossos traços obsessivos. Em todo caso, precisamos perguntar: Queremos realmente a perfeição? Quais são os custos, em termos de oportunidade, de dedicar uma energia significativa a apenas um de uma grande série de empreendimentos? O princípio de 80/20 pode ser visto até em eventos atuais. Segundo o *New York Times*, 20% dos revisores de bagagem dos aeroportos são responsáveis por 80% dos erros.[6] Respondendo a essa necessidade, um perito em aviação chamado Michael Cantor planejou uma tarefa perceptual simples que "esquadrinha e exclui" os revisores menos hábeis.

A esta altura, se você nunca tinha ouvido falar desse princípio, provavelmente já captou o seu ponto essencial (ou talvez 80% disso!). Você saberá se esse é um território familiar ("Pareto estava simplesmente falando sobre 'diminuir prejuízos'") ou se representa uma maneira genuinamente nova de pensar sobre as coisas ("Eu irei direto ao diretor dos recursos humanos e verei como poderemos nos livrar dos 20% mais moribundos da nossa equipe"). Você provavelmente tem algumas perguntas – por exemplo, é sempre 80/20? Como identificar os 20% que serão o nosso foco? Será que realmente queremos que nossos pilotos, nossos cirurgiões, nossos cientistas ou nossos artistas pratiquem a triagem de 80/20? E, se for um pouco irreverente, você poderá perguntar: "Como alguém chamado Koch escreveu um livro de 300 páginas sobre o princípio de 80/20?" Resposta pronta: É uma ótima leitura.

Em outras palavras, neste momento talvez você já esteja começando a mudar crenças anteriores e a aceitar a plausibilidade da proposição de Pareto – em teoria, pelo menos. Na verdade, de uma certa perspectiva, o princípio de 80/20 parece muito fácil de explicar, compreender e absorver. Os seres humanos poderiam ter sido planejados como criaturas capazes de aprender prontamente a pensar sobre escolhas de uma maneira nova. Mas o fato é que nada pode estar mais longe da verdade. Um dos hábitos mais arraigados no pensamento humano é a crença de que devemos funcionar de acordo com um princípio rival de 50/50. Devemos tratar todos e tudo com justiça e igualdade – e esperar o mesmo dos outros (especialmente dos nossos pais!). Devemos dedicar a mesma quantidade de tempo a cada pessoa, cada cliente, cada projeto, cada parte de cada projeto. Os psicólogos evolutivos chegam a afirmar que esse "princípio de igualdade" faz parte da arquitetura mental da nossa espécie. Mas não há nenhuma necessidade de invocar uma explicação biológica. Existem amplas confirmações culturais, desde a infância mais tenra, da noção de que devemos dedicar a atenção de maneira equivalente: "Agora, crianças, vamos dividir o chocolate de modo que cada uma de vocês ganhe exatamente a mesma quantidade". E, assim, mesmo os indivíduos que desejam ardentemente operar com base em algo diferente dos 50/50 – seja 80/20, 60/40 ou 99/1 – acham difícil fazer isso: é muito fácil apresentar o princípio de 80/20 ou convencer as pessoas de que isso é verdadeiro; mudar a maneira de pensar e passar a operar segundo o princípio é algo muito mais difícil.

Talvez seja melhor descrever o princípio de 80/20 como um conceito. Os seres humanos pensam em termos de conceitos, e nossa mente está atulhada de todo tipo de conceitos – alguns tangíveis (o conceito de mobília, o conceito de refeição), outros bem mais abstratos (o conceito de democracia, de gravidade, de produto nacional bruto). À medida que os conceitos tornam-se mais familiares, geralmente parecem mais concretos, e conseguimos pensar neles quase da mesma maneira pela qual pensamos em algo que podemos tocar ou provar. Assim, em um primeiro contato, o princípio de 80/20 pode parecer abstrato e ilusório, mas, depois de nos acostumarmos um pouco mais com ele, e jogarmos com ele em vários contextos, esse princípio pode se tornar tão familiar e abraçável como um velho ursinho de pelúcia.

Além disso, quanto mais familiar for um conceito, mais fácil fica pensar nele de várias maneiras. O que me traz a um ponto importante: apresentar múltiplas versões do mesmo conceito pode ser uma maneira extremamente poderosa de mudar a mente de alguém. Até o momento, descrevemos o princípio de 80/20 em palavras e números – duas marcas externas comuns (símbolos facilmente perceptíveis que representam conceitos). Mas o princípio não precisa ser confinado à simbolização linguística ou numérica – e é a possibilidade de expressão em variadas formas simbólicas o que facilita a mudança mental. Na Figura 1.1, já apresentei uma descrição gráfica do princípio.

Considere agora três figuras contrastantes contidas no livro de Koch. Cada uma dessas figuras apresenta dados sobre o consumo de cerveja que são relevantes para o princípio de 80/20 e podem ajudar a transmitir o mesmo ponto geral – para o mesmo ou para diferentes tipos de público A Figura 1.2 é uma lista ordenada de 100 bebedores de cerveja, cada um representado pelo número de copos de cerveja consumidos por semana. Os 20 primeiros bebedores de cerveja consomem cerca de 700 copos; os 80 restantes consomem 300 copos e, desses, os 20 menos ávidos bebem apenas 27 no total.

FIGURA 1.2 O princípio de 80/20 aplicado a bebedores de cerveja

Classificação	Nome	Copos bebidos	Cumulativo
Nossos primeiros 20 bebedores de cerveja			
1	Charles H.	45	45
2	Richard J.	43	88
3=	George K.	42	130
3=	Fred F.	42	172
5	Arthur M.	41	213
6	Steve B.	40	253
7	Peter T.	39	292
8	Reg C.	37	329
9=	George B.	36	365
9=	Bomber J.	36	401
9=	Fatty M.	36	437
12	Marian C.	33	470
13	Stewart M.	32	502
14	Cheryl W.	31	533
15=	Kevin C.	30	563
15=	Nick B.	30	593
15=	Ricky M.	30	623
15=	Nigel H.	30	653
19	Greg H.	26	679
20	Carol K.	21	700
Nossos últimos 20 bebedores de cerveja			
81=	Rupert E.	3	973
81=	Patrick W.	3	976
81=	Anne B.	3	979
81=	Jamie R.	3	982
85=	Stephanie F.	2	984
85=	Carl S.	2	986
87=	Roberta F.	1	987
87=	Pat B.	1	988
87=	James P.	1	989
87=	Charles W.	1	990
87=	Jon T.	1	991
87=	Edward W.	1	992
87=	Margo L.	1	993
87=	Rosabeth M.	1	994
87=	Shirley W.	1	995
87=	Greg P.	1	996
87=	Gilly C.	1	997
87=	Francis H.	1	998
87=	David C.	1	999
87=	Darleen B.	1	1000

De Richard Koch, *The 80/20 Principle* (New York: Currency/Doubleday, 1998).
Reimpressa com permissão da Random House.

A Figura 1.3 é uma grade cartesiana que esquematiza o número de copos bebidos por pessoa por semana, em comparação com a percentagem cumulativa da cerveja total consumida. Aqui podemos ver tanto o número de copos bebidos por cada pessoa (as listras verticais) como a percentagem cumulativa por coorte (a linha que sobe abruptamente no lado esquerdo da grade e depois lentamente se nivela perto do topo).

FIGURA 1.3 Gráfico de distribuição da freqüência de 80/20 de bebedores de cerveja

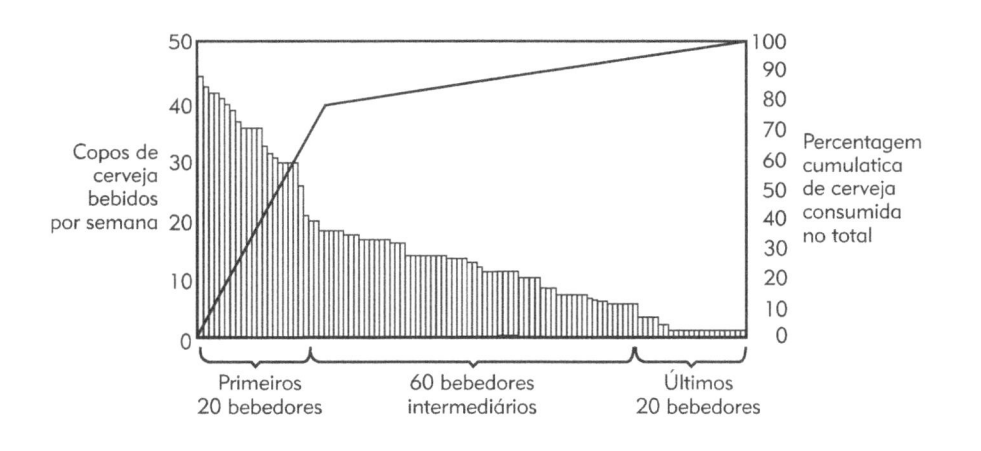

De Richard Koch, *The 80/20 Principle* (New York: Currency/Doubleday, 1998). Reimpressa com permissão da Random House.

A Figura 1.4, a mais simples em vários aspectos, apresenta um par de gráficos de barra. Essa descrição idealizada não contém nenhuma informação sobre bebedores individuais. Entretanto, podemos ver facilmente que uma percentagem relativamente pequena de indivíduos (20%) bebem a maioria da cerveja (cerca de 70%).

Essas várias maneiras de pensar sobre o princípio de Pareto nos trazem a um ponto importante sobre representações mentais: elas têm um conteúdo e uma forma, ou formato. O *conteúdo* é a idéia básica que está contida na representação – o que os lingüistas chamariam de *semântica* da mensagem. A *forma* ou *formato* é a linguagem, sistema de símbolos ou notações específicas em que o conteúdo é apresentado.

Cada uma das três maneiras de ver a idéia de 80/20 transmite essencialmente o mesmo conteúdo ou semântica: uma percentagem relativamente pe-

FIGURA 1.4 Proporção entre cerveja/consumo de cerveja

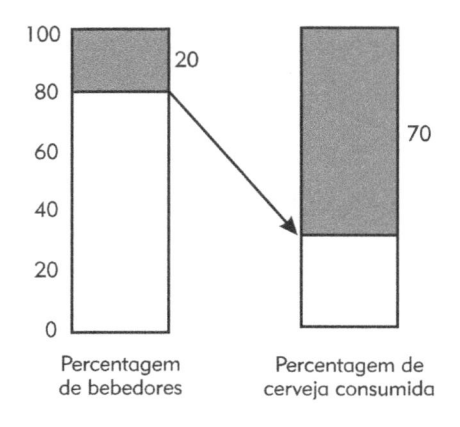

[Gráfico de barras: Percentagem de bebedores (20) e Percentagem de cerveja consumida (70)]

De Richard Koch, *The 80/20 Principle* (New York: Currency/Doubleday, 1998).
Reimpressa com permissão da Random House.

quena de pessoas em qualquer grupo bebe a maior parte da cerveja. Todavia, os meios empregados no gráfico – a forma, formato ou (mais tecnicamente) a sintaxe – são distintivos, e diferentes pessoas terão mais facilidade em decodificar uma forma de relato do que as outras. Observe que, de um ponto de vista formal, cada um desses sistemas gráficos pode denotar qualquer coisa, dos dias ensolarados em Seattle em setembro ao índice de células cerebrais perdidas em cada década da vida. Somente quando são afixados rótulos a esses auxílios visuais é que é possível apreciar o significado específico que o artista gráfico está tentando transmitir.

Essencialmente o mesmo significado semântico ou conteúdo, então, pode ser transmitido de diferentes formas: palavras, números, apresentações dramáticas, listas assinaladas, coordenadas cartesianas ou gráfico de barras. À primeira vista, talvez só consigamos pensar sobre o princípio 80/20 com referência a uma razão numérica (4:1). Com o tempo, no entanto, passamos a pensar sobre ele em termos de imagens espaciais, metáforas verbais, estados corporais ou, inclusive, passagens musicais. Na verdade, uma maneira efetiva de transmitir o princípio de 80/20 é pelo uso de um desenho (Figura 1.5). Em contraste, o mesmo sistema de marcação lingüística ou gráfica pode ser usado para transmitir um número indefinido de significados, desde que as regras sintáticas que governam esse sistema específico de marcação sejam seguidas e os rótulos sejam apropriados.

Mais uma vez, argumento aqui que múltiplas versões do mesmo ponto constituem uma maneira extremamente poderosa de mudar mentes. Mas que outros fatores poderiam fazer com que uma pessoa mudasse sua perspectiva e

FIGURA 1.5 Diagrama Rápido e Sujo

Este diagrama mostra o processo de "Rápido e Sujo". Observe que o centro da figura é um círculo com buracos. Isso porque se agimos "rápido e sujo" fazemos atalhos e deixamos coisas de fora.

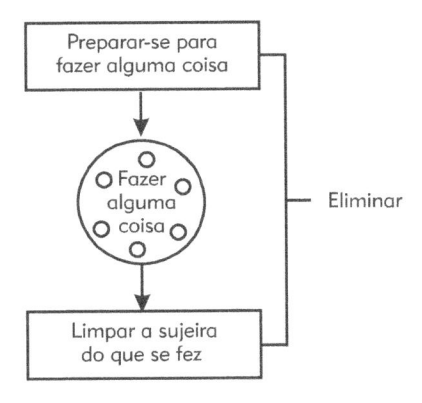

[Diagrama: Preparar-se para fazer alguma coisa → Fazer alguma coisa (círculo com buracos) → Limpar a sujeira do que se fez; Eliminar]

G. Robert Michaelis, *The Quick & Dirty Official Quick & Dirty Handbook* (San Jose: Writer's Showcase, 2000). Reimpressa com permissão.

começasse a agir com base nesse princípio – por exemplo, abandonando um ponto de vista de 50/50 e adotando uma perspectiva de 80/20 em vários setores da vida? Esses fatores seriam os mesmos que persuadiram Nicholson Baker de que ele, afinal de contas, não queria mobiliar seu apartamento com empilhadeiras e escavadeiras? Identifiquei sete fatores – às vezes chamo-os de alavancas – que podem operar nesses e em todos os casos de mudança de opinião. Todos os fatores, convenientemente, começam (em inglês) com as letras "re".

Razão *(Reason)*

Especialmente entre aqueles que se consideram instruídos, o uso da razão figura fortemente em questões de crença. Uma abordagem racional envolve identificar fatores relevantes, pesar cada um separadamente e fazer uma avaliação global. A razão pode envolver a lógica pura, o uso de analogias ou a criação de taxonomias. Ao se deparar pela primeira vez com o princípio de 80/20, o indivíduo guiado pela racionalidade tentaria identificar todas as considerações relevantes e pesá-las proporcionalmente: esse procedimento o ajudaria a determinar se deve adotar o princípio de 80/20 de um modo geral ou se deve aplicá-lo apenas em casos específicos. Diante de uma decisão sobre como mobiliar seu apartamento, Baker poderia fazer uma lista dos prós e dos contras antes de chegar a um julgamento final.

Pesquisa (Research)

A coleta de dados relevantes complementa o uso da argumentação. As pessoas com formação científica podem proceder de modo sistemático, talvez, inclusive, utilizando testes estatísticos para verificar – ou lançar dúvidas sobre – tendências promissoras. Mas a pesquisa não precisa ser formal; ela só precisa permitir a identificação de casos relevantes e um julgamento sobre se eles justificam a mudança de opinião. Uma gerente que foi exposta ao princípio de 80/20 poderia estudar se aquilo que ele prega – por exemplo, sobre números de venda ou dificuldades dos funcionários – confirma suas observações. Naturalmente, na extensão em que a pesquisa confirma o princípio de 80/20, é mais provável que vá orientar o comportamento e o pensamento. O escritor Baker poderia realizar uma pesquisa formal ou informal sobre os custos dos vários materiais e sobre as opiniões das pessoas que provavelmente o visitariam em seu apartamento recém-mobiliado.

Ressonância

A razão e a pesquisa apelam para os aspectos cognitivos da mente humana; a ressonância denota o componente afetivo. Uma visão, idéia ou perspectiva ressoa na extensão em que parece certa para o indivíduo, parece se encaixar na situação atual e convence a pessoa de que não há necessidade de considerações adicionais. É possível, certamente, que a ressonância se siga ao uso da razão e/ou pesquisa, mas é igualmente possível que o ajuste ocorra em um nível inconsciente, e que a intuição ressonante entre em conflito com as considerações mais sóbrias do Homem ou da Mulher Racional. A ressonância geralmente ocorre porque sentimos uma "relação" com um modificador-de-mentes, achamos a pessoa "confiável" ("*reliable*") ou a "respeitamos" – mais três termos com "re". Na extensão em que o movimento no sentido de empilhadeiras e escavadeiras ressoa nele, é possível que Baker prossiga com a redecoração. Na extensão em que 80/20 passa a ser sentida como uma abordagem melhor do que 60/40 ou 50/50, é provável que seja adotada por uma pessoa que toma decisões em uma organização.

Observo que a retórica é o principal veículo para mudar mentes. A retórica pode se basear em muitos componentes: na maioria dos casos ela funciona melhor quando abrange a lógica concisa, vale-se de pesquisas relevantes e ressoa na audiência (talvez à luz de alguns dos outros fatores "re" recém-mencionados). Pena que retórica tem o "h" como segunda letra (*rhetoric*).

Redescrições representacionais (Redescrições, para resumir)

O quarto fator soa técnico, mas é bastante simples. Uma mudança mental torna-se convincente na extensão em que se presta à representação em diferentes formas, com essas formas reforçando-se mutuamente. Observei previamente que é possível apresentar o princípio de 80/20 de forma lingüística, numérica e gráfica; da mesma maneira, como mostrei, um grupo de indivíduos pode prontamente criar versões mentais diferentes da mobília proposta por Baker. Especialmente no que se refere a questões de instruções – seja em uma sala de aula do ensino fundamental, seja em uma oficina de gerenciamento – o potencial para expressar a lição desejada em muitos formatos compatíveis é crucial.[7]

Recursos e recompensas

Nos casos discutidos até o momento, as possibilidades de mudança mental estão ao alcance de qualquer pessoa com a mente aberta. Às vezes, no entanto, a mudança mental é mais provável quando há recursos mais consideráveis dos quais se pode lançar mão. Suponha que um filantropo decide financiar uma agência sem fins lucrativos disposta a adotar o princípio de 80/20 em todas as suas atividades. Isso pode fazer a balança pender para um dos lados. Ou suponha que um decorador de interiores arrojado decida dar a Baker todos os materiais de que ele precisa por preço de custo ou inclusive gratuitamente. Mais uma vez, a oportunidade de redecorar com pouco custo pode fazer a balança pender para esse lado. Observada da perspectiva psicológica, a provisão de recursos é um exemplo de reforço positivo – outro termo "re". As pessoas estão sendo recompensadas por uma linha de comportamento, e não pela outra. No entanto, a menos que o novo curso do pensamento concorde com outros critérios – razão, ressonância, pesquisa, por exemplo – ele provavelmente não durará além da provisão dos recursos.

Dois outros fatores podem influenciar a mudança mental, mas de uma maneira um pouco diferente das cinco já apresentadas aqui.

Eventos do mundo real (*Real world events*)

Às vezes, há um evento na sociedade mais ampla que afeta muitos indivíduos, não apenas aqueles que estão contemplando uma mudança mental. Temos como exemplo as guerras, os furacões, os ataques terroristas, as depressões econômicas – ou, no lado mais positivo, épocas de paz e prosperidade, a disponibilidade de tratamentos médicos que previnem doenças ou prolongam a vida, a ascendência de um bom líder, grupo ou partido político. A legislação poderia implementar políticas como a regra de 80/20. Poderia ser decretada uma lei (digamos, em Singapura) permitindo ou garantindo bônus especiais para os trabalhadores excepcionalmente produtivos e diminuindo os salários dos que são improdutivos. Essa legislação levaria as empresas a adotarem o princípio de 80/20, mesmo em épocas em que elas estivessem seguindo um curso mais convencional de 50/50. Tomando outro de nossos exemplos, uma depressão econômica poderia frustrar os planos de Baker de redecorar seu apartamento, enquanto uma longa era de prosperidade os facilitaria. (Ele poderia, inclusive, comprar um segundo apartamento "experimental"!)

Resistências

Os seis fatores identificados até o momento podem ajudar no esforço de mudar mentes. Entretanto, a existência apenas de fatores facilitadores é irrealista. Na verdade, no Capítulo 3 eu introduzirei o maior paradoxo da mudança mental: embora seja fácil e natural mudar a própria mente nos primeiros anos de vida, fica difícil alterá-la conforme os anos passam. A razão, resumidamente, é que desenvolvemos visões e perspectivas sólidas que resistem à mudança. Qualquer tentativa de compreender a mudança mental precisa levar em conta o poder das várias resistências. Essas resistências fazem com que seja muito fácil, uma segunda natureza para a maioria de nós, reverter ao princípio de 50/50, mesmo depois de terem sido estabelecidas convincentemente as vantagens do princípio de 80/20. Baker, por exemplo, poderia decidir manter seu apartamento mobiliado como está, mesmo que a razão, ressonâncias, recompensas, etc., cantassem sua canção sedutora. O incômodo e a trabalheira de uma mudança, a possibilidade de que ele ou os outros se desencantassem com as empilhadeiras e escavadeiras extras, tudo isso poderia superar vários impulsos de redecoração.

Eu já apresentei os sete fatores que desempenham um papel crucial na mudança mental. Conforme examinarmos casos individuais de mudança mental bem ou malsucedida, veremos tais fatores funcionando de modos distintos. Por enquanto, só direi que é mais provável haver uma mudança mental quando os seis primeiros fatores operam em conjunto e as resistências são relativamente fracas. Inversamente, a mudança mental é improvável quando as resistências são fortes e os demais fatores não apontam solidamente em uma direção.

Mudanças mentais, evidentemente, ocorrem em diversos níveis de análise, com os sete fatores já mencionados operando em entidades que variam de um único indivíduo a uma nação inteira. Nos capítulos 4 a 9 deste livro examino cinco esferas, ou arenas, em que pode ocorrer mudança mental:

1. Mudanças em grande escala envolvendo grupos heterogêneos ou diversos, como a população de uma nação.
2. Mudanças em grande escala envolvendo um grupo mais homogêneo ou uniforme, como uma corporação ou universidade.
3. Mudanças provocadas por trabalhos de arte, ciência ou academia, como os escritos de Karl Marx ou Sigmund Freud, as teorias de Charles Darwin ou Albert Einstein, ou as criações artísticas de Martha Graham ou Pablo Picasso.
4. Mudanças dentro de um cenário formal de instrução, como escolas ou seminários de treinamento.
5. Formas íntimas de mudança mental envolvendo duas pessoas ou um pequeno número de pessoas, como os membros de uma família.
6. Mudanças na mente da pessoa, como aquelas que ocorreram nas reflexões de Nicholson Baker sobre mobílias.

Finalmente, permita-me introduzir a terminologia básica que estou utilizando.

CONTEÚDOS DA MENTE: IDÉIAS, CONCEITOS, HISTÓRIAS, TEORIAS, HABILIDADES

A maioria de nós emprega a palavra *idéia* para denotar algum conteúdo mental – e isso é perfeitamente apropriado. Existem muitos tipos de idéia, é claro, mas (além dos conceitos como o princípio de 80/20 ou um novo tipo de mobília de apartamento) focarei outros quatro que têm importância especial para o estudo da mudança mental: conceitos, histórias, teorias e habilidades.

Um *conceito*, a unidade mais elementar, é um termo amplo que se refere a qualquer conjunto de entidades relacionadas. Quando nos referimos a animais de estimação peludos, com quatro patas, que latem como cães, estamos revelando o nosso conceito dos caninos. Mesmo as crianças pequenas conhecem centenas de conceitos – variando do automóvel à zebra – embora não possam delinear as fronteiras entre conceitos – digamos, "gato" e "cachorro" – como os adultos fazem. Os adultos também têm conceitos mais abstratos – gravidade, democracia, fotossíntese, orgulho – que escapam ao entendimento das crianças pequenas.

As *histórias* são narrativas que descrevem eventos que se desenrolam com o passar do tempo. No mínimo, as histórias consistem em um personagem principal ou protagonista, atividades dirigidas a um objetivo, uma crise e uma resolução, ou pelo menos uma tentativa de resolução. (Em seu ensaio sobre a mudança mental, Baker conta duas histórias bem curtas – o homem e o sapato, o autor e seu apartamento fantasiado.) Os seres humanos gostam de ouvir histórias e também são contadores naturais de histórias. Na época em que entram na escola, as crianças já sabem dezenas de histórias, aprendidas na família, na mídia e por meio de suas observações e experiências. E, quando chegam à idade adulta, as pessoas sabem muitas centenas de histórias, embora elas possam ser construídas com base em um número menor de tramas. (Lembre-se de que existem apenas seis piadas básicas!)

As *teorias* são explicações relativamente formais de processos do mundo. Uma teoria assume a forma de "X ocorreu por causa de A, B, C" ou "há três tipos de Y, e eles diferem das seguintes maneiras" ou "eu predigo que acontecerá Z ou Y dependendo da condição D". O princípio de Pareto captura uma teoria sobre como operar eficientemente na vida cotidiana. Desde tenra idade, as crianças desenvolvem teorias sobre como as coisas funcionam no mundo. Elas também encontrarão teorias mantidas por pessoas de sua cultura. E, quando começarem a estudar disciplinas nas escolas, também encontrarão teorias formais. E assim, para dar um único exemplo, todas as crianças em climas chuvosos desenvolvem teorias sobre tempestades. A princípio, elas podem pensar que tais eventos climáticos representam a raiva de seus pais ou um ataque de fúria dos deuses ou o encantamento de uma bruxa malvada. Mais tarde, observando a ordem previsível dos eventos, elas hipotetizarão que o raio faz com que ocorra o trovão. Na maioria dos casos, elas não descobrirão as explicações das tempestades, e a relação entre raio e trovão, a menos que estudem meteorologia na escola e aprendam sobre correntes de ar, mudanças de temperatura, cargas elétricas e as diferentes velocidades da luz e do som.

O exemplo da tempestade ajuda a esclarecer a relação entre os três tipos de conteúdo que mencionei até o momento. A princípio, a criança pode ter apenas um conceito de tempestade – um amálgama indiferenciado de umidade, clarão de raios, um som estrondoso. Então ela pode desenvolver uma história que a satisfaça: "O deus da comida está zangado comigo porque eu me comportei mal no jantar. E então ele faz um barulho que me assusta". Essa história pode evoluir e se transformar em uma teoria leiga: os raios causam a tempestade, e a tempestade é barulhenta. Um curso de meteorologia pode levar a uma teoria mais sofisticada: tempestades são compreendidas como correntes de ar dentro de uma nuvem remexendo umidade e criando cargas elétricas que produzem raios.

O que leva ao nosso quarto e último conteúdo da mente – as *habilidades* (ou práticas) de que um indivíduo é capaz. Histórias e teorias são, por natureza, proposicionais. A pessoa pode colocar essas histórias e teorias em cadeias de palavras, embora elas possam ser representadas mentalmente em outros formatos (como um filme ou uma seqüência de vídeo sem som). Em contraste, as habilidades (ou práticas) consistem em procedimentos que a pessoa tem de executar, independentemente de querer – ou poder – colocá-las em palavras. As habilidades variam das mundanas – comer uma banana ou agarrar uma bola – às complexas – tocar uma sonata de Bach no violino ou resolver uma equação diferencial à mão. Com freqüência, a facilidade dessas habilidades muda gradualmente, em resultado da prática, por um lado, ou do desuso, por outro. Mas as habilidades também estão sujeitas a formas mais dramáticas de mudança. Quando isso acontece, nós nos descobrimos no centro do terreno da "mudança mental" que estamos estudando. Por exemplo, considere uma musicista experiente que costuma aprender uma música nova começando pelo início e a dominando por partes, um pouco de cada vez. Se, em resultado de todos os fatores que identificamos, ela ficar convencida de que é melhor aprender as músicas de trás para frente, ou dominar primeiro o início e o fim, ou tocar a música toda de uma vez sem se importar com a exatidão, isso significa que houve uma mudança mental significativa. (Atenção: as melhoras mais graduais que acontecem também representam mudanças mentais, mas são menos interessantes aqui devido ao seu caráter comum e à previsibilidade.)

A relação entre conteúdo e forma desdobra-se de modo um pouco diferente no caso dessas práticas especializadas. Não podemos simplesmente colocar o conteúdo – como o princípio de 80/20 – em um sistema simbólico e depois mostrar como ele é basicamente preservado, mas levemente alterado, quando colocado em outra forma simbólica. O *status* atual da prática é tanto a sua forma quanto o seu conteúdo – lembre a famosa indagação do poeta William Butler Yeats: "Como distinguir a dança do dançarino?". O conteúdo e a forma do procedimento podem e devem mudar – mas, de modo geral, mudam juntos. Pode ser que a mudança de uma prática tenha efeitos em outras práticas; por exemplo, se aprendemos a escrever prosa de uma maneira nova, também podemos passar a falar (ou mesmo a compor música) de uma nova maneira. Nesse caso, poderíamos dizer que uma determinada mudança no conteúdo reverbera em (ou, mais tecnicamente, "se transfere para") vários formatos.

Poderíamos perguntar se é possível estipular os conteúdos da mente: expor todos os conceitos, histórias, teorias e habilidades da mente de um determinado ser humano – ou mesmo de todos os seres humanos. Em certo sentido, essa pergunta é uma armadilha. Os seres humanos criam ou constroem constantemente novas representações mentais; assim, o conteúdo da mente é, por sua natureza, uma categoria aberta, infinitamente expansível. Ao mesmo tempo, há sérias tentativas de colocar em itens e categorizar os principais conteúdos: pense nos dicionários, nas enciclopédias, nas páginas amarelas e nos mecanismos de busca. De qualquer modo, não há dúvida de que certos conceitos, histórias, teorias e habilidades carregam uma grande proporção do peso cognitivo das nossas vidas. Considere os seguintes exemplos:

a) *Conjuntos prevalentes de conceitos*: entidade viva/entidade morta; virtude/vício; prazer/dor; planta/animal.
b) *Histórias prevalentes*: Uma jovem conhece um rapaz; o herói é derrotado por uma trágica falha; o bem triunfa sobre o mal; o filho pródigo volta ao lar.
c) *Teorias prevalentes*: Aqueles que se parecem conosco são bons, os outros são maus; na ocorrência de dois eventos muito próximos, o pri-

meiro causa o segundo; se temos o poder de fazer algo, temos o direito de fazê-lo.

d) *Habilidades prevalentes*: Dividir igualmente os recursos; conservar a energia em preparação para um desempenho de apostas elevadas; terminar as tarefas na última hora do prazo que nos pressiona.

Aí, então, temos os principais tipos de conteúdo que habitam a mente humana. Todos possuímos – ou, se você for um mentalista totalmente moderno, todos *somos* – as nossas idéias, conceitos, histórias, teorias e habilidades. Os cientistas cognitivos debatem veementemente se nascemos com esse conteúdo – usando o jargão, se existem *idéias inatas* (em cujo caso todos os seres humanos nasceriam sabendo o princípio de 50/50), ou se somos igualmente capazes de aprender qualquer coisa (em cujo caso poderíamos designar culturas em que 77/23 fosse tão fácil de dominar como 50/50 ou 100/0), ou se certas idéias são aprendidas facilmente porque estamos predispostos a adquiri-las (em cujo caso é muito mais fácil para os seres humanos aprender a regra de 50/50 do que a de 80/20). Revelação total: prefiro esta última hipótese. A maior tarefa para os cientistas cognitivos é identificar essas idéias e explicar como elas surgem.

Nos capítulos seguintes, tentarei mostrar como esses variados tipos de idéia mudam: vamos ver em funcionamento os vários fatores que induzem ou impedem mudanças mentais significativas. Entretanto, tendo apresentado os principais conteúdos da mente, precisamos voltar a nossa atenção para as várias formas pelas quais esses conteúdos podem se manifestar.

NOTAS

1. Nicholson Baker, "Changes of Mind", em *The Size of Thoughts: Essays and Other Lumber*, ed. Nicholson Baker (Nova York: Random House, 1982/1996), 5-9. Agradeço a Alex Chisholm por essa citação.
2. Ibid., 5.
3. Ibid., 9.
4. J.S. Bruner, *In Search of Mind* (Nova York: Harper, 1983); Howard Gardner, *The Mind's New Science: A History of the Cognitive Revolution* (Nova York: Basic Books, 1985).
5. Richard Koch, *The 80/20 Principle: The Secret of Achieving More with Less* (Nova York: Currency, 1998).
6. Michael Moss, "A Nation Challenged: Airport Security. U.S. Airport Task Force Begins with Hiring". *New York Times*, 23 de novembro de 2001, 21.
7. A expressão "redescrição representacional" foi tirada de A. Karmiloff-Smith, *Beyond Modularity* (Cambridge: MIT Press, 1992).

2
As Formas da Mente

UM ENCONTRO QUE MUDOU A MINHA MENTE

Quando eu estudava psicologia em Harvard na década de 1960, o comportamentalismo ainda era prevalente (o escritório do professor B.F. Skinner no William James Hall ficava alguns andares abaixo do meu – um pouco mais espaçoso, com certeza), mas a abordagem cognitiva já estava começando. Como um "jovem turco", eu sentia simpatia pela abordagem cognitiva que estava surgindo, defendida por um de meus mentores, Jerome Bruner. No entanto, uma mesma propriedade caracterizava os dois campos rivais: a falta de interesse pelo cérebro e pelo sistema nervoso. Nenhum dos campos na verdade negava a importância do cérebro; isso teria sido uma completa tolice. Mas os comportamentalistas estavam interessados em modificar o comportamento; eles achavam que os objetivos mais importantes poderiam ser atingidos com uma manipulação precisamente calibrada do ambiente. A "caixa-preta" remanescente não seria aberta. Por sua parte, os cognitivistas tentavam explicar como várias operações mentais eram representadas e executadas. Eles acreditavam que tais operações podiam ser analisadas em seus próprios termos: simplesmente não importava se uma operação como calcular uma razão de 80/20 era executada via lápis e papel, por um computador central (o computador pessoal ainda não existia) ou dentro de um feixe de tecidos nervosos situado entre as duas orelhas.

Embora eu gostasse de biologia quando estava na faculdade, tivesse pensado em estudar medicina e freqüentado como ouvinte um curso de fisiologia humana, eu partilhava esse preconceito dos psicólogos; durante o curso de graduação, raramente levei a sério o cérebro. Eu já havia embarcado em uma carreira de pesquisa idiossincrática – tentando compreender o desenvolvimento das capacidades cognitivas humanas, com um foco especial nas habilidades e entendimentos artísticos (as artes eram a parte idiossincrática). Meu objetivo básico (reconhecidamente grandioso) era desvendar os mistérios da criação artística. No que me dizia respeito, eu tinha poucos motivos para me interessar por neurônios e sinapses que, em um nível microscópico, estavam certamente realizando façanhas cognitivas como compor uma melodia ou reconhecer um estilo artístico. (Na época, ninguém que eu conhecia estava dando bola para os genes que dão origem a tudo.)

Uma das principais afirmações deste livro é que, após os primeiros anos, a mente raramente muda com rapidez. Mas posso identificar uma grande mudança em uma mente – a minha própria! – que aconteceu em uma certa tarde do outono de 1969. Como aluno de graduação, eu começara dois anos antes a trabalhar no Projeto Zero de Harvard. Fundado pelo eminente filósofo Nelson Goodman, o Projeto Zero era um grupo de pesquisa básica que estava investigando o talento artístico humano e a educação artística. Goodman e eu estávamos intrigados com um achado que começava a invadir a consciência do público: apesar de sua aparência em espelho, as duas metades do cérebro executam atividades mentais distintas. Além disso, uma diferença principal entre os hemisférios esquerdo e direito mapeava diretamente uma distinção que nos interessava: a possibilidade de existirem dois tipos de símbolos e sistemas simbólicos fundamentalmente diferentes (o que chamei de "marcas externas" no Capítulo 1). A pesquisa sobre o cérebro sugeria que o hemisfério esquerdo lida com tipos digitais de símbolos – como números e palavras –, enquanto o direito lida com tipos de símbolos mais holísticos ou analógicos – como os corporificados na pintura, na escultura, na dança e em outras esferas artísticas.[1]

Foi então que o neurologista Norman Geschwind, um destacado pesquisador em seu campo, começou a lecionar na Harvard Medical School do outro lado do Charles River e o convidamos, certa tarde, para conversar com o nosso pequeno grupo. Como membros da audiência, ficamos mesmerizados.

Geschwind falou sobre os surpreendentes perfis cognitivos que observamos de vez em quando na clínica neurológica: pacientes que são capazes de escrever palavras e nomear objetos, mas perderam a capacidade de ler palavras (embora ainda consigam ler números); pacientes que não conseguem se lembrar de ter visitado um local, mas são capazes de encontrar seu caminho facilmente naquele lugar aparentemente desconhecido; pacientes que escutam, mas não conseguem compreender o que está sendo dito, porém conseguem falar fluentemente e apreciar a música. E ele descreveu para nós os achados notáveis sobre as representações corticais de diferentes capacidades no cérebro das pessoas normais, dos canhotos e de ocasionais gênios ou "excêntricos" de todo tipo. Geschwind também mencionou certos artistas que tinham se tornado afásicos; por exemplo, o compositor Maurice Ravel, que perdeu a capacidade de falar ou compor, mas ainda era capaz de tocar algumas de suas músicas e também de salientar falhas no desempenho dos outros. Ele falou sobre o artista francês André Dérain, cuja pintura ficara seriamente comprometida depois de uma lesão cerebral, e sobre outros artistas visuais cujo trabalho continuara competente, ou até melhorara (ou assim se dizia), após a perda da linguagem.[2]

Esperava-se que o encontro durasse umas duas horas, mas ele se prolongou durante o jantar e se estendeu até tarde da noite. Quando essa maratona com Geschwind terminou, eu sofrera uma mudança mental que influenciou uma decisão profissional crucial. Eu tentaria conseguir uma subvenção para pós-doutorado para trabalhar em uma unidade neurológica com Geschwind e seus colaboradores. No pior dos casos, eu teria a oportunidade de interagir com uma mente e uma personalidade fascinantes e aprender sobre o cérebro humano. No melhor dos casos, eu adquiriria uma série de perspectivas biológicas e clínicas inteiramente novas, a partir das quais poderia examinar questões de cognição e talento artístico.

Embora o pós-doutorado parecesse uma possibilidade razoável, eu não tinha idéia, na época, de que acabaria passando duas décadas trabalhando no Aphasia Research Center (Centro de Pesquisa da Afasia) do Boston Veterans Administration Medical Center e na Boston University School of Medicine (onde ainda tenho compromissos). Aprendi muito sobre o funcionamento do cérebro (eu costumava brincar que daria um neurologista aceitável "do pescoço para cima"), as maneiras pelas quais as várias capacidades humanas estão representadas no cérebro "normal", e como ficam comprometidas por várias formas de patologia. Ao mesmo tempo, continuei o meu trabalho em psicologia do desenvolvimento, conhecendo crianças de diferentes idades e talentos, estudando suas capacidades mentais em desenvolvimento, inclusive lecionando em escolas públicas e dando aulas particulares de piano.

Com o benefício do conhecimento prévio que me levou a escrever este livro, agora percebo que tais "mudanças mentais relâmpago", como a que vivi após a palestra de Geschwind, não ocorrem como um raio – por mais que sejam sentidas dessa maneira. Afinal de contas, eu tinha um interesse muito antigo pela biologia. Adorava aprender coisas novas e vinha pensando sobre o tipo de pós-doutorado que poderia me salvar de embarcar em uma trajetória-padrão como professor, que pouco me atraía. Sempre me senti atraído por pensadores brilhantes – e Geschwind era um deles.

Mas aqui está a razão mais importante da minha experiência pessoal de mudança mental: eu me encontrava bloqueado na minha própria agenda de pesquisa. (De fato, o sentimento de "chegar a um beco sem saída" geralmente impulsiona a pessoa a mudar de idéia.) Sentia que precisava compreender como as habilidades estão organizadas no artista maduro extremamente fluente. No entanto, descobriria duas coisas perturbadoras: (1) essas capacidades refinadamente desenvolvidas mostram-se extremamente difíceis de dissecar e (2) os artistas mais criativos não recebem bem a investigação de um pesquisador psicológico ainda inexperiente e imaturo. Por meio de sua descrição de como habilidades fluentes extinguem-se sob várias formas de lesão cerebral, Geschwind indicou uma "estrada real" para a elucidação das habilidades artísticas. Assim, embora a decisão de trabalhar com Geschwind tenha irrompido quase instantaneamente na minha consciência, essa "mudança mental" vinha sendo preparada há muito tempo nos recessos subterrâneos da minha mente.

Em termos dos sete fatores ou alavancas da mudança mental, pude observar em funcionamento vários fatores que me induziram a levar muito mais a sério o estudo do cérebro. Havia uma *razão*: essa nova perspectiva científica podia dar respostas a perguntas que me interessavam. Havia uma pesquisa relevante: achados neurológicos estavam enriquecendo o nosso entendimento de numerosas facetas da mente humana. Havia os fatores do *mundo real*: a pesquisa sobre o cérebro estava se tornando muito mais importante (e muito bem remunerada, os *recursos* eram abundantes!). Havia *ressonância*: trabalhar com Geschwind sobre questões envolvendo a mente me parecia a coisa certa e eu me identificava com esse modelo respeitado e brilhante. Talvez o mais importante, as *resistências* não eram muitas. Apesar de meus pares mais orientados para a carreira verem o estudo da neurologia como um desvio ou mudança de direção, eu não queria engrossar as fileiras do professorado nesse ponto da minha vida.

Mas entrego-me a essa reflexão autobiográfica por mais uma razão. Quando comecei minha pesquisa em psicologia há quase 40 anos, não tinha nenhum interesse acadêmico pela questão da inteligência humana. Como muitos indivíduos criados na tradição intelectual e pedagógica ocidental, supunha que havia um único tipo de inteligência, que ela se desenvolvia (ou surgia) no decorrer da infância, e que poderia ser prejudicada por senescência ou trauma. A exposição à linha de pensamento de Geschwind, em conjunção com os meus estudos sobre as crianças, gradualmente destruiu a minha crença nessa ortodoxia. Se o intelecto fosse realmente da mesma espécie, não fazia muito sentido um tipo de lesão cerebral prejudicar a faculdade A e um segundo ou terceiro tipo de dano prejudicar as faculdades B ou C (deixando intacta a faculdade A). E se o intelecto fosse essa coisa única, como poderíamos explicar a criança que é prodigiosa em uma área, mas perfeitamente comum em outras esferas? Ou o ocasional *savant* ou a criança autista que apresentam uma surpreendente ilha de perícia preservada, cercada por um mar de desempenhos grosseiramente anormais? Sem ter consciência disso, eu estava começando a pensar sobre a idéia das inteligências múltiplas. Tomando emprestada a imagem de Nicholson Baker: um momento de descoberta geschwindiana – como aquele arremesso do sapato pela janela – estava mascarando uma mudança mais gradual de fidelidade intelectual – como a perda do ardor por um exótico arranjo de lugares para sentar em um apartamento.

Tudo isso levanta a questão das formas de pensamento – em especial, a pergunta: quando ocorre uma mudança mental, como essa mudança se expressa nas linguagens únicas da mente?

AS FORMAS DO PENSAMENTO: INTELIGÊNCIAS MÚLTIPLAS

Uma posição na psicologia afirma que existe apenas uma linguagem na mente – essa linguagem tem até um nome, *mentalês*. Os proponentes do mentalês acreditam que todo o pensamento, todo o cálculo mental, ocorre nessa linguagem singular, que é mais ou menos como uma linguagem natural. Se essa caracterização estivesse certa, todo o nosso pensamento ocorreria em um formato que é, grosseiramente falando, como a linguagem que está sendo empregada aqui. Colocando isso em termos de ficção científica: se pudéssemos espiar como o pensamento acontece no cérebro, veríamos neurônios batendo papo uns com os outros em uma língua como inglês, francês ou suaíli.[3]

O desafio mais óbvio à hipótese do mentalês vem da existência da imaginação, particularmente a imaginação visual. A maioria de nós relata um generoso suprimento de imaginação mental visual, e muitos de nós, incluindo pensadores admiráveis como Albert Einstein, relatam que o pensamento vital ocorre em imagens: na frase de Einstein, "do tipo visual, muscular e corporal".[4] Não tenho grande imaginação visual, mas compenso isso com uma considerável imaginação auditiva. É claro que não estou no nível do pianista Arthur Rubinstein, que era capaz de ouvir um disco tocando no gramofone em sua imaginação e escutava até os periódicos arranhões! Mas não tenho dificuldade para invocar uma melodia ou mesmo uma orquestra inteira tocando na minha cabeça. Se você for capaz de imagens mentais, provavelmente espiou aqueles neurônios batendo papo no final do parágrafo precedente.

Os defensores da teoria do mentalês não negam a existência da imaginação: na verdade, eles pareceriam tolos se negassem as evidências das próprias introspecções, para não mencionar as introspecções do restante da humanidade. Sua resposta é afirmar que essas imagens existem, mas são epifenomenais – elas não envolvem *realmente* o pensamento; são, no máximo, a roupagem externa que cobre um processo subjacente de pensamento singular mentalista. É bem provável que certos problemas que parecem ser resolvidos por meio da imaginação estejam de fato baseados em operações lógicas subjacentes. Mas, como uma pessoa com um profundo envolvimento nas artes, não posso levar a sério essa posição da "imaginação como um epifenômeno". Dizer que Wolfgang Amadeus Mozart com suas 626 composições listadas no Koechel, Martha Graham com suas incontáveis danças ou Pablo Picasso com seus milhares de desenhos e pinturas estão executando as mesmas operações lógicas de um físico ou matemático é exigir demais da nossa credulidade. E se um defensor do mentalês afirmasse que "bem, esses artistas não estão realmente pensando", eu retorquiria que esse filisteu não entende nada do processo artístico.

Se o mentalês não é a resposta, então quais *são* as formas do pensamento? Uma pista é pensar em termos das várias modalidades sensórias. Na verdade, assimilamos a informação por meio de nossos olhos, ouvidos, mãos, narinas, boca e, em uma linguagem livre, podemos falar em informações visuais, táteis ou gustativas. Entretanto, acredito que o pensamento real ocorre em diferentes formatos que, para serem "entregues", dependem dos órgãos sensórios, mas transcendem o específico de maneiras importantes.

Como essa idéia me ocorreu? E como isso – um novo conjunto de conceitos e, finalmente, uma nova teoria – afetou o meu modo de perceber as mudanças mentais? Meu extraordinário primeiro contato com Geschwind, um pós-doutorado subseqüente de três anos com ele e seus colegas, além dos anos de pesquisa que se seguiram gradualmente destruíram a minha crença em uma visão *singular* da mente, cognição, inteligência humana. Em uma linha de análise no decorrer do final de década de 1970 e início da de 1980, desenvolvi uma perspectiva chamada teoria das inteligências múltiplas.[5] A teoria era, com efeito, uma crítica à visão-padrão de "curva de Bell" da inteligência,[6] que afirma o seguinte:

1. A inteligência é uma entidade única.
2. As pessoas nascem com uma certa quantidade de inteligência.
3. É difícil alterar a quantidade da nossa inteligência – está "em nossos genes", por assim dizer.
4. Os psicólogos podem nos dizer quão inteligentes somos administrando testes de QI ou instrumentos semelhantes.

Por várias razões, essa explicação já não me convencia. Eu estudara diversos tipos de indivíduos, em condições variadas; também lecionara do jardim de infância à faculdade, matérias que variavam da antropologia ao piano. Rejeitando uma excessiva dependência de instrumentos psicométricos, desenvolvi, ao contrário, uma visão da inteligência que era deliberadamente multidisciplinar. Considerei evidências da antropologia – quais capacidades foram valorizadas e fomentadas em várias culturas durante várias eras; da evolução – como os traços evoluíram ao longo dos milênios em diferentes espécies e do estudo das "diferenças individuais" – especialmente evidências de populações incomuns como indivíduos autistas, prodígios e crianças com dificuldades de aprendizagem específicas. Talvez o mais crucial: coletei evidências do estudo da mente – o que sabemos sobre o desenvolvimento e colapso do cérebro e sobre como as diferentes regiões do córtex efetuam diferentes operações mentais.

Como resultado dessa investigação interdisciplinar, cheguei a uma definição da inteligência e a uma lista provisória de inteligências. Defino uma *inteligência* como um potencial biopsicológico de processar formas específicas de informação de diferentes maneiras. Os seres humanos desenvolveram capacidades diversas de processamento da informação – o que chamo de "inteligências" – que lhes permitem resolver problemas ou criar produtos. Para serem considerados "inteligentes", esses produtos e soluções precisam ser valorizados pelo menos em uma cultura ou comunidade.

A última afirmação sobre "ser valorizado" é importante. Em vez de afirmar que a inteligência é a mesma em qualquer momento e lugar, reconheço que os seres humanos valorizam diferentes habilidades e capacidades em diferentes momentos e em variadas circunstâncias. Na verdade, invenções como a imprensa ou o computador podem alterar, radicalmente, as capacidades que são consideradas importantes (ou deixam de ter importância) em uma cultura. E, assim, os indivíduos não são igualmente "inteligentes" ou "burros" em todas as circunstâncias; eles possuem diferentes inteligências que podem ser variadamente apreciadas ou desprezadas em diferentes circunstâncias. Em termos do argumento que apresento aqui, cada inteligência representa uma forma distinta de representação mental.

Chega de definições formais. Informalmente, podemos pensar em cada pessoa – ou em sua mente/cérebro – como um conjunto de computadores. Quando o computador recebe informações em um formato apropriado, ele faz o seu trabalho, e esse trabalho é pôr em ação uma inteligência específica.

Como as inteligências múltiplas são relevantes para a mudança mental? No nível mais básico, uma mudança mental envolve uma mudança de representação mental. Se eu mudar a sua idéia de inteligência, estou alterando as imagens, os conceitos e as teorias pelos quais você estava acostumado a pensar sobre inteligência. Correspondentemente, quanto mais inteligências de uma pessoa você envolver quando estiver defendendo um argumento, mais provável que consiga mudar a mente dessa pessoa, e mais mentes poderá mudar.

Embora não tivesse consciência na época, ao desenvolver o conceito das inteligências múltiplas eu estava empenhado na mais ambiciosa forma de mudança mental que jamais realizara. Em resumo, eu estava tentando mudar a mente de meus colegas psicólogos – e, no final das contas, do público em geral – sobre a natureza da inteligência. Eu argumentava que (1) a inteligência é pluralista; ela inclui criar produtos, assim como resolver problemas e (2) ela não é definida em uma base *a priori*, nem pelo desempenho em testes, mas sim com base no que está sendo valorizado em uma época histórica específica em um determinado contexto cultural. Embora eu fique satisfeito por minha teoria estar tendo certo impacto, também posso dizer que reuni uma quantidade maciça de dados sobre como é difícil mudar a mente das pessoas sobre o que a inteligência é (um *conceito*), como ela opera (uma *teoria*) e como avaliá-la (uma *habilidade*). Eu poderia inclusive contar *histórias* sobre as múltiplas resistências à mudança mental!

Tendo oferecido algum *background*, agora estou pronto para desvendar a inteligência. Os que leram meus trabalhos anteriores, é claro, já estão familiarizados com as várias inteligências e com os critérios evolutivos, neurológicos, psicológicos e antropológicos pelos quais identifiquei e confirmei inteligências possíveis. Mas, para aqueles que não estão, eu as listarei brevemente, com exemplos de como cada uma é empregada em uma esfera específica – a dos negócios. Devo acrescentar que podemos encontrar exemplos em toda a variada gama de atividades humanas.

As inteligências do analista de símbolos

Quando listo as inteligências, costumo começar com duas inteligências já mencionadas: *lingüística* e *lógico-matemática*. Essas inteligências são especialmente importantes para a aprendizagem no tipo de escola que temos hoje – com aulas expositivas, leitura, escrita e cálculo – e são cruciais para o sucesso nos testes que se propõem a avaliar o intelecto e o potencial cognitivo humano – testes que nos pedem para completar analogias ou escolher a solução certa, dentre quatro opções, para um problema de álgebra.

Inteligência lingüística

Amplamente falando, a *inteligência lingüística* envolve facilidade no uso da linguagem falada e escrita. Como acontece com todas as inteligências, existem diversos "subtipos", ou variedades, de inteligência lingüística: a inteligência do indivíduo que é bom em aprender línguas estrangeiras, por exemplo, ou a inteligência do hábil escritor que consegue transmitir idéias complexas em uma prosa bem-escrita. No mundo dos negócios, duas facetas da inteligência lingüística são cruciais. Uma é encontrada no argumentador que consegue obter informações úteis pelo hábil questionamento e discussão com as pessoas; a outra é observada no retórico que consegue convencer os outros a seguir um curso de ação por meio de histórias, palestras ou exortações. Quando um amálgama de capacidades lingüísticas se combina no mesmo indivíduo, ele provavelmente terá sucesso em diversos caminhos empresariais – talvez "sem sequer se esforçar".

Inteligência lógico-matemática

Considere agora a inteligência complementar, a *lógico-matemática*. Como o nome implica, essa forma de inteligência se divide facilmente em duas classes de capacidades. A inteligência lógica, certamente, é crucial para qualquer gerente cuja responsabilidade inclui determinar o que aconteceu, e o que pode acontecer, em vários cenários. (Quando as circunstâncias são nebulosas, talvez seja preciso reverter à "lógica modal" ou "vaga" – ou a estimativas no estilo de 80/20!) Relacionada, mas separável, está a capacidade de se mover habilmente no mundo dos números: calcular considerações financeiras ou monetárias, estimar perdas e ganhos, decidir qual é a melhor maneira de investir um dinheiro inesperado, e assim por diante.

Certos homens de negócio destacaram-se em termos de suas capacidades lógicas ou lógico-matemáticas. Considere dois exemplos bem conhecidos da indústria automobilística. Alfred P. Sloan assumiu uma General Motors em expansão, mas vacilante, no início da década de 1920, e conseguiu transformá-la na mais bem-sucedida corporação do mundo. Foi uma façanha "lógica"? Ele criou uma organização com linhas precisas de autoridade em todas as suas extensas operações, coordenou vários ramos da operação, e ainda permitiu que cada divisão mantivesse a eficiência operacional de sua encarnação anterior.[7]

Uma geração mais tarde, na década de 1950, Robert McNamara reuniu na Ford Motor Company um grupo de "crianças prodígio"; essa equipe criou um sistema de gerenciamento e uma série de produtos que permitiram à Ford recapturar uma grande fatia do mercado automobilístico dos Estados Unidos. O triunfo de McNamara envolveu uma poderosa combinação de análise lógica e cálculos numéricos. Consistentemente com a perspectiva da "inteligência geral" anteriormente criticada, supunha-se que o gênio de McNamara se traduziria prontamente na operação em outra imensa burocracia que precisava ser racionalizada e mobilizada – o Departamento de Defesa dos Estados Unidos.

Como secretário de defesa dos presidentes Kennedy e Johnson, McNamara realmente conseguiu tornar mais eficiente e regulada aquela organização maciça. Entretanto, seu gênio lógico-matemático mostrou-se inadequado para as questões culturais, históricas e estratégicas muito diferentes provocadas pela guerra na Indochina. (O jornalista David Halberstam caracterizou ironicamente essa mentalidade quando intitulou o estudo da turma de McNamara de "Os Melhores e mais Brilhantes").[8] Para seu crédito, McNamara gradualmente mudou de idéia sobre sua abordagem de "QI" à política estrangeira; nos últimos anos, ele tem dedicado muito tempo a tentar reparar o *hubris** "lógico-matemático" demonstrado por ele e seus colegas durante os anos que "prepararam" a Guerra do Vietnã.

Aprendi a seguinte lição. Quando focalizamos simplesmente essas duas inteligências (o amálgama da "curva de Bell") que foram amplamente reconhecidas como tal, podemos identificar uma série de capacidades mais especializadas. Não há dúvida que alguns indivíduos destacam-se como gênios lingüísticos e lógico-matemáticos – como J. Robert Oppenheimer, o físico que liderou o Projeto Manhattan durante a Segunda Guerra Mundial, ou John Maynard Keynes, o brilhante economista e ensaísta. Mas é muito mais comum o indivíduo ser relativamente mais forte nas habilidades de linguagem (o prototípico poeta ou orador) ou de matemática (o hábil gerente financeiro) ou de lógica (o planejador perito).[9] Lembro-me da história de uma mulher aten-

---

*N. de T. Grande e insensato orgulho, que geralmente traz desgraça à pessoa que o demonstra.

dendo no balcão do caixa de pagamento do Star Market, em Cambridge, Massachusetts, que tinha uma placa com os dizeres "12 Itens ou Menos". Notando que um estudante queria passar com dezenas de produtos, ela brincou: "Qual é, você estuda no MIT e não sabe ler ou estuda em Harvard e não sabe contar?".

Não haveria muito sentido em embarcar em uma teoria das inteligências múltiplas simplesmente para examinar melhor as inteligências já reconhecidas. O desafio – e divertimento – de teorizar sobre as inteligências múltiplas tem sido a identificação de inteligências relativamente negligenciadas – em nossos termos, outras formas de representação mental.

Inteligências "não-canônicas"

Acredito que os seres humanos possuem pelo menos seis ou sete outras inteligências identificáveis, isto é, meia dúzia ou mais de formas adicionais de representação mental. Como a inteligência lingüística e a lógico-matemática, cada uma pode ser dividida em subtipos. Não surpreendentemente, algumas inteligências "não-canônicas" mostram-se mais relevantes do que outras nas esferas dos negócios. No entanto, cada uma delas merece ser iluminada pelo menos um momento pelo holofote cognitivo.

Inteligência musical

A *inteligência musical* – a facilidade na percepção e na produção da música – é, de muitas maneiras, análoga à inteligência lingüística. Entre os subtipos identificáveis estão: a apreciação da melodia e da harmonia; a sensibilidade ao ritmo; a capacidade de reconhecer variações no timbre e na tonalidade; e, falando de modo mais holístico, a capacidade de captar a estrutura do funcionamento da música (variando da livre interação melódica característica do *jazz* à arquitetura altamente específica da sonata clássica). Evidentemente, as pessoas envolvidas no mundo da arte e do entretenimento valorizam especialmente as inteligências musicais (e outras inteligências artísticas). O que não se percebe tão freqüentemente é que a inteligência musical tem um lugar de destaque em quase qualquer tipo de apresentação pública, variando de comerciais de televisão a filmes, conferências, eventos atléticos e rituais religiosos.

Elementos da perícia musical estão por trás de muitas produções que, ostensivamente, destacam outros sistemas simbólicos. Eu escrevo livros, empregando palavras e ocasionais imagens gráficas, mas a maneira pela qual faço a montagem dessas formas lingüísticas e gráficas utiliza princípios de organização que, pelo menos no meu caso, têm sua origem aparente na estrutura musical. Talvez isso aconteça porque a música é o menos manifestamente semântico dos sistemas simbólicos mais importantes: ela não transmite significados discretos. Em vez disso, a música lida, por um lado, com a pura arquitetura (ou sintaxe) da organização e apresenta, por outro, as formas da nossa vida de sentimentos. Conforme memoravelmente afirmou o ensaísta britânico do século XIX, Walter Pater: "Toda arte aspira constantemente à condição de música".

Recentemente, em colaboração com Rosamund Stone Zander, o maestro Benjamin Zander salientou uma intrigante afinidade entre os negócios e a música. Segundo ele, o gerenciamento e a motivação de uma grande empresa se valem de princípios envolvidos na regência de uma orquestra sinfônica. Devemos ficar atentos à musicalidade inerente ao planejamento, à organização e à comunicação efetivos dentro de uma empresa.[10]

Inteligência espacial

Uma quarta forma de representação mental é a *inteligência espacial*: a capacidade de criar representações ou imagens mentais espaciais e operar sobre elas de modos variados. Um tipo de inteligência espacial envolve espaços amplos – as operações necessárias para o piloto de avião, o cientista espacial, o navegador. Uma forma complementar envolve espaços mais circunscritos – as operações executadas pelo jogador de xadrez, o escultor, o pintor, o desenhista de ferramentas, brinquedos ou aparelhos de televisão. Como na inteligência musical, a apreciação de relações espaciais também acontece em nível metafórico: muitos indivíduos que criam performances ou produtos concebem e trabalham em suas entidades de escolha em um formato espacial.

Na verdade, cada forma de inteligência tem relação com uma grande variedade de materiais. Podemos abordar quase qualquer tipo de conteúdo "espacializando-o". Assim, é póssível pensar em uma peça de teatro, uma música, um plano de vendas, um gráfico de gerenciamento como corporificados em forma espacial (ou gráfica); além disso, podemos criar um conjunto de marcas espacializadas para designar a peça de teatro, a música ou o plano mencionado. (Penso, por exemplo, nos meus colegas psicólogos que mapeiam um experimento como se ele fosse um novo terreno geológico.) Quando criamos uma representação espacial de uma entidade – digamos, um gráfico organizacional que descreve as linhas de autoridade que governam duas companhias recentemente fundidas – é possível para o criador (e para outras pessoas) trabalhar nessa nova representação, transformá-la e conferir-lhe vários significados. Teríamos então uma "semântica" capturada em um formato espacial.

Com relação ao mundo dos negócios, podemos observar a inteligência espacial em ação tanto literalmente como por extensão. Para começar, podemos identificar aquelas pessoas envolvidas em ocupações que tratam diretamente do mundo espacial – por exemplo, espaço aéreo, arquitetura, *design*, talvez também o "ciberespaço". E podemos identificar aspectos do planejamento ou criação que empregam os princípios da organização espacial em esferas que – falando estritamente (e metaforicamente!) – parecem distantes do firmamento espacial. Embora alguns planejadores "pensem" em forma de análise lógica ou musical, a maioria tenta se expressar (isto é, tornar público para eles mesmos e/ou para os outros) o conteúdo de suas representações mentais em formas espaciais tangíveis. A mente "Mac" (em oposição à mente "PC"), uma mente que se concentra nas ilustrações (em oposição ao texto) do *Scientific American*, revela sua preferência por formas espaciais de representação.

Inteligência corporal-cinestésica

A *inteligência corporal-cinestésica* é, de certa maneira, análoga à inteligência espacial: a capacidade de resolver problemas ou criar produtos usando o corpo todo ou partes do corpo, como as mãos ou a boca. Não há dúvida de que essa forma de inteligência foi crucial na pré-história humana, sendo às vezes descrita como uma inteligência "instrumental" ou "tecnológica". Para sobreviverem como caçadores, pescadores, catadores ou fazendeiros, para fazerem roupas, construírem abrigos, prepararem comida e se defenderem dos inimigos, os nossos predecessores precisavam usar habilmente o corpo.

Devemos distinguir duas variedades de inteligência corporal-cinestésica. Existem os artesãos, artífices, artistas, cirurgiões e atletas que ainda dependem diretamente do corpo para executar seu trabalho. De modo complementar, existem aqueles que utilizam imagens e metáforas corporais em sua conceitualização de variados tópicos. As fileiras de empresários e vendedores estão cheias de indivíduos que foram no passado atletas competitivos. O famoso jogador de basquete e antigo senador dos Estados Unidos, Bill Bradley, afirmou: "Se eu passar uma hora jogando basquete com alguém, saberei tudo o que preciso saber sobre essa pessoa".[11] As corporações comparam-se a times esportivos; elas conceitualizam suas relações umas com as outras, e com as rivais, em termos tomados emprestado da quadra de basquete ou do campo de futebol. Suas inovações – por exemplo, os usos intuitivos de um *mouse* de computador ou da parafernália da realidade virtual – valem-se pesadamente das imagens corporais. A inteligência corporal-cinestésica também está presente em atividades francamente intelectuais. Conforme já mencionamos, uma autoridade do porte de Albert Einstein negou que seu pensamento ocorresse em palavras: ao invés, ele afirmou que "as entidades psíquicas que parecem servir como elementos no pensamento são certos sinais e imagens mais ou menos claras que podem ser 'voluntariamente' reproduzidas e combinadas... os elementos citados são, no meu caso, do tipo visual e alguns do tipo muscular".[12]

Estritamente falando, cada inteligência envolve o desenvolvimento de habilidades. Entretanto, assim como pensamos na linguagem com referência a histórias, e na lógica com referência a teorias, invocamos apropriadamente a inteligência corporal-cinestésica quando pensamos naquelas representações mentais chamadas de habilidades. E isso porque as habilidades invariavelmente envolvem o uso do corpo, mesmo que o papel do corpo no dançar seja mais claro do que o papel do corpo, digamos, no falar, no escrever ou no resolver equações. Estudos sobre profissionais de diferentes domínios documentaram a extensão em que a perícia resulta na aquisição de habilidades ainda maiores no uso e integração da informação. Quando apresentam um componente físico (como é o caso dos atletas ou artistas), essas habilidades são facilmente observadas, mas com freqüência elas se tornam automáticas e internalizadas. Assim, enquanto um musicista iniciante só consegue aprender uma música tocando-a em um instrumento, os experientes fazem isso simplesmente lendo uma partitura ou "tocando-a" em sua cabeça. Com o passar do tempo, a inteligência corporal-cinestésica passa a ser menos visível.

Inteligência naturalista

Somente após publicar a minha teoria original foi que descobri uma sexta forma que chamei de "inteligência naturalista".[13] A *inteligência naturalista* envolve as capacidades de fazer discriminações conseqüenciais no mundo natural: entre uma planta e outra, entre um animal e outro, entre variedades de nuvens, formações rochosas, configurações de mares, e assim por diante. Da mesma maneira que a inteligência corporal-cinestésica, essa forma foi absolutamente essencial em nosso passado hominídeo. Nossos ancestrais não teriam sobrevivido se não pudessem diferenciar uma planta venenosa de outra nutritiva, um animal bom para comer de outro do qual seria melhor fugir imediatamente, um terreno, água ou formações montanhosas convidativos de outros perigosos. Atualmente, ainda existem regiões do globo onde a sobrevivência depende da constante ativação da inteligência naturalista. E mesmo em nosso mundo pós-industrial, as pessoas que se dedicam à preparação de alimentos, à construção de barragens, à proteção do nosso ambiente ou à mineração de metais preciosos precisam utilizar suas capacidades naturalistas.

O que pode ser menos evidente, mas ainda mais conseqüencial, é a extensão em que a nossa sociedade consumista também depende da inteligência naturalista. A capacidade de distinguir um tênis ou suéter de outro, de discriminar entre marcas de automóveis, aviões, bicicletas, patinetes, e assim por diante, baseia-se em capacidades que detectam padrões, que em eras anteriores eram usados para distinguir variedades de lagartos, arbustos ou rochas.

Aqui se oculta um importante *insight* sobre as inteligências humanas. Cada inteligência evoluiu no decorrer de um longo período de tempo para permitir aos indivíduos sobreviver e se reproduzir em nichos ecológicos específicos – mais notavelmente, nas savanas da África ao sul do Saara, onde os hominídeos se desenvolveram nos últimos milhões de anos. Alguma inteligência específica ainda pode estar subdesenvolvida se não houver muito uso para ela nos ambientes contemporâneos. Entretanto, sendo criaturas oportunistas, os habitantes das cidades que nunca viram uma fazenda ou uma floresta poderão utilizar, inclusive explorar, sua inteligência naturalista em suas capacidades de vendedores, clientes ou compradores de "vitrina" ou "vídeo".

Não é fácil fixar as fronteiras entre as inteligências; reconhecidamente, essa delineação constitui, em certa extensão, um julgamento estético, mais que científico. Permita-me expor o que penso. Por um lado, a inteligência naturalista pode parecer envolver simplesmente o exercício dos nossos órgãos sensórios: olhos, ouvidos, mãos, etc., com atenção e sagacidade. Essa observação certamente é verdadeira, mas também é insuficiente. Mesmo que alguém esteja privado de um ou mais dos órgãos sensoriais, como o famoso naturalista cego Geermat Vermij, ainda pode fazer distinções conseqüentes. Nesse sentido, a inteligência naturalista – como as outras inteligências – é "supra-sensorial". Por outro lado, a inteligência naturalista pode parecer apenas o exercício da nossa inteligência lógico-matemática – a capacidade de categorizar. Mas essa análise redutiva também não funciona. A discriminação entre duas entidades é anterior à sua classificação e, na verdade, qualquer esquema de classificação biológica é sempre secundário a algum conjunto de critérios percebidos. Como regra prática, podemos invocar a seguinte seqüência: primeiro, percebemos objetos por uma ou mais modalidades dos sentidos; a seguir, fazemos alguma distinção conseqüente pelo uso da inteligência naturalista; por fim, classificamos (e talvez reclassificamos) de acordo com critérios lógicos específicos. Essa seqüência pode inclusive ter acontecido quando eu – fazendo uso da minha inteligência naturalista – desenvolvi a teoria das inteligências múltiplas há alguns anos.

Voltando brevemente ao mundo dos negócios, sugiro que qualquer pessoa envolvida com algum tipo de produto tangível está necessariamente usando a inteligência naturalista. As nossas capacidades de discriminação são essenciais para não colocarmos em um bolo só todos os automóveis ou, de fato, todos os veículos. A inteligência naturalista é necessária em qualquer das seguintes atividades: comprar os materiais brutos, extraí-los da terra, montar uma campanha publicitária para vendê-los ou usá-los no cotidiano para trabalhar, cuidar da casa ou brincar. Embora o nosso mundo tenha sido recentemente inundado por *clicks* (cliques, em uma menção ao computador), isso não significa que podemos evitar totalmente os *bricks* (tijolos) ou *sticks* (gravetos). Se fôssemos privados da nossa inteligência naturalista, nós nos tornaríamos completamente dependentes da capacidade de outrem de discernir padrões no mundo.

As inteligências pessoais

Até o momento, todas as inteligências que descrevi se enquadram, grosseiramente falando, em uma de duas categorias. Ou ela tem a ver primariamente com objetos materiais, como é o caso das inteligências espacial, corporal e naturalista, ou trata primariamente de símbolos e cadeias de símbolos, como ocorre nas inteligências lingüística, musical e lógico-matemática. Ambas as categorias envolvem conceitos, histórias, teorias e habilidades. Nós associamos a primeira categoria, "baseada em objetos", mais a habilidades e a segunda, "baseada em símbolos", mais a conceitos, histórias e teorias.

Um terceiro grupo de inteligências, que tem despertado grande interesse, envolve conhecer os seres humanos. Utilizamos a nossa *inteligência interpessoal* para discriminar uma pessoa de outras, compreender suas motivações, trabalhar efetivamente com elas e, se necessário, manipulá-las. A *inteligência intrapessoal*, seu complemento, é dirigida para dentro de nós. A pessoa intrapessoalmente inteligente possui um bom modelo funcional de si mesma, é capaz de identificar sentimentos, objetivos, medos, forças e fraquezas pessoais e pode, nas circunstâncias mais felizes, usar esse modelo para tomar decisões sensatas em sua vida.

Escrevendo no início do século XXI, eu dificilmente precisaria insistir na importância da inteligência interpessoal. Quase todos os negócios envolvem trabalhar com outras pessoas, e aqueles indivíduos que possuem um bom conhecimento dos outros – em termos genéricos e específicos – têm uma vantagem singular. Quer a pessoa trabalhe com marketing, vendas ou relações públicas, seja treinador ou membro de uma equipe, a sensibilidade aos outros surge como um recurso crucial. A enorme popularidade do conceito de Daniel Goleman de inteligência emocional é um tributo à importância, recentemente reconhecida, dessa sensibilidade aos outros.[14]

Tal sensibilidade, entretanto, não é uma capacidade holística única. Entre as facetas separáveis da inteligência interpessoal estão a sensibilidade ao temperamento ou à personalidade, a capacidade de antecipar as reações dos outros, as habilidades de liderar ou seguir efetivamente, e a capacidade de mediar. Na verdade, quanto mais profundamente sondamos as inteligências pessoais, mais facetas surgem. Atualmente lemos sobre seis variedades de liderança,[15] quatro abordagens de negociação,[16] e 34 tipos de personalidade que o bom profissional de recursos humanos deve discernir.[17]

Complementando o conhecimento sobre os outros está o conhecimento sobre si mesmo: passamos a nos conhecer ao utilizar as distinções envolvidas no passar a conhecer os outros. Pela mesma razão, as discriminações que fazemos no curso da auto-reflexão ajudam-nos a penetrar na psique dos outros. No entanto, o âmago da inteligência intrapessoal é distinto da capacidade de compreender e interagir com outros seres humanos. Na inteligência intrapessoal é central a capacidade de distinguir os *próprios* sentimentos, necessidades, ansiedades e perfis idiossincráticos, e de juntar tudo isso de uma maneira que faça sentido e seja útil para atingirmos vários objetivos pessoais. Enquanto as inteligências restantes servem para papéis e setores específicos de negócios, a inteligência intrapessoal é uma dimensão a partir da qual podemos avaliar todos os indivíduos. Alguns presidentes dos Estados Unidos, como Abraham Lincoln, pareciam ter um grande conhecimento de si mesmos, enquanto outros, como Ronald Reagan, davam poucos sinais de tendências introspectivas. Também podemos distinguir executivos, empresários ou investidores em termos da extensão em que o "conhecimento de si mesmo" parece desenvolvido, inexistente ou atrofiado, e em termos da extensão em que utilizam esse conhecimento para criar ambientes de trabalho compatíveis para si mesmos e para os outros.[18]

Não é fácil avaliar a inteligência intrapessoal. Por que não? Primeiro, as pessoas diferem umas das outras (é por isso que *precisamos* das inteligências pessoais) e, portanto, a métrica para uma pessoa simplesmente não se aplica às outras. Segundo, a inteligência intrapessoal é quintessencialmente uma questão subjetiva; não demonstramos para os outros o quanto sabemos sobre nós mesmos, nem quão acurado é esse conhecimento.

Porém, em termos do nosso tópico de como as mentes mudam, seria um grave erro minimizar a importância da inteligência intrapessoal. Atualmente, quase todos nós, no mundo industrial e pós-industrial, tomamos decisões sobre onde morar, que trabalho realizar, o que fazer quando ficamos insatisfeitos, nos sentimos diminuídos ou somos francamente descartados. As pessoas que possuem um profundo entendimento de suas forças e necessidades estão em uma posição muito melhor do que aquelas com autoconhecimento limitado ou distorcido. Nessas circunstâncias, arriscaria eu, um autoconhecimento acurado vale no mínimo de 15 a 25 pontos de QI – o que não é pouco!

Inteligência existencial

Recentemente, ponderei se existiria uma nona inteligência, a existencial. Isso porque muitos contemporâneos especularam que havia uma "inteligência religiosa ou espiritual" e um grande número afirmou, erroneamente, que "Howard Gardner acredita na existência dessa inteligência sobrenatural". Depois de examinar várias explicações sobre a espiritualidade, concluí que ela não satisfazia os critérios de uma inteligência específica.[19] Mas um componente da espiritualidade – o pensamento existencial – talvez satisfaça. A *inteligência existencial* envolve capacidades humanas de formular e examinar as perguntas mais importantes: "Quem somos nós? Por que estamos aqui? O que vai nos acontecer? Por que morremos? Qual é o sentido disso tudo, afinal de contas?" No mundo todo, crianças e adultos fazem essas perguntas, e surgiram muitos "sistemas simbólicos" religiosos, artísticos, filosóficos e míticos para tentar encontrar respostas satisfatórias a tais perguntas (ou pelo menos formulações instigantes dessas questões).

Essa inteligência satisfaz razoavelmente bem os critérios psicológicos e biológicos (veja a nota 19) de uma inteligência. Por exemplo, existe um curso desenvolvimental na inteligência existencial; vários sistemas simbólicos foram desenvolvidos no planeta para capturar perguntas e preocupações existenciais importantes; e certos indivíduos destacam-se desde tenra idade em termos de preocupação com essas grandes perguntas. Minha principal hesitação em afirmar que existe uma "nona inteligência" é que ainda não temos evidências convincentes de que o "pensamento existencial" ocorre em centros neurais ou cerebrais especialmente dedicados a ele ou de que essa inteligência tem uma história evolutiva distintiva (embora comentaristas tenham levantado especulações intrigantes sobre um "ponto de Deus" sob o lobo temporal do cérebro).[20] E, assim, a mais recente candidata ao "*status* de inteligência" ainda está "em espera". Lembrando um clássico filme de Federico Fellini, faço uma alusão a "8 ½ inteligências".

O lugar de uma inteligência existencial candidata dentro dos negócios é fascinante. Costumamos pensar nos negócios como algo mundano, prático, do cotidiano; temas da existência, religião e espírito permanecem suspensos até a chegada do *Sabbath* apropriado. No entanto, muitos produtos industrializados, quer primariamente quer secundariamente, têm relação com questões mais amplas da existência, identidade, fé. Basta pensar nos inúmeros livros, discos, filmes e programas de televisão que lidam com a esfera espiritual – de anjos a demônios – ou nas numerosas organizações, instituições e experiências (incluindo parques temáticos!) dedicadas a cuidar do espírito humano; ou na esfera da religião, seja ela organizada ou marginal, tradicional ou uma seita. A "existência" envolve grandes negócios.

No entanto, a existência não é apenas um produto. Ela também é uma faceta insuficientemente reconhecida do local de trabalho; se as pessoas não encontram significado em sua vida profissional, ficam insatisfeitas e – talvez ainda pior – improdutivas. Encontrar significado no próprio trabalho com certeza não é simplesmente um desafio nos negócios – é uma necessidade profunda em todas as profissões e atividades.[21] Pela mesma razão, acredito que podemos encontrar evidências de diversas inteligências em quase todas as ocupações. Uma musicista, por exemplo, pode exercitar sua inteligência musical constantemente, porém, para ser capaz de tocar bem em público, ela precisa utilizar também a inteligência corporal, a inteligência espacial, as inteligências pessoais e – talvez especialmente – a inteligência existencial. Também devemos observar que os indivíduos podem ter sucesso no mesmo papel cultural utilizando diferentes inteligências. O matemático e físico Stephen Wolfram comenta as diferentes abordagens possíveis ao pensamento matemático:

No limitado grupo de pessoas expostas à matemática superior, diversas parecem pensar de maneiras bizarramente diferentes. Algumas pensam simbolicamente, presumivelmente aplicando capacidades lingüísticas a representações algébricas e a outras representações. Algumas pensam mais visualmente, utilizando a experiência mecânica ou a memória visual. Outras parecem pensar em termos de padrões abstratos, ocasionalmente fazendo analogias implícitas com a harmonia musical. E outras, ainda – incluindo alguns dos mais puros matemáticos –, parecem pensar distintamente em termos de sujeições, talvez utilizando algum tipo de abstração do raciocínio geométrico do dia-a-dia.[22]

POR QUE UMA ABORDAGEM COGNITIVA?

A essa altura, estamos profundamente imersos em uma abordagem cognitiva ao entendimento dos seres humanos: os *conteúdos* sobre os quais pensamos – conceitos, teorias, histórias e habilidades – e os *formatos* pelos quais a nossa mente/cérebro realiza esse pensamento – as nossas oito ou nove diferentes inteligências. Na extensão em que você prefere explicações psicológicas, essa maneira de pensar pode parecer razoável, até auto-evidente. Mas os pensadores com outros *backgrounds* disciplinares não recuam simplesmente para o lado quando nós, psicólogos, marchamos com nossas teorias de representação mental em uma das mãos e a nossa lista de inteligências na outra.

Então, agora que apresentei a abordagem cognitiva à psicologia, deixe-me falar sobre suas vantagens no contexto de mudar mentes. Parte de suas vantagens, para ser franco, tem a ver com a própria evolução da psicologia. Enquanto o comportamentalismo vigorava, não era possível tratar de maneira produtiva as questões mais importantes da esfera humana e do espírito humano. A visão cognitiva reabre as janelas da mente, por assim dizer, para todas as pessoas que pensam, incluindo até os psicólogos! Podemos conceitualizar o que as pessoas estão pensando, como elas estão pensando, e como, quando necessário, esse *pensamento pode ser mudado* – atividades importantes em uma época em que "o conhecimento é tudo".

Explicações rivais: sociobiológica e histórico-cultural

Voltando-me para explicações rivais, acredito que a abordagem cognitiva apresenta claras vantagens em relação a outras duas perspectivas disciplinares que estão sendo aplicadas pelos sábios às questões humanas atualmente: a abordagem sociobiológica e a abordagem histórico-cultural. Minha rixa com essas perspectivas rivais é que, diferentemente da abordagem cognitiva, elas estipulam que os movimentos dos agentes humanos ativos são severamente condicionados. Permita-me apresentar ambas as abordagens por meio de um exemplo tirado da indústria automobilística.

Até os anos de 1960, a indústria do automóvel pertencia aos Estados Unidos. A maioria dos carros era fabricada aqui; havia fábricas em outros países e um mercado estrangeiro para os carros norte-americanos; fabricantes do mundo todo seguiam a liderança dos Estados Unidos nesse setor. Depois de uma ou duas décadas, todavia, a situação mudou dramaticamente. Liderados pela companhia alemã Volkswagen e pela companhia japonesa Toyota, os fabricantes estrangeiros fizeram carros mais baratos e mais seguros, mais confiáveis e mais duráveis. Essas corporações aumentaram a fatia de mercado por meio de um novo funcionamento das linhas de montagem, uma obsessão com o controle da qualidade, relações mais tranqüilas entre operários e administradores, uma sensata apreciação das mudanças no gosto do público, e outras estratégias. As companhias norte-americanas a princípio ignoraram a ameaça à sua posição de liderança (como este país autoconfiante faz freqüentemente) e depois adotaram algumas iniciativas destinadas a recuperar a liderança e garantir a lucratividade. Na década de 1990, esse esforço parecia promissor, mas no início do século XXI, quando as companhias européias e asiáticas novamente responderam a mudanças de tecnologia e gosto do público, a prosperidade das companhias automobilísticas dos Estados Unidos está mais uma vez em dúvida. Como diferentes disciplinas explicariam essa virada dos acontecimentos?

Perspectiva sociobiológica

Inspirada no sucesso da teoria darwiniana na área da biologia, a abordagem sociobiológica (recentemente reembalada como uma abordagem da psicologia evolutiva) tenta descrever esses acontecimentos em termos de características humanas (ou primatas).[23] Como indivíduos, os grupos humanos se alinham em hierarquias de dominação. Por muitos anos, a General Motors e outras grandes companhias norte-americanas "cantaram de galo" na fabricação e na venda de carros. Com a dominação e a longevidade estabelecidas, surge a complacência. As corporações norte-americanas ignoraram sinais de que outras, situadas em nichos inferiores da hierarquia de dominação, estavam preparando um ataque às figuras "alfa" da indústria. O ataque foi rápido, furtivo e surpreendentemente efetivo. Desde a década de 1960, as entidades outrora dominantes têm tentado restabelecer a sua autoridade, por meio de estratégias tanto competitivas quanto cooperativas, mas os desafios à sua dominação continuam.

Para seu crédito, a abordagem sociobiológica aponta para aspectos previamente negligenciados da condição humana – a extensão em que a nossa longa história evolutiva colore nossa maneira (como indivíduos, grupos ou mesmo indústrias) de perceber e agir. Entretanto, para nossos propósitos, a linha sociobiológica tem duas desvantagens. Primeiro, de modo geral, as afirmações, na verdade, não podem ser testadas; nós simplesmente não podemos determinar *quais* fatores da nossa pré-história remota influenciaram o genoma humano ao longo do tempo ou promoveram os comportamentos manifestos dos seres humanos hoje em dia. Por exemplo, o comportamento de vários atores da indústria automobilística é mais bem-explicado em termos dos nossos genes egoístas ou cooperativos? Segundo, a abordagem sociobiológica basicamente documenta as limitações humanas. Ela afirma, por exemplo, que estamos destinados a nos organizar em hierarquias de dominação e a brigar interminavelmente por posições melhores. Se aceitarmos essas limitações como um dado, não haveria razão para criar grandes transformações; bastaria seguir o roteiro inscrito em nossos genes. E quando os sociobiólogos dizem, como quase sempre dizem, "bem, precisamos conhecer os limites para transcendê-los", eles estão basicamente entregando o jogo. Vamos concordar que pode haver limites para a flexibilidade humana, mas vamos fazer o melhor possível para testá-los e superá-los.

Perspectiva histórico-cultural

Uma perspectiva rival baseia-se na história e no estudo de diferentes culturas. Por essa explicação, os seres humanos são mais do que simplesmente uma espécie a mais.[24] Temos uma longa pré-história e história e um poderoso *background* cultural ou multicultural, e ambos lançam longas sombras, se não poderosos grilhões, sobre quem somos, o que acreditamos que podemos fazer, o que realmente realizamos e como.

Vamos aplicar essa abordagem histórico-cultural à indústria automobilística. Na Alemanha, o orgulho e o poder econômico foram seriamente abalados pelas derrotas em duas guerras mundiais sucessivas. Mas os alemães são trabalhadores esforçados e diligentes, seu país possui recursos naturais cruciais e, ajudados pelo Plano Marshall e por várias alianças econômicas européias, eles conseguiram aproveitar o sucesso no país do barato, mas atraente, Volkswagen. Em meados do século XX, a indústria automotiva se tornou uma importante contribuidora para o "Milagre Alemão".

Como a Alemanha, o Japão tinha uma história de liderança na indústria pesada em seu canto do globo e sofrera uma derrota decisiva e humilhante no campo de batalha na Segunda Guerra Mundial. Os japoneses também são excelentes trabalhadores, e funcionam bem nos grupos pequenos e unidos que compõem suas gigantescas corporações industriais. Eles também são hábeis em dominar os procedimentos desenvolvidos por outros (por exemplo, a abordagem de Gerenciamento de Qualidade Total criada em meados do século XX pelo engenheiro norte-americano W. Edwards Deming), adaptando-os às suas circunstâncias e continuando a transformá-los conforme as condições mudam. Essa perspectiva "de cunho cultural" revela que a hegemonia da Alemanha e do Japão nas décadas de 1960 e 1970 baseou-se em características arraigadas dessas duas populações extremamente autoconscientes e em eventos históricos recentes. E a hegemonia alemã e japonesa só será desafiada por "movimentos" de igual profundidade e engenho baseados nas tradições culturais e históricas dos norte-americanos.

A abordagem histórico-cultural contesta as unívocas suposições dos sociobiólogos: embora feitos do mesmo material genético, os indivíduos e os grupos humanos são fascinantemente variados, devido a histórias, experiências e, inclusive, acidentes genéticos específicos. Ser japonês hoje em dia não é o mesmo que ser japonês em 1850, assim como não é o mesmo que ser chinês ou coreano, africano-oriental ou europeu-ocidental. E aqueles de nós que moram nos Estados Unidos apreciam as diferenças entre o frenético Vale do Silício, o Oeste selvagem, o intenso Sul, o sólido Meio-Oeste e a enfadonha, mas sempre empreendedora, Nova Inglaterra, que tem sido meu lar há mais de 40 anos. No entanto, o problema de invocar a cultura e a história como explicação é que, como a sociobiologia, suas raízes são muito profundas. Essas raízes ameaçam se tornar grilhões que limitam a nossa capacidade de mudar. E quando admitimos que é possível superar facetas da história ou da cultura (como tanto os alemães como os japoneses fizeram de modo impressionante no último meio século), o poder da abordagem histórico-cultural se atenua dramaticamente. Então, mais uma vez, temos de admitir: reconhecer os limites, ser sensível à cultura e à história, porém seguir em frente.

Explicações cognitivas

O que vimos, após uma elegante síntese dialética, se não hegeliana, reconduz a abordagem cognitiva ao palco central. A abordagem cognitiva baseia-se no emergente entendimento científico de como a mente funciona, cortesia da psicologia, neurociência, lingüística e outras disciplinas afins. Ela leva em consideração nossas representações inatas ou iniciais, e reconhece seu débito para com os fatores culturais e biológicos. Mas a maioria das representações mentais não nos é dada no nascimento nem fica congelada no momento em que é adotada. Em nossos termos, elas são construídas ao longo do tempo dentro da nossa mente/cérebro e podem ser reformadas, reformuladas, reconstruídas, transformadas, combinadas, alteradas e destruídas. Elas estão, em resumo, em nossas mãos e dentro da nossa mente. As representações mentais *não* são imutáveis; analistas e pessoas reflexivas podem identificá-las e expô-las e, embora alterar representações não seja fácil, mudanças podem ser efetuadas. Além disso, já que temos à nossa disposição tantas representações mentais que podem ser combinadas de tantas maneiras, as possibilidades são, essencialmente, ilimitadas.

Afinal de contas, foi possível para os analistas norte-americanos automobilísticos, nas décadas de 1960 e 1970, tornarem-se hábeis cognitivistas (provavelmente sem premeditação) – sentarem e refletirem sobre o que deu errado no período, aproximadamente, do final da Segunda Guerra Mundial até a Guerra do Vietnã. Empregando a variedade de sistemas de marcação externa que os seres humanos criaram, eles conseguiram caracterizar as opções disponíveis à luz de possíveis respostas dos competidores em outros países e de tendências mais gerais ocorridas na engenharia, contabilidade, preferências do público, estilos de vida, e assim por diante. Eles conseguiram traçar planos para recuperar uma parcela do mercado, fazer mudanças necessárias na estrutura e no funcionamento das corporações, influenciar os hábitos dos clientes, renegociar contratos com sindicatos e, inclusive, trabalhar cooperativamente com fabricantes e vendedores em outros setores e em países estrangeiros. Em resumo, estava ao seu alcance mudar suas mentes, assim como as mentes de seus empregados, clientes e rivais. E quando esses planos não funcionavam conforme o esperado, não havia nada que os impedisse de voltar ao quadro-negro (ou à sua simulação na tela do computador) e prosseguir novamente...e novamente.

O conhecimento consciente do cognitivismo é uma dádiva no que diz respeito a mudar mentes. Podemos ser muito explícitos quanto às representações de cada parte em uma negociação ou rivalidade – em que aspectos as representações são adequadas, em que aspectos elas não são. Podemos alterar o formato a fim de assegurar que estamos sendo compreendidos; podemos contestar o conteúdo se ele parece inadequado para aquela situação. Podemos experimentar novos sistemas simbólicos que podem fazer surgir possibilidades não-antecipadas de ação; ou podemos criar novas representações mentais em nossa mente e depois bolar marcadores adequados para compartilhar e implementar essas novas idéias. Podemos usar várias alavancas de mudança mental – razão, recompensas, múltiplas representações – até atingir um ponto desejado. O cognitivismo, sinergicamente, une as marcas da mão e as idéias da mente. Em lugar das limitações da biologia e da cultura, ele abre as comportas da imaginação. Nem a biologia nem a cultura podem explicar os eventos de 1960 a 2003 na indústria automobilística; o cognitivismo pelo menos tenta.

Uma perspectiva cognitiva não garante sucesso nos negócios ou na vida, nem nega limites nos seres humanos. Mas independentemente de a pessoa ser um líder, um gerente, um trabalhador na linha de frente, um terapeuta, um acadêmico, um competidor ou um consumidor, essa perspectiva cognitiva abre a possibilidade de representar limites e alternativas de diversas maneiras, e de agir a partir dessas representações. Ela convida à precisão, à testagem, à revisão, ao progresso. A perspectiva é otimista: ela reconhece que podemos imaginar novos cenários e trabalhar para realizá-los. Na verdade, cada mente, com suas formas de representação universais e idiossincráticas, pode ser usada para compreender as mentes das outras pessoas, além da nossa própria.

Apresentei as duas lentes mais importantes através das quais os cognitivistas examinam a mente humana: uma delas focaliza seus vários conteúdos (conceitos, histórias, teorias e habilidades) e a outra, suas diversas formas (formatos, representações ou inteligências) de apresentar esses conteúdos.

Introduzi também os fatores ou alavancas que, tomados juntos, determinam a probabilidade de mudança mental. Para alguns propósitos, esse *kit* de ferramentas é suficiente. Entretanto, a abordagem é estática porque ignora o fato de que somos indivíduos que precisam desenvolver a mente desde o começo e continuar desenvolvendo-a durante toda a vida. Para completar esse levantamento inicial, precisamos levar em conta como a cognição humana se desenvolve no curso da infância. E, ao voltar a nossa atenção para a mente em desenvolvimento, deparamo-nos imediatamente com um paradoxo fascinante que confunde a nossa questão fundamental da mudança mental.

NOTAS

1. Howard Gardner, Vernon Howard e David Perkins, "Symbol Systems: A Philosophical, Psychological, and Educational Investigation", em *Media and Symbols*, ed. D. Olson (Chicago: University of Chicago Press, 1974); Norman Geschwind, "Disconnexion Syndromes in Animals and Man", *Brain* 88 (1965): 237-285; Nelson Goodman, *Languages of Art* (Indianapolis: Bobbs-Merrill, 1968); Roger Sperry, "Some Effects of Disconnecting the Cerebral Hemispheres" (palestra de Prêmio Nobel), em *Neuroscience,* eds. P.H. Abelson, E. Butz e Solomon H. Snyder (Washington: American Association for the Advancement of Science, 1985), 372-380.
2. Howard Gardner, *To Open Minds: Chinese Clues to the Dilemma of Contemporary Education* (Nova York: Basic Books, 1989), 84; veja também Howard Gardner, *The Shattered Mind: The Person After Brain Damage* (Nova York: Knopf, 1975).
3. Veja também Jerry A. Fodor, *The Language of Thought* (Nova York: Thomas Crowell, 1975).
4. Albert Einstein, citado em Brewster Ghiselin, *The Creative Process* (Nova York: Mentor, 1952), 43.
5. Howard Gardner, *Frames of Mind: The Theory of Multiple Intelligences* (Nova York: Basic Books, 1983/1993); *Multiple Intelligences: The Theory in Practice* (Nova York: Basic Books, 1993); *Intelligence Reframed: Multiple Intelligences for the Twenty-First Century* (Nova York: Basic Books, 1999).
6. Para elaborações da visão tradicional, veja Hans J. Eysenck, "The Theory of Intelligence and the Psychophysiology of Cognition", em *Advances in Research on Intelligence*, ed. R.J. Sternberg (Hillsdale, NJ: Lawrence Erlbaum, 1986); Richard J. Herrnstein e Charles Murray, *The Bell Curve* (Nova York: Free Press, 1994); Arthur Jensen, *The "g" Factor: The Science of Mental Ability* (Westport, CT: Praeger, 1998).
7. Howard Gardner, *Leading Minds* (Nova York: Basic Books, 1995); Alfred P. Sloan, *My Years at General Motors* (Garden City, NJ: Doubleday, 1972).
8. David Halberstam, *The Best and the Brightest* (Nova York: Random House, 1972).
9. Julian Stanley, "Varieties of Giftedness" (artigo apresentado no *Annual Meeting of the American Educational Research Association*, San Francisco, abril de 1995).
10. Rosamund Stone Zander e Benjamin Zander, *The Art of Possibility: Transforming Professional and Personal Life* (Boston: Harvard Business School Press, 2000).

11. Não consegui verificar essa citação, mas, para sentimentos comparáveis, veja Bill Bradley, *Life on the Run* (Nova York: Quadrangle, 1976), 87, 170.
12. Albert Einstein, citado em Brewster Ghiselin, *The Creative Process* (Nova York: Mentor, 1952), 43.
13. Howard Gardner, *Intelligence Reframed*.
14. Daniel Goleman, *Emotional Intelligence* (New York: Bantam, 1995); Daniel Goleman, *Working with Emotional Intelligence* (Nova York: Bantam Books, 1998).
15. Daniel Goleman, Richard Boyatzis e Annie McKee, *Primal Leadership: The Hidden Driver of Great Performance* (Boston: Harvard Business School Press, 2002).
16. Roger Fisher e William Ury, *Getting to Yes* (Boston: Houghton Mifflin, 1981).
17. M. Buckingham e D.O. Clifton, *Now, Discover Your Strengths* (Nova York: Free Press, 2001).
18. Peter Drucker, "Managing Oneself", *Harvard Business Review*, março-abril de 1999, 65-74.
19. Veja Howard Gardner, *Intelligence Reframed*, capítulos 4 e 5, pelas razões que levaram a essa conclusão. Os oito critérios, elaborados em Howard Gardner, *Frames of Mind*, Capítulo 4, são: (1) Existência de um sistema simbólico separado; (2) evidências de representação especializada no cérebro; (3) uma história evolutiva distintiva; (4) um padrão desenvolvimental distinto; (5) operações psicológicas essenciais identificáveis; (6) existência de populações especiais que se salientam pela capacidade ou não a possuem; (7) padrões de resultados em medidas psicométricas de inteligência e (8) padrões de transferência ou falta de transferência entre tarefas que supostamente envolvem uma inteligência específica. Um critério adicional, às vezes citado, é a existência de papéis que colocam em primeiro plano as inteligências em diferentes culturas.
20. Veja Sharon Begley, "Religion and the Brain", *Newsweek*, 7 de maio de 2001, 50ff.
21. Howard Gardner, Mihaly Csikszentmihalyi e William Damon, *Good Work: When Excellence and Ethics Meet* (Nova York: Basic Books, 2001).
22. Stephen Wolfram, *A New Kind of Science* (Champaign, IL: Wolfram Media, 2002), 1177.
23. Veja, por exemplo, Paul Lawrence e Nitin Nohria, *Driven: How Human Nature Shapes Our Choices* (San Francisco: Jossey Bass, 2002); Nigel Nicholson, *Executive Instinct* (Nova York: Crown, 2000).
24. Para uma abordagem histórico-cultural do crescente poder industrial da Ásia Oriental, veja Charles Hampden-Turner e Fons Trompenaars, *Mastering the Infinite Game* (Oxford: Capstone, 1997).

3

O Poder das Primeiras Teorias

OS PARADOXOS DO DESENVOLVIMENTO NA INFÂNCIA

Observe atentamente as pinturas européias do final da Idade Média. Você verá numerosos retratos do que, dada a diminuta estatura das criaturas, são claramente crianças pequenas. No entanto, aos olhos modernos, existe algo de estranho nelas. Conforme salientado há muitos anos pelo historiador social francês Philippe Ariés,[1] os retratos refletem uma série de suposições inteiramente diferentes sobre o desenvolvimento humano. Neles, as crianças são apresentadas como adultos em miniatura. Elas são pequenas, com certeza; mas se vestem como adultos, têm uma expressão adulta e até suas proporções físicas não possuem os sinais da infância – nenhuma cabeça de tamanho grande, nenhum braço gorduchinho, nenhuma perna arqueada. Historiadores como Ariés afirmam que as crianças medievais eram ignoradas quando pequenas; depois que atingiam a idade da razão – geralmente definida como aos sete anos – esperava-se que pensassem e se comportassem como adultas.

As afirmações de Ariés nunca foram completamente aceitas pelos historiadores. No entanto, uma apreciação mais ponderada de que as psiques das crianças pequenas não são simplesmente uma versão em miniatura da mente adulta só surgiu muito lentamente. O pensador francês do Iluminismo Jean-Jacques Rousseau foi o primeiro escritor ocidental a refletir sobre o *status* especial da criança; duzentos anos atrás, os poetas e artistas românticos glorificavam a inocência e a beleza da infância; e, nos anos seguintes às descobertas de Darwin, os primeiros psicólogos autonomeados começaram a tentar decifrar a mente infantil.

O estudo do desenvolvimento cognitivo das crianças abre uma janela para o fenômeno da mudança mental e, em particular, para dois fenômenos enigmáticos: um deles tem a ver com a facilidade com que a mente muda; o outro, com a dificuldade dessa mudança. Quando somos jovens, a nossa mente muda com grande facilidade. Apanhamos informações com facilidade e a retemos prontamente, aprendemos línguas estrangeiras com rapidez e logo pegamos o sotaque certo, e o nosso entendimento do mundo também se altera rapidamente. De muitas maneiras, ele vai se tornando mais acurado.

Vamos tratar primeiro das áreas em que a mente muda facilmente. Considere três importantes mudanças mentais que acontecem na infância, conforme determinado pelo cientista suíço Jean Piaget. Geralmente considerado o mais importante estudioso do desenvolvimento cognitivo humano,[2] Piaget apresentou evidências de que a mente da criança muda dramática e qualitativamente na primeira década e meia de vida. Na verdade, Piaget afirmou que, do período de bebê à adolescência, todas as crianças normais atravessam vários estágios de pensamento qualitativamente diferentes.

Três clássicas demonstrações piagetianas ilustram importantes mudanças mentais que ocorrem confiavelmente em todo o globo. Durante a última parte do primeiro ano de vida, o bebê observa um brinquedo ser escondido algumas vezes em um determinado local A. Então, diante dos olhos do bebê, o brinquedo – digamos, um patinho de borracha – é movido para o local B. Apesar das evidências de seus sentidos, o bebê de oito ou nove meses continuará procurando o brinquedo no ponto A. Nessa época da vida, a localização atual de um objeto parece inextricavelmente ligada ao seu esconderijo inicial. Mas, alguns meses mais tarde, sem qualquer treinamento formal, todo bebê normal vai diretamente ao ponto B.

Vamos avançar para a idade de cinco anos. Mostra-se à criança dois copos idênticos (A e A'), cada um contendo a mesma quantidade de água. A criança afirma que os dois copos têm "a mesma quantidade". Então, diante dos olhos da criança, o conteúdo do copo A é derramado em um copo mais alto e fino (B) onde, é claro, a água atinge um nível mais elevado. Questionada sobre qual copo contém mais água (A'ou B), a criança apontará prontamente o copo mais alto (B), mesmo que nenhuma água tenha sido acrescentada ou retirada. Indagada quanto à razão disso, a criança responderá: "Tem mais porque a água está mais alta". Um ano ou dois mais tarde, novamente sem nenhuma instrução formal nesse ínterim, a criança dirá: "Claro que os dois copos contêm a mesma quantidade de água. Você só despejou no outro copo, não mudou nada mais".

Considere, finalmente, uma criança de 10 anos. Mostra-se a ela uma balança de equilíbrio e pergunta-se como ficarão os braços da balança – o braço esquerdo para baixo, o braço direito para baixo, ambos os braços no mesmo nível – se pesos de certa especificação forem colocados em cada prato da balança. Se houver um número maior de pesos no prato de um dos lados da balança, a criança designará corretamente aquele braço como o que ficará para baixo; se os pesos no prato de um lado forem colocados a uma distância maior do fulcro, a criança de novo responderá corretamente. No entanto, se solicitada a julgar um arranjo em que há mais pesos em um lado, mas os pesos do outro lado estão colocados a uma distância maior do fulcro, a criança dará de ombros e adivinhará. Ela é incapaz de apreciar o fenômeno do torque – a necessidade de levar em conta *simultaneamente* pesos específicos e distâncias específicas e depois calcular a resposta correta. No entanto, na adolescência, quer tenham estudado física quer não, os adolescentes no mínimo são capazes de apreciar a natureza compensatória do torque: "Bem, há mais pesos no lado esquerdo da balança, mas os pesos estão mais longe no lado direito, e por isso a balança fica em equilíbrio".

Essas demonstrações piagetianas são notáveis em dois aspectos. Primeiro, elas parecem contra-intuitivas: pesquisadores e pais ficaram genuinamente surpresos ao descobrir que as crianças no mundo todo responderam igualmente a essas perguntas. Segundo, baseadas essencialmente nas próprias faculdades mentais, as crianças acabam sendo capazes de chegar às respostas certas para tais dilemas.

Aqui, então, está a primeira faceta do paradoxo da mudança mental. As crianças pensam sobre o mundo de maneira fundamentalmente diferente da exibida pelos adultos. Diferentemente dos retratos medievais das crianças como adultos em miniatura, o que percebemos é que, em certo sentido, as crianças quase parecem – em termos de suas representações mentais – membros de uma espécie diferente. E, no entanto, aparentemente sem necessidade de ensino formal, elas mudam sua mente de maneiras fundamentais. Além disso, e surpreendentemente, essas novas maneiras são acompanhadas por uma convicção total. Na verdade, a maioria das crianças mais velhas recusa-se a crer que *antes* acreditavam na concepção errônea anterior – pelo menos até verem o vídeo de sua resposta anterior.

Mas existe um fenômeno rival, descrito por outro grande estudioso do desenvolvimento humano, o psicanalista vienense Sigmund Freud.[3] E eis a segunda faceta do nosso paradoxo: embora a mente possa mudar com facilidade, especialmente quando somos jovens, ela simultaneamente se mostra, em certos aspectos, surpreendentemente resistente à mudança. Vou explicar melhor.

Enquanto Piaget focalizou os aspectos cognitivos de solução de problemas, da mente humana (que também tem sido o meu foco), Freud sondou as esferas complementares da emoção, motivação e o inconsciente. Freud argumentou que as crianças pequenas já formaram fortes vínculos com as pessoas que as cercam, e que essas relações interpessoais são emocionalmente carregadas. O bebê está intimamente apegado à mãe e ficará traumatizado por abruptas separações da figura materna. O bebê que nasce em segundo lugar (depois do primogênito) competirá pela afeição da mãe; assim nasce a rivalidade fraterna. E na sua formulação mais famosa (e notória), as crianças em torno dos cinco anos apresentam sentimentos intensos e diretos em relação aos pais. O menino em pleno complexo de Édipo quer possuir a mãe e se livrar do pai rival; a menina sofrendo do complexo de Electra cria um laço amoroso com o pai enquanto rejeita a mãe.

Atualmente, mesmo os que vêem com simpatia as explicações de Freud não tomam essas descrições ao pé da letra. Mas o quadro global pintado por Freud parece verdadeiro para muitos observadores. Durante os primeiros anos de vida, as crianças realmente formam laços emocionais muito fortes e exibem reações intensas às pessoas que as cercam. E – aqui está a principal mensagem da terapia psicodinâmica – esses sentimentos fortes continuam a colorir as nossas relações subseqüentes com os outros. Talvez o nosso apego à nossa mãe desapareça, mas suas qualidades serão recriadas em relações amorosas décadas mais tarde. Talvez a rivalidade com os irmãos deixe de ser manifesta, mas tensões comparáveis se manifestam na escola ou no local de trabalho quando nos ressentimos de um favoritismo percebido em relação a um de nossos pares. E, a menos que o triângulo amoroso da infância tenha sido satisfatoriamente "resolvido", suas reverberações provavelmente influenciarão relacionamentos futuros – "Ele nunca se casará, ainda está apaixonado pela mãe"; "Ninguém é suficientemente bom para ela, ela ainda está procurando um clone de seu pai".

E tudo isso nos leva de volta ao paradoxo da mudança mental e a como nossos pensamentos se desenvolvem na infância. Colocando de forma simples: em certos aspectos, como diz Piaget, a mente das crianças muda rapidamente, decisivamente, sem a necessidade de ensino formal. Em outros aspectos, conforme diz Freud, a mente mostra-se notavelmente resistente à mudança, mesmo quando estamos dispostos a pagar muito dinheiro a um psicoterapeuta. O ponto para nosso estudo parece claro. Nós precisamos saber o máximo possível sobre como a mente muda naturalmente e onde estão as resistências. De outra forma, provavelmente não conseguiremos realizar nenhuma mudança mental voluntariamente.

Até o momento, o quadro que apresentei é razoavelmente familiar. Freud (certamente) e Piaget (provavelmente) estão entre os cientistas comportamentais mais conhecidos. Entretanto, outro aspecto da vida mental é criticamente importante, e muito menos conhecido. Esse aspecto aplica a perspectiva "vitalícia" de Freud aos fenômenos cognitivos investigados por Piaget.

TEORIAS INFANTIS ARRAIGADAS

Lá estão eles, vestidos com as togas em preto e carmesim da formatura de Harvard. Estão prestes a se formar em uma universidade de renome mundial e certamente têm grandes conhecimentos. Um pesquisador pergunta a um de cada vez: "Por que a Terra é mais quente durante o verão (em julho, nos Estados Unidos) do que no inverno (dezembro)?" Para a maioria dos respondentes, a resposta está clara. "Ora, porque a Terra está mais próxima do sol durante o verão do que durante o inverno". Pressionados a dizer uma razão, os respondentes continuam: "É sempre mais quente quando nos aproximamos da fonte de calor, de modo que a Terra deve estar mais perto".[4]

Em um nível, a resposta parece sensata. Nós *ficamos* mais aquecidos quando estamos mais perto de uma fonte de calor. Mas um breve momento de reflexão indica-nos que a resposta não está correta. Se estivesse, então todo o globo ficaria mais quente durante o mês de julho do que no mês de dezembro (ou vice-versa). Mas, é claro, os habitantes do Chile ou da Austrália teriam intuições inteiramente diferentes das intuições dos habitantes de Boston ou Pequim. A resposta verdadeira – raramente dada por esses autoconfiantes formandos de Harvard – tem a ver com a inclinação da Terra em seu eixo conforme ela gira anualmente em torno do sol.

Superficialmente, eles parecem ótimos alunos. Tiram boas notas no ensino médio e na faculdade e se saem bem em testes padronizados. No entanto, quando examinados fora de um contexto escolar, seu entendimento freqüentemente se revela tênue. A ignorância não se limita aos fenômenos da astronomia. Atualmente temos evidências nos próprios currículos. Alunos de física são incapazes de predizer a trajetória de uma bolinha depois que ela cair de um tubo curvo. Alunos de biologia continuam dando explicações lamarckianas – citando a herança de características adquiridas – para a evolução dos traços através das gerações. Estudantes de história insistem em atribuir agência excessiva a indivíduos específicos, bons ou maus, ignorando o papel de influentes grupos, populações e tendências sociais ou econômicas amplas. Estudantes de arte aderem a uma estética simplista: poemas precisam rimar, pinturas devem ser realistas como fotografias e – quanto à música – quanto mais rápido você tocar, melhor. De modo geral, alunos que tiveram o benefício de uma educação secundária tendem a responder de maneira muito parecida com aqueles que não estudaram ciência, história ou artes. Vejam o poder da "mente não-instruída".[5]

Relatar esse fenômeno é uma coisa; explicá-lo é outra. Minha pesquisa sugere a seguinte explicação – uma explicação que se vale dos achados de Piaget e de Freud. Cedo na vida, as crianças desenvolvem teorias muito poderosas sobre o mundo.[6] Elas o fazem sem necessidade de instrução formal – podemos dizer que essas são teorias naturais ou "intuitivas". Algumas dessas teorias estão corretas; por exemplo, é prudente evitar terrenos que apresentam súbitas quedas na altura ou organismos que parecem ameaçadores. Algumas dessas teorias são encantadoras: o arco-íris aparece quando os anjos estão festejando. Mas muitas estão simplesmente erradas. Elas refletem senso comum ou – como meu mentor Nelson Goodman costumava gracejar – contra-senso comum.

Teorias, afirmei eu, representam nossas tentativas de dar sentido ao mundo. Dar sentido, compreender, é uma profunda motivação humana, mas não é o mesmo que estar certo. Os seres humanos não evoluíram para estarem certos em algum Exame Final – nós (como todas as outras criaturas) evoluímos para poder sobreviver o tempo suficiente para nos reproduzir. O esforço da humanidade ao longo dos séculos para chegar a explicações acuradas é um empreendimento mais gradual, repleto de armadilhas inesperadas. Explicações sólidas requerem um estudo cuidadoso, a proposição de explicações rivais, a acumulação de observações ou dados que tornam mais provável um determinado ponto de vista e menos provável algum outro. Poderíamos inclusive dizer, nos nossos termos, que a busca da exatidão é um empreendimento autoconsciente para mudar as mentes da espécie humana.

Voltemos às crianças e às suas poderosas teorias do mundo. Agrupei essas teorias em quatro categorias e listei exemplos representativos. Cada uma é prevalente entre crianças do mundo todo, e nenhuma delas é fácil de mudar. (Você pode testar essa proposição em seus filhos ou em você mesm=o/a!)

Teorias intuitivas da matéria:

- Os objetos mais pesados caem ao chão mais rapidamente do que os mais leves.
- Quando quebramos em partes um objeto grande, e repetimos o processo, ficamos com partes cada vez menores. Quando não conseguimos ver mais as partes, não resta nada.

Teorias intuitivas da vida:

- Se estiver se mexendo, está vivo. Se estiver imóvel, está morto. Se estiver na tela do computador, não podemos saber com certeza.
- Todas as espécies, incluindo os seres humanos, foram criadas essencialmente em um momento e não mudaram materialmente desde então.
- Se alguma coisa importante acontece a um organismo, essa experiência será transmitida para a sua prole.

Teorias intuitivas da mente:

- Todos os organismos possuem uma mente. Quanto mais se parecem conosco externamente, mais suas mentes são como as nossas.
- Nós não podemos conversar com um peixe, mas certamente podemos conversar com um cachorro, um gato ou um macaco.
- Eu tenho uma mente, você tem uma mente. Se você se parecer comigo, então a sua mente é como a minha e você é bom. Se você parecer diferente de mim, então a sua mente também será diferente, e seremos inimigos.

Teorias intuitivas das relações humanas:

- Indivíduos grandes são poderosos. É desejável estar do lado deles. Se não podemos ter poder pessoalmente, devemos nos alinhar com aqueles que exercem o poder.
- O objetivo da vida é conseguir bens. Sempre que um bem está escasso, devemos tentar conseguir o máximo possível dele para nós e para aqueles de quem gostamos mais.

- Se não podemos monopolizar uma mercadoria preciosa, ela deve ser dividida igualmente entre todos (fim do princípio de 80/20).
- Se alguém tirar vantagem de nós, devemos devolver na mesma moeda.

POR QUE AS TEORIAS DA INFÂNCIA RESISTEM À MUDANÇA

Essas teorias não são tiradas do nada. Todas elas são, aparentemente, plausíveis. Elas baseiam-se em evidências dos sentidos, e parecem ser validadas de vez em quando. Objetos menos densos realmente parecem ter uma aceleração menor porque, em circunstâncias comuns, a resistência do ar está presente. Os cachorros são mais atentos aos sinais humanos do que os peixes, mesmo que um *cocker spaniel* não entenda mais do que um peixinho dourado o que seu dono está pensando. Os indivíduos maiores que uma criança geralmente levam a melhor em uma disputa, mesmo que não mereçam prevalecer em termos de justiça.

Além disso, é possível assimilar informações aparentemente inconsistentes de modo que elas concordem com nossas teorias. Quando meu filho Benjamin tinha cinco anos, perguntei-lhe sobre a forma da Terra. Ele respondeu imediatamente: "Ela é redonda, papai". Encorajado por essa manifestação de conhecimento científico (ou pelo menos de informações culturais), decidi ir adiante. "Diga-me, Benjamin", incentivei, "onde *você* está na Terra?" "Isso é fácil", respondeu, "eu estou na parte achatada do lado debaixo". Quase sempre as pessoas chegarão a extremos para encaixar informações aparentemente discrepantes em suas crenças firmemente mantidas. É assim que lidamos com a "dissonância cognitiva" – a aparente inconsistência entre o que nossos pais (ou os livros) nos dizem e o que acreditamos ser verdade.

Os seres humanos não nascem como uma lousa em branco, nem todas as teorias têm a mesma probabilidade de emergir. A minha hipótese – revelada anteriormente – é que os seres humanos estão aparelhados para criar uma determinada teoria em vez de outra. Para dar um exemplo que pode parecer auto-evidente, é natural que os seres humanos teorizem que um evento anterior (um relâmpago) causou um evento posterior (um trovão). É claro que, em termos lógicos, as co-ocorrências acontecem em ambas as direções; e assim, em princípio, poderíamos supor que o último (o trovão) causa o primeiro ou que ambos são resultado de uma terceira causa (digamos, a fúria dos deuses). Entretanto, algo na nossa "programação" nos predispõe à teoria mencionada, e não a outras que são igualmente possíveis em termos lógicos.

Convém pensar em nossas teorias infantis como leves depressões no terreno inicialmente macio da mente/cérebro. Quanto mais uma teoria parece ser confirmada, mais profundas se tornam as depressões, que acabam como vales significativos. Excluindo-se alguma máquina de terraplenagem mental, esses vales tendem a permanecer. Outra metáfora sugestiva vê as teorias iniciais como gravações na mente/cérebro. Essas gravações são duradouras. Entretanto, na escola, aprendemos muitos fatos (como "a terra é redonda") e, quando apropriadamente estimulados, podemos repetir essa informação correta. À distância, parece que os fatos estão formando uma pilha cada vez mais alta e que estamos aprendendo muito. Entretanto, com muita freqüência, a gravação fundamental permanece imutável. E assim, quando nos fazem uma pergunta para a qual não fomos apropriadamente preparados, não só ficamos confusos como, na maioria das vezes, revertemos à gravação anterior ou, para mudar de metáfora, escorregamos para o vale da ignorância.[7]

Assim, novamente, deparamo-nos com a segunda faceta do nosso paradoxo: teorias são difíceis de mudar, e as teorias iniciais mostram-se especialmente difíceis de alterar. Na verdade, talvez o mais surpreendente seja as crianças se tornarem conservadoras do que começarem a vida como não-conservadoras. Nós não sabemos por que a conservação da quantidade é uma daquelas teorias que se tornam praticamente universais entre as crianças. A razão pode ser a seguinte: as predições baseadas em suposições não-conservacionais são consistentemente erradas. Conforme os dados se acumulam, a gravação inicial torna-se disfuncional. Ou pode ser que, como espécie, estamos predispostos a dar explicações parcimoniosas, e a conservação ("nenhuma adição, nenhuma subtração, então nenhuma mudança") ajusta-se a essa conta (a parcimônia prevalece). O que parece claro é que as crianças no mundo todo não são *ensinadas* explicitamente a se tornarem conservadoras. Elas simplesmente tornam-se conservadoras aproximadamente na época em que entram na escola.

Podemos apontar alguns fatores que ajudam a arraigar teorias. Um fator é a ressonância emocional – que, não surpreendentemente, é uma das sete alavancas que listei no Capítulo 1. Quanto mais emocional for o nosso comprometimento com uma causa ou crença, mais difícil a mudança. Mesmo depois que os crimes da União Soviética de Stalin ficaram evidentes para o mundo, aqueles com um forte laço emocional com o comunismo tiveram dificuldade em reconhecer o dano que fora feito. Outro fator é o comprometimento público. Já é potência suficiente estarmos comprometidos privadamente com um ponto de vista, mas quando fizemos pronunciamentos públicos sobre essa perspectiva, questões de orgulho e consistência nos fazem abraçar a teoria, por mais desacreditada que esteja. Finalmente, há os fatores de personalidade. Quanto mais absolutista a nossa abordagem à vida, mais certos estamos das nossas opiniões, e menos provável que as abandonemos. Aqueles com "personalidades autoritárias" são especialmente propensos a se agarrarem às crenças anteriores. É muito mais adaptativo ter um estilo mais humilde, ser flexível, curioso ou, para usar uma frase atualmente popular entre os jovens, ter uma atitude "seja o que for" em relação a explicações. Felizmente, nenhum desses fatores parece proeminente nas crianças pequenas e, assim, eles não atrapalham a apreciação da conservação da matéria.

FATORES QUE IMPELEM MUDANÇAS MENTAIS

Voltemos agora à faceta mais positiva da mudança mental. As pessoas mudam sua mente e, especialmente nos jovens, o fenômeno ocorre com freqüência. Um fator que ajuda é a existência de uma tendência natural a adotar uma certa postura – uma razão da popularidade dos pontos de vista relativistas entre os adolescentes. Também somos cutucados para mudar mentalmente quando uma perspectiva que se choca com a nossa é amplamente aceita por um grupo novo, poderoso e rico em recursos. Se fomos criados em uma família ou comunidade extremamente conservadora, provavelmente teremos um choque se ingressarmos em uma escola de ensino médio ou faculdade em que o sentimento prevalente é moderado ou liberal. Muitos estudos documentaram uma mudança para a esquerda quando os jovens ingressam na faculdade; sem dúvida, isso se deve, pelo menos em parte, à influência de uma coorte poderosa. A tendência inversa geralmente começa 10 ou 20 anos mais tarde, quando os mesmos indivíduos estão em uma situação em que precisam ter lucros e recursos para pagar uma casa, ensino para os filhos e planos de aposentadoria para si mesmos.

Os comportamentalistas nos diriam que os mais poderosos incentivos para uma alteração de comportamento são contingências mutáveis de recompensa e punição. Certamente existe algo nesse argumento. Como pai, eu freqüentemente brinco que, quando tudo o mais falha, torno-me comportamentalista. Se a adoção de uma certa perspectiva trouxer claras recompensas, a maioria de nós aprenderá a dizer as palavras e pelo menos alguns de nós passarão a acreditar nelas. No entanto, as mudanças trazidas principalmente pela variação dos padrões de reforço são superficiais; elas podem ser revertidas tão rápida e facilmente como foram criadas. Na minha opinião, isso acontece porque o "treinador" está lidando com o comportamento manifesto – o que dizemos ou fazemos em dado momento – e não com o sistema de crenças subjacente.

Aqui, novamente, a perspectiva cognitiva flexiona seus músculos explanatórios. O comportamentalista observa um padrão de resposta e tenta descobrir qual série de experiências vai alterar esse padrão de resposta na direção desejada. O cognitivista tenta pôr às claras a atual representação mental, no que ela consiste, quão profundamente está arraigada. Então, o desafio para o analista cognitivo é descobrir *quais* experiências, perspectivas ou argumentos apresentam maior probabilidade de contestar essa representação, demonstrar sua fraqueza e fazer com que seja destruída; o professor cognitivamente orientado constrói experiências que ajudarão na descoberta de um conceito mais poderoso, uma história mais compelidora, uma teoria mais sólida, uma prática mais efetiva e – no final – uma representação mental superior.

No que diz respeito à relativa complexidade de teorias concorrentes, existe uma tensão interessante. Por um lado, os indivíduos exibem complacência cognitiva. É fácil e confortador aderir à linha prevalente de explicação, especialmente quando ela é concisa e simples. Os "grandes" têm todos os recursos, e faz sentido concordar com eles. Por outro lado, existe um profundo desejo de compreender melhor as coisas, de ter um controle informado sobre o que acontece com relação a essas coisas. E assim, quando confrontadas com uma explicação moderadamente mais sofisticada do que a sua atual favorita, as crianças tendem a abraçá-la. Estudos sobre o desenvolvimento moral, por exemplo, mostram que as pessoas no estágio X de sofisticação tendem a ser persuadidas com argumentos enunciados no nível $X+1$ de complexidade. Portanto, as crianças que estão no nível "poderia = certo"* acham convincente um argumento afirmando que uma pessoa inteligente ou moral mereceria mais recursos do que uma pessoa com músculos mais fortes. Se a complexidade for maior, como, por exemplo, os estágios +2 ou +3, então as crianças não conseguem assimilar o argumento e simplesmente o ignoram (argumentos em termos de conceitos complexos como "justiça distributiva" ou "imperativos categóricos" caem em ouvidos moucos aos 10 anos). Se, todavia, um argumento está em um nível menos complexo do que o delas, as crianças geralmente não o levam a sério. Por exemplo, ao ouvir, "Está certo porque eu disse que sim", a criança mais sofisticada responderá, "Oh, esse é um argumento idiota" ou "Só uma criancinha diria uma coisa dessas".[8]

Lev Semyonovich Vygotsky, um terceiro importante psicólogo desenvolvimentista do século XX, estava especialmente interessado na maneira mais efetiva de mudar a mente das crianças.[9] Vygotsky propôs que, em qualquer empreendimento pedagógico, a primeira coisa a ser feita é determinar – por meio de testes ou tarefas – o nível atual de competência da criança. Mas ele salientou que dois indivíduos que recebem o mesmo "escore" nesses instrumentos podem diferir significativamente um do outro na capacidade de avançar para um nível mais sofisticado. Suponha, por exemplo, que duas crianças de cinco anos fracassam consistentemente no jogo-da-velha. Então, mostra-se a cada uma um processo pelo qual elas podem melhorar radicalmente seu desempenho – digamos, variar a própria estratégia dependendo de ser a primeira ou a segunda a começar. A criança A pega imediatamente e começa a ganhar regularmente de seus iguais; a criança B faz pouco ou nenhum esforço para dominar a regra e não melhora seu jogo. Na análise de Vygotsky, a criança A tem uma "zona de desenvolvimento potencial (ou proximal)" muito maior, e qualquer intervenção educacional terá mais chance de ser efetiva com essa criança. Em linguagem comum, embora o desempenho na tarefa em algum momento talvez não distinga A de B, A tem um potencial cognitivo bem maior.

Vygotsky contribuiu com outro conceito útil para o estudo da mudança mental. Quando uma criança está apresentando um mau desempenho em

---

*N. de T. No inglês está "might = right", o que dá um caráter de jogo de palavras à expressão.

uma tarefa, ela se beneficiará de um recurso chamado *scaffolding*:* a provisão ordenada do apoio apenas suficiente para que a criança consiga melhorar significativamente o seu desempenho. Utilizando o exemplo do jogo-da-velha, poderíamos apoiar a criança sugerindo que ela sempre tente antecipar o que seu oponente fará se ela própria fizer um determinado movimento, ou indicando que ela precisa adotar estratégias diferentes quando seu oponente colocar um *X* em um canto e quando colocar o mesmo símbolo no centro do jogo. Podemos dar continuidade a esse conselho salientando o que acontece quando a criança realiza a manobra sugerida e comparando isso com os casos em que a criança a ignora. O recurso do *scaffolding* funciona quando a criança tira vantagem desse apoio adulto. Entretanto, como na construção de um prédio, os andaimes não devem permanecer indefinidamente. Na verdade, depois de ser "absorvido", o *scaffolding* deve ser prontamente removido. Segundo a teoria de Vygotsky, o *scaffolding* bem-sucedido é "internalizado"; o que precisa primeiro vir de fora – geralmente de uma pessoa mais velha e mais bem-informada – deve eventualmente ser elaborado por "conversas" dentro de própria mente.

Ocasionais mudanças mentais – como a do judeu Saul que se converteu ao cristianismo na estrada para Damasco – podem ser súbitas, dramáticas e permanentes; elas invadem o âmago da pessoa, passam a ter o controle. Ao mesmo tempo, no entanto, vemos que relatos de mudanças assim dramáticas são mais freqüentes do que a sua ocorrência real. Muitos que falam de uma nova crença, por exemplo, dizendo que "nasceram de novo", voltam às antigas crenças depois de alguns dias ou meses. E nós também precisamos lembrar, seguindo Nicholson Baker, que mudanças mentais significativas podem ocorrer de forma muito mais gradual e misteriosa, e a pessoa só se dá conta dessas mudanças algum tempo depois que elas amadureceram. Experiências damascenas são genuínas, mas são apenas uma entre as várias circunstâncias marcadas por mudanças mentais significativas.

REPRISE

Agora introduzimos os principais aspectos da nossa história sobre mudar mentes. Recapitulando: começamos com a mente humana, com seu estoque de representações mentais. Essas representações mentais caracterizam-se pelo conteúdo – elas possuem, ou melhor, elas *são* significado. Mas, igualmente, elas têm formas, e o "mesmo" conteúdo pode ser transmitido em diversos formatos, em múltiplas representações. (Lembre as diferentes ilustrações gráficas do princípio de 80/20.) Esses formatos podem ser variadamente descritos:

---

*N. de T. *Scaffolding* significa andaime.

para os nossos propósitos, as inteligências humanas servem como um lembrete conveniente das variadas formas que os conteúdos mentais podem assumir.

As representações mentais são detectáveis em várias entidades. Embora seja conveniente usar o termo abreviado *idéias*, acho mais exato distinguir entre conceitos, histórias, teorias e habilidades. Todos nós abrigamos uma série dessas entidades mentais e, se soubermos o suficiente sobre a mente e o cérebro, poderemos descrever essas representações em detalhes e talvez identificar como elas estão codificadas em nosso sistema nervoso.

Mas como essas entidades são modificadas? Nós não podemos fazer isso a menos que enfrentemos o paradoxo da mudança mental. De uma perspectiva, a mente muda muito facilmente, em especial durante a infância e a juventude. No que se refere a certas mudanças mentais, podemos ficar esperando sentados tranqüilamente, pois é certo que elas acontecerão mais cedo ou mais tarde. Entretanto, ao mesmo tempo, a mente é um mecanismo surpreendentemente conservador. Teorias, conceitos, histórias e habilidades se formam cedo, e muitos resistem à mudança. Na verdade, com referência às teorias que se espera que dominemos na escola, a mente mostra-se notavelmente refratária à alteração – persistindo em suas teorias originais não-ensinadas, naturais, mesmo quando, aparentemente, a pessoa verbaliza a linha de pensamento apropriada. Entender como mudar mentes sobre os fundamentos da matéria, vida, fenômenos mentais e seres humanos da vida real constitui-se em um desafio educacional formidável. Da mesma maneira, a mente também não muda com maior facilidade fora da escola; seja na política ou na religião, seja no local de trabalho ou em casa, as crenças prontamente ficam arraigadas e muito difíceis de alterar.

Baseados na experiência, percebemos que existem algumas regras práticas. É mais difícil mudar a mente quando as perspectivas são mantidas intensamente, publicamente e por indivíduos de temperamento rígido. É mais fácil mudar mentes quando os indivíduos encontram-se em um novo ambiente, cercados por iguais que pensam diferentemente (por exemplo, quando ingressamos na universidade), ou quando os indivíduos passam por uma experiência desestabilizadora (por exemplo, um acidente grave, um divórcio ou uma morte inesperada) ou encontram personalidades luminosas. Mas, mesmo assim, os fãs da mudança mental muitas vezes precisam calar afirmações de vitória. As oportunidades de recaídas são patentes entre aqueles que fazem muito barulho – na verdade, são especialmente patentes entre aqueles que costumam fazer declarações histriônicas ("é uma situação inteiramente nova, como nunca houve antes") e, então, ficam desapontados quando o restante do mundo permanece como sempre foi. Em outras palavras, é mais fácil falar sobre mudar mentes em geral do que efetuar mudanças permanentes em uma mente específica.

UM OLHAR À FRENTE

Até este momento da discussão sobre a mente, fui quase um cartesiano puro – tratando a mente como se ela fosse uma entidade desincorporada. As mentes, é claro, são encontradas em corpos – normalmente corpos humanos, mas também no de outros animais e, cada vez mais, em entidades inorgânicas como os computadores. Às vezes, como nas crianças, essas mentes parecem mudar sozinhas; outras vezes, os próprios indivíduos mudam conscientemente suas mentes. Por exemplo, eu poderia decidir que, a partir deste momento, serei um psicólogo comportamentalista em vez de cognitivista; um liberal, em vez de social-democrata; um cristão praticante, em vez de um judeu secular.

Em geral, porém, as mentes mudam em resultado dos esforços de agentes externos. Quando somos jovens, conhecemos pessoas que estão autorizadas a mudar nossas mentes: nossos pais, parentes mais velhos, nossos professores, assim como figuras de autoridade na vizinhança e na comunidade. Mesmo durante nossos anos adultos, encontramos alguns agentes – representando nosso patrão ou o sistema legal – que possuem poder suficiente para mudar nossos comportamentos e (às vezes) nossa mente.

Na parte seguinte do livro, volto a minha atenção para esses agentes e instituições com potencial para mudar mentes. Escolhi fazer isso examinando em uma ordem específica as seis diferentes arenas em que normalmente acontece a mudança mental. Comecei com as mudanças mentais que ocorrem na maior dessas arenas – a de uma nação inteira – e operam regularmente na direção de ambientes mais íntimos, envolvendo duas pessoas e, finalmente, apenas uma mente. Existem alguns aspectos comuns entre esses variados ambientes, mas fatores importantes também distinguem cada forma de mudança mental.

Podemos pensar nessas arenas ordenadas como uma pirâmide invertida:

Mudanças em grande escala envolvendo a população diversa de uma região ou uma nação inteira
Mudanças em grande escala envolvendo um grupo mais uniforme ou homogêneo
Mudanças produzidas por trabalhos de arte ou ciência
Mudanças dentro de ambientes instrucionais formais
Formas íntimas de mudança mental
Mudar a própria mente

Talvez os mais reconhecidos dos agentes de mudança sejam os líderes da primeira linha da nossa pirâmide invertida: aqueles que são eleitos para cargos políticos ou indicados para posições de autoridade sobre grandes populações. Exemplos variam da primeira-ministra Margaret Thatcher ao líder mundial Mahatma Gandhi. Operando em um palco muito amplo, esses indivíduos podem influenciar um grande número de pessoas – pessoas que são, tipicamente, muito diferentes umas das outras. Eles podem, inclusive, mudar o curso da história – para o bem ou para o mal.

Presumivelmente, um líder teria maior facilidade para mudar mentes na nossa segunda categoria exposta anteriormente: um grupo mais homogêneo ou uniforme, como uma corporação, clube, organização cívica ou universidade. Nos casos que envolvem um líder de corporação como Lorde John Browne, da BP, ou um reitor de universidade, como James Freedman, de Dartmouth, os indivíduos com quem a pessoa está lidando compartilham uma base comum de conhecimento e um grau semelhante de perícia. Mas, como veremos na próxima parte do livro, mudar as mentes dessas populações também é difícil – especialmente quando os membros do grupo desenvolveram idéias que diferem significativamente das dos líderes designados.

A nossa terceira arena de mudança envolve aqueles que são modificados pelas obras que um indivíduo cria e não por palavras ou atos diretos de liderança. Por exemplo, os escritos de Karl Marx exerceram enorme influência sobre os eventos políticos no século XIX, mas ele próprio não era um líder no sentido "direto". Nem as nossas mentes são mudadas unicamente por pessoas das esferas políticas ou econômicas. O nosso entendimento do mundo também foi afetado por mentes seminais como a de Albert Einstein, na esfera da física, e a de Charles Darwin, na esfera biológica. Exemplos também incluem os trabalhos criativos de escritores como James Joyce, músicos como os Beatles e dançarinos/coreógrafos como Martha Graham. Mesmo aqueles que não fazem discursos nem escrevem textos podem mudar nossas mentes. Provavelmente mais concepções da guerra civil espanhola foram formadas ou alteradas pela tocante descrição de Pablo Picasso, *Guernica*, do que por milhares de notícias dos meios de comunicação.

A quarta arena da nossa pirâmide envolve a única instituição no mundo formalmente encarregada de mudar mentes: a escola. As escolas destacam-se porque atendem àqueles indivíduos cujas mentes podem ser mudadas mais facilmente. Elas criam currículos e disciplinas que tentam cristalizar o atual estado de conhecimento e assumem a responsabilidade por monitorar como, e em que extensão, as mentes dos alunos foram de fato modificadas. Os meios de educação formal variam de grandes palestras proferidas para centenas de alunos ao ensino informal de um ou poucos alunos, à criança sozinha na biblioteca ou diante de uma tela de computador – e, mais recentemente, à instrução vitalícia, incluindo um desenvolvimento profissional contínuo.

Uma quinta arena em que ocorre a mudança mental envolve ambientes íntimos. De vez em quando, a maioria de nós quer mudar a mente de membros da família; queremos convencer amigos – ou inimigos – do nosso ponto de vista; queremos ser capazes de trabalhar efetivamente com o nosso patrão e com nossos empregados e tentamos fundir nossa mente com a de quem amamos. Examinando as várias arenas em que ocorre a mudança mental, a maioria de nós obtém mais ganhos quando pode promover essas mudanças nesses ambientes íntimos – e é aqui que pagamos o preço mais alto quando as nossas tentativas falham. Examinarei algumas mudanças mentais íntimas: o encontro entre o reitor da universidade e um membro dessa universidade, as epistolares interações entre dois antigos presidentes dos Estados Unidos, a interpretação de sonhos envolvendo um psicoterapeuta e seu paciente perturbado.

Finalmente, chegamos ao fascinante terreno da *nossa* mente. A nossa mente muda – ou porque queremos mudá-la ou porque alguma coisa acontece no mundo real ou em nossa vida mental que justifica uma grande mudança. A mudança pode ocorrer em qualquer esfera: nossas crenças políticas, nossas crenças científicas, nosso credo pessoal, nossas visões sobre nós mesmos. Exemplos relevantes são cidadãos como Whittaker Chambers, cuja relação radicalmente alterada com o Partido Comunista ajudou a promover uma mudança na sensibilidade política americana há meio século, e estudiosos como o filósofo Ludwig Wittgenstein e o antropólogo Lucien Lévy-Bruhl, que sofreram mudanças amplamente publicadas em suas respectivas áreas de pesquisa. Embora às vezes a mudança mental possa ser suave, ela pode ser especialmente pungente quando promove uma mudança completa em nossa visão de mundo ou estilo de vida.

Em uma perspectiva mais ampla, podemos identificar características da mudança de mentes que atravessam essas várias arenas. Aqui utilizo distinções que introduzi anteriormente no livro. Conforme ilustrado no apêndice, em cada caso existe um *conteúdo* ideacional original e uma perspectiva contrastante, que chamo de *contraconteúdo*; o conteúdo ideacional pode ser um conceito, uma história, uma teoria ou algum tipo de habilidade. Também registro três outros elementos: a natureza da *audiência* envolvida no empreendimento da mudança mental, o *formato* particular (por exemplo, inteligência, meio) em que o conteúdo é apresentado e os *fatores* (nossas sete alavancas de mudança mental) que promovem, ou dificultam, a mudança do conteúdo original para o novo – isto é, que determinam se atingimos ou não um ponto crítico.

Aqueles que pensam em termos de espaços multidimensionais perceberão que levei em conta um estonteante sortimento de dimensões. Se fôssemos preencher todos os espaços do auditório da mudança mental, haveria centenas de entradas. Afinal de contas, especifiquei seis arenas, arranjadas em forma piramidal; quatro tipos de conteúdo ideacional (variando de conceitos a teorias); pelo menos oito formatos representacionais (refletindo as várias inteligências) e sete alavancas separadas que promovem ou dificultam mudanças (razão, pesquisa, ressonância, redescrições representacionais, recursos e recompensas, eventos do mundo real e resistências).

No entanto, felizmente, é possível examinar o terreno da mudança mental de modo mais simples. O que acontece é que cada arena da mudança mental favorece certos tipos de conteúdo e privilegia certas alavancas. É eficiente e efetivo o uso de ilustrações representativas da mudança mental em uma arena específica. Para citar alguns poucos exemplos: líderes que se dirigem a grupos grandes e diversos necessariamente lidam com histórias; aqueles que estão tentando promover mudanças mentais em grupos menores e mais uniformes ou em salas de aula podem introduzir teorias. Líderes de grandes grupos costumam utilizar a inteligência lingüística e tentam corporificar em suas ações as mudanças desejadas; aqueles que influenciam mentes por meio de seus esforços criativos empregam toda a gama de inteligências; a mudança mental em ambientes íntimos envolve especialmente a inteligência interpessoal.

Também acontece de alavancas específicas de mudança se mostrarem especialmente adequadas em determinadas arenas. A razão e a pesquisa são muito importantes para aqueles envolvidos em argumentação intelectual; a ressonância vai para o primeiro plano nas relações íntimas; as resistências são particularmente notáveis em ambientes de educação formal quando novas teorias foram introduzidas; os líderes de grandes grupos freqüentemente dependem dos recursos apreciáveis à sua disposição, mas também são apoiados ou abalados por eventos do mundo real. Por essas razões, o nosso exame se vale, confortavelmente, de exemplos especialmente associados a certas formas de mudança mental.

Em uma base *a priori*, nunca podemos predizer com certeza se uma mudança mental candidata vai ocorrer. Mas parece seguro dizer que mudanças mentais tendem a ocorrer quando todos os sete fatores empurram em uma direção "de mudança mental" – e não tendem a ocorrer quando todos ou a maioria desses fatores se opõem à mudança mental. O equilíbrio ou peso entre essas forças determina se existe ou não a probabilidade de atingirmos um ponto crítico em favor da mudança.

Já apresentei os armamentos completos da mudança de mentes: os conteúdos e contraconteúdos da mente; as várias arenas (apresentadas na forma de uma pirâmide invertida) em que é mais provável a ocorrência de mudança mental; as formas representacionais discretas em que esses conteúdos e contraconteúdos podem ser apresentados e os sete fatores ou alavancas que, conjuntamente, determinam se uma mudança mental candidata tenderá a se concretizar. No que segue, utilizo essa estrutura como uma maneira apropriada de elucidar exemplos escolhidos das seis arenas de principal interesse. Aqueles que desejarem utilizar a estrutura mais promiscuamente estão convidados a empregá-la de modo geral ou a consultar o gráfico no final do livro, em que a aplico a uma gama de exemplos. Os que preferirem imergir nos exemplos podem tratar a estrutura como uma música de fundo – para ser focalizada quando desejamos, mas facilmente ignorada se preferirmos prestar atenção às palavras.

NOTAS

1. Philippe Ariès, *Centuries of Childhood* (Londres: Jonathan Cape, 1962).
2. Veja Howard Gardner, *The Quest for Mind*, 2a edição (Chicago: University of Chicago Press, 1983); Jean Piaget, "Piaget's Theory", em *Handbook of Child Psychology*, vol. 1, ed. P. Mussen (Nova York: Wiley, 1983).
3. Sigmund Freud, *The New Introductory Lectures* (Nova York: Norton, 1933/1964).
4. Philip Sadler, *A Private Universe* (Washington, DC: Annenberg/CPB, 1987).
5. Howard Gardner, *The Unschooled Mind* (Nova York: Basic Books, 1991).
6. Veja ibid. e referências a esse respeito.
7. Durante as primeiras décadas da ciência cognitiva, a metáfora dominante para a mudança mental era a aprendizagem de uma regra. Essas regras eram consideradas como sendo mais ou menos explícitas. E, assim, a criança que estivesse prestes a dominar a conservação passaria, com efeito, a se comportar de acordo com uma regra que diz: "A água não muda em quantidade quando é derramada em outro recipiente, desde que nada seja acrescentado ou subtraído". Os computadores também eram programados de acordo com essas séries de símbolos. Mais recentemente, porém, a metáfora dominante passou a ser uma série de neurônios que funcionam em rede, sendo que a força das conexões entre eles muda gradualmente em resultado das experiências que se acumulam no decorrer do tempo. Com essa análise, a criança muda gradualmente de um estágio em que associa "ausência de adição e subtração" à identidade da quantidade. Não há necessidade da explicitação formal de uma regra – nem para a criança nem para o computador. A minha opinião é a seguinte: a maioria das mudanças mentais (como o cenário de mobiliar um apartamento descrito no Capítulo 1 pelo escritor Nicholson Baker) é mais bem-descrita pela metáfora da rede neural, mas mudanças importantes também são provocadas por uma aprendizagem mais explícita e pelo domínio de regras. Veja Gerald Edelman, *Bright Air, Brilliant Fire* (Nova York: Basic Books, 1992); Gerald Edelman e G. Tononi, *A Universe of Consciousness: How Matter Becomes Imagination* (Londres: Penguin Press, 2001); Jeffrey Elman e colaboradores, *Rethinking Innateness* (Cambridge: MIT Press, 1996); Steven Pinker, *How the Mind Works* (Nova York: Norton, 1997); Manfred Spitzer, *The Mind Within the Net* (Cambridge: MIT Press, 1999).
8. Elliot Turiel, "The Development of Morality", em *Handbook of Child Psychology*, vol. 3. ed. W. Damon (Nova York: Wiley, 1997), 863-932.
9. Lev Semonovich Vygoskty, *Thought and Language* (Cambridge: MIT Press, 1962); *The Mind in Society* (Cambridge: Harvard University Press, 1978).

4
Liderando uma População Diversificada

Quer sejam chefes de uma nação quer oficiais seniores das Nações Unidas, os líderes de populações grandes e díspares têm um enorme potencial de mudar mentes. Na verdade, eles estão no negócio de mudar mentes – e, nesse processo, podem mudar o curso da história. Dos seis tipos de agentes de mudança que examinamos neste livro, os líderes dessas populações heterogêneas estão em uma posição em que podem influenciar o maior número de indivíduos. Mas muitos fatores irão determinar quão efetivos esses líderes serão.

Em uma democracia, uma líder eleita tem poder, mas pouco desse poder está lá à sua disposição. Ao contrário, ela tem de convencer os membros de seu partido a aceitarem a sua liderança, e precisa desenvolver políticas capazes de receberem um razoável apoio tanto da burocracia governamental quanto do público em geral. Na ausência desse apoio, ela provavelmente enfrentará uma revolta de seus partidários, ou proporá leis que não serão sancionadas ou que resultarão em sua derrota na próxima eleição.

Para mudar mentes efetivamente, os líderes fazem uso específico de duas ferramentas: as histórias que eles contam e a vida que levam. Em termos das nossas alavancas de mudança, a "ressonância" que existe – ou não existe – entre essas histórias e essas vidas é de suprema importância. Neste capítulo, menciono a efetividade de vários líderes mundiais, variando de Bill Clinton a Mahatma Gandhi. A primeira-ministra Margaret Thatcher serve como um vívido exemplo de como uma pessoa pode mudar a visão de uma população grande e diversa.

MARGARET THATCHER: UMA HISTÓRIA E UMA VIDA

Em 1979, Margaret Thatcher, um membro de 53 anos da Câmara dos Comuns da Grã-Bretanha, fez história política. Concorrendo como líder do Partido Conservador, Thatcher abraçou um *slogan* simples: "A Grã-Bretanha perdeu seu rumo". Na análise de Thatcher, a Grã-Bretanha fora outrora um poder formidável, distinguido por seu vasto império espalhado pelo mundo, seus princípios de democracia amplamente admirados e sua pioneira sagacidade para negócios. Durante a época sombria de 1940, a Grã-Bretanha, sob a corajosa liderança de Winston Churchill, ergueu-se sozinha contra o poder nazista que dominara rapidamente a Europa Ocidental. Mas, paradoxalmente, com a vitória sobre o poder do Eixo em 1945, o poder e a influência britânicos rapidamente desapareceram. Churchill foi imediatamente desligado do cargo. Então, uma sucessão de líderes insignificantes de ambos os partidos forjou uma síntese pós-guerra: a Grã-Bretanha deveria se contentar em ser um poder de segunda linha, desmantelar seu império, retirando-se para seus limites geográficos, abandonando sua soberania ao reunir-se a uma série de entidades econômicas e políticas que estavam surgindo na Europa. Além disso, as principais indústrias e funções societais deveriam ser nacionalizadas. Os sindicatos deveriam ser soberanos. O governo deveria operar amplamente por meio da busca de consenso entre os principais partidos, com sua continuidade garantida pelo serviço civil. A Grã-Bretanha tornar-se-ia um parceiro subordinado dos Estados Unidos, uma versão anglicizada da Escandinávia social-democrata.[1]

Se fosse eleita primeira-ministra, prometeu Thatcher, tudo isso mudaria. O gênio comercial e empresarial britânico seria revigorado. A influência repressora dos sindicatos seria rompida e indústrias e outras funções importantes, privatizadas. A Grã-Bretanha reviveria, novamente, sua "parceria especial" com os Estados Unidos e, com sua soberania intacta, assumiria um papel de liderança na Europa e no mundo todo.

Uma mulher inteligente, dura, que se fez sozinha, Thatcher era a pessoa certa para transmitir essa mensagem. Sua família era de origem modesta (ela crescera no apartamento que ficava em cima do armazém dos pais) e, apesar disso, conseguiu entrar em Oxford e se formar em química e em direito. Depois de criar seus dois filhos, ela ingressou nas fileiras políticas e assumiu vários papéis "obscuros" no não mais dominante Partido Conservador. Ela foi adequadamente cautelosa ao apoiar o partido e, ao mesmo tempo, deixou claro que era uma mulher de fortes opiniões e princípios. Em sua análise do cenário na década de 1970, estava claro para ela que "nenhuma teoria de governo jamais sofrera um teste mais justo ou um experimento mais prolongado do que o socialismo democrático adotado na Grã-Bretanha. No entanto, ele fracassara miseravelmente em todos os aspectos... levando tanto o país quanto as indústrias a uma espiral descendente".[2] Se isso fosse verdade e a Grã-Bretanha realmente tivesse "perdido seu rumo", Thatcher parecia a candidata perfeita para liderar sua nação e levá-la de volta ao rumo apropriado.

Desde o momento em que assumiu como primeira-ministra, Thatcher, determinadamente, pôs em ação a sua plataforma, com o objetivo de promover mudanças dramáticas na Grã-Bretanha. Ela citou aprovadoramente o Conde de Chatham, um de seus predecessores: "Eu sei que posso salvar esse país e que ninguém mais pode".[3] De fato, em poucos anos a Grã-Bretanha parecia um país muito diferente, ocupando uma posição de nova importância aos seus próprios olhos e aos olhos de muitas outras nações. As políticas de Thatcher certamente não eram populares para todo o mundo. Na verdade, como um acadêmico confortavelmente empoleirado no outro lado do Atlântico, eu observava com consternação como ela enfraquecia grandes universidades, terminava com o controle local sobre as escolas e desprezava os intelectuais, especialmente aqueles que ousavam questionar seus fins ou seus meios. Muitos observadores sentiam que, em seu desejo de encorajar os interesses empresariais, Thatcher estava disposta a pisar em todos aqueles que ocupavam um lugar desfavorecido na sociedade. Rejeitando essa caracterização, ela certa vez declarou desafiadoramente: "Não existe sociedade; existem apenas indivíduos".[4] Ela queria nivelar o campo de jogo, dar aos indivíduos uma oportunidade de participar da vida da nação (como ela própria recebera a oportunidade algumas décadas atrás) e, então, deixar que aqueles que tivessem capacidade e tenacidade subissem ao topo.

Sem dúvida, Thatcher conseguiu mudar muitas mentes: devido à sua influência, a Grã-Bretanha é hoje uma nação muito diferente. E ela conseguiu isso mais efetiva e rapidamente do que seus partidários ou adversários jamais esperaram. Na verdade, ela continuou a dominar o discurso político mesmo depois de deixar o cargo em 1990. Tanto seu sucessor do Partido Conservador, John Major, quanto seu sucessor do Partido Trabalhista, Tony Blair, definiram questões à luz de considerações estabelecidas pela hegemonia de Thatcher. A alardeada *"third way"* (terceira via) de Blair, por exemplo, é uma tentativa de mediação entre o socialismo pós-guerra dos Trabalhistas e o regime excessivamente *laisser-faire* (na opinião dele) dos anos subseqüentes a Thatcher. Uma nova história, podemos dizer.

Mas e a história de Margaret Thatcher? Conforme argumentei no início deste capítulo, as histórias que os líderes contam e a vida que levam podem determinar seu sucesso ou fracasso em mudar as mentes de seus constituintes. Thatcher, certamente, tinha uma história simples e poderosa para contar. Reduzida à sua essência, a história afirmava que a Grã-Bretanha fora outrora uma grande nação; ela perdera seu rumo nas últimas décadas; mas era possível a Grã-Bretanha recuperar seu gênio. Como contadora (e vendedora) dessa história, Thatcher tinha de ser crível. O fato de ela própria ter ascendido a uma posição de poder e proeminência por meio de inteligência e trabalho duro aumentava imensamente a sua credibilidade. A vida que ela levara, e a maneira pela qual a levara, *corporificavam* bem a mensagem que ela tentava transmitir em palavras. E, realmente, a coragem que Thatcher manifestou no cargo – liderando seu país em uma luta para manter as disputadas Ilhas Falkland, sobrevivendo a uma explosão de bomba na conferência do partido em Brighton e decidindo permanecer no local enquanto sitiado – reforçaram a história que ela contava e provavelmente determinaram seu sucesso.

É importante explicar por que falo de uma história. Thatcher não só transmitiu uma mensagem, um *slogan*, uma imagem ou uma visão – embora tudo isso pudesse ser vislumbrado no que ela dizia. Sua mensagem continha os elementos essenciais de uma boa narrativa: um *protagonista* – a nação britânica (se não a sociedade britânica!); um *objetivo* – a recuperação da estatura, do papel internacional apropriado para a Grã-Bretanha, e *obstáculos* – as políticas consensuais malconduzidas dos últimos anos, a disposição em ceder a liderança a outros países, o poder dos sindicatos, a instabilidade das nações da Comunidade, a ausência de uma Vontade Nacional dirigida. E havia um veículo para combater esses obstáculos – a série de políticas que Thatcher, como líder conservadora, estava propondo. Thatcher não tinha rodeios com as palavras. Ela sempre perguntava: "Ele ou ela é um de nós?". Ao formular essa indagação, Thatcher estava deliberadamente definindo a população britânica como um grupo de indivíduos que aceitava, ou não, a sua visão revisada, sua nova história. E como podemos supor que sua história não fora amplamente conhecida ou acreditada 10 anos antes, ela tinha de convencer muitos indivíduos a aceitarem sua visão das coisas.

Atualmente, seria relativamente fácil uma história como a de Thatcher se sustentar e se estabelecer firmemente se não houvesse histórias anteriores. A mente como uma lousa em branco, uma tábula rasa, é um alvo atraente para qualquer mensageiro. No entanto, ao ingressar na escola, as crianças já sabem muitas histórias, incluindo histórias sobre a nação em que vivem. E na época em que têm idade suficiente para votar, os jovens certamente já assimilaram muitas histórias sobre questões políticas, econômicas, sociais e culturais. Fazendo uma analogia com os escritos do biólogo Charles Darwin (que tomou, ele próprio, emprestada a imagem do economista Thomas Malthus), podemos pensar na mente como um vasto campo de combate. Nesse ambiente competitivo, várias histórias competem, brigam umas com as outras pela sobrevivência, pela duradoura permanência na mente/cérebro, pela oportunidade de estimular comportamentos conseqüenciais.

NARRAÇÃO DE HISTÓRIAS E A APOSTA DARWINIANA

Não é fácil uma história ser ouvida. Todos nós ouvimos muitas histórias antes, e várias delas repetidas vezes. A maioria das histórias e das piadas não é lembrada por muito tempo, por ser muito parecida com outras que já ouvimos e, portanto, carece de uma qualidade distintiva. Então, elas são assimiladas a histórias já aceitas ou conhecidas. (É por isso que lembramos relativamente poucos detalhes da maioria dos programas de televisão a que assistimos.) Por outro lado, histórias bizarras ou exóticas demais também escapam da memória. Ou elas são reprimidas por serem estranhas ou ameaçadoras demais (é isso o que às vezes me acontece quando assisto a um filme feito para consumo doméstico no Japão ou na Índia), ou são distorcidas para se ajustarem confortavelmente às histórias que já conhecemos (é o que acontece quando visitamos um país estrangeiro e erroneamente supomos que eventos testemunhados – digamos, um comício político ou um jogo de futebol – necessariamente acontecem da mesma maneira ou têm o mesmo significado em nosso próprio país). Para dar um exemplo com o qual estou pessoalmente familiarizado, nas décadas de 1980 e 1990 os notáveis centros de educação infantil para bebês e crianças pequenas em Reggio Emilia, Itália, foram inicialmente (mas erroneamente) vistos como simples variantes dos jardins de infância progressistas dos Estados Unidos. Com o passar do tempo, observadores atentos perceberam que essas escolas italianas na verdade operavam de modo muito diferente – por exemplo, vendo a aprendizagem como um fenômeno de grupo, em vez de individual, baseando atividades futuras na cuidadosa documentação dos elementos e produtos de cada dia.

Otimamente, uma nova história tem de possuir elementos familiares suficientes para não ser instantaneamente rejeitada, mas ser suficientemente distintiva para atrair a atenção e engajar a mente. A audiência tem de estar preparada, em certo sentido, mas deve se surpreender, em outro. É possível que a Grã-Bretanha não estivesse preparada para ouvir Thatcher uma década antes, quando os tumultos internacionais dos anos de 1960 estavam muito presentes na mente de todos. É igualmente provável que Thatcher tivesse sido rejeitada uma década mais tarde – como ela realmente foi. Mas, então, a sua posição já se tornara a sabedoria convencional e, por essa razão, seus defeitos eram bastante conhecidos. Embora talvez sem ter consciência disso, a Grã-Bretanha estava preparada para um novo caminho, uma nova história, possivelmente uma "terceira via".

Falo da luta como uma disputa entre uma nova "história" e uma "contra-história" – mais genericamente, uma batalha entre "conteúdo" e "contraconteúdo". Para que a história de Thatcher sobre a Grã-Bretanha prevalecesse, ela precisava ser ouvida e, eventualmente, superar as contra-histórias rivais. No caso da Inglaterra da década de 1970, as contra-histórias teriam incluído o seguinte: "A Grã-Bretanha foi grande outrora, mas o que está acabado está acabado". "O *status* adequado para a Grã-Bretanha é o de uma sociedade pacífica, socialista, que não quer mais dominar o mundo." "Seria bom mudar o rumo da Grã-Bretanha, mas isso tem de ser feito pela evolução e pelo consenso." "A Grã-Bretanha deve fortalecer seus laços com o continente europeu e emergir como líder da União Européia." E assim por diante.

Sem brandi-la como uma marreta (eu espero), apliquei grande parte da estrutura analítica ao caso de Margaret Thatcher. (Para ver a estrutura explicitamente em ação a partir de agora, você pode consultar o roteiro no apêndice.) Expus o conteúdo da mudança mental desejada por ela e os contraconteúdos com os quais teria de lutar. Descrevi suas audiências – os membros-líderes de seu próprio partido, os burocratas do Whitehall, em Londres, o público britânico mais amplo. Indiquei que Thatcher lidava com o conteúdo formulando histórias convincentes e que as histórias são representadas tanto em linguagem natural quanto em sua corporificação pessoal dos temas-chave.

Mas o que dizer dos fatores que provocam, ou deixam de provocar, mudanças? A história não permite experimentos controlados. Nunca poderemos ter certeza de quais fatores, exatamente, fizeram a balança pender para o lado da história de Thatcher. Pelo menos como um experimento de pensamento, é possível ver em ação cada uma das sete alavancas de mudança introduzidas no Capítulo 1.

Razão

Thatcher era uma excelente argumentadora e debatedora. Desde seus dias como líder política em Oxford, ela sabia como analisar uma questão e apresentar argumentos em favor de um lado ou de outro. Influenciada pelo economista Frederich von Hayek e por seu colega Keith Joseph, ela era capaz de defender efetivamente as novas posições dos Conservadores diante de variadas audiências. Em seus debates parlamentares e em sua sessão semanal de "perguntas" na Câmara dos Comuns, ela brilhava. Na tentativa de mudar as mentes de seus compatriotas, ela expôs os problemas e fraquezas dos últimos 30 anos e mostrou como a sua nova linha de pensamento resolveria esses problemas e levaria a uma nação mais bem-sucedida e mais poderosa.

Pesquisa

Thatcher era um demônio para estudos políticos. Ela insistia na coleta de informações pelos vários departamentos do Gabinete e seções de Whitehall. E lia atentamente esses dados, memorizava-os e apimentava seus argumentos efetivos com dados que os apoiavam. Ela esquematizou o aumento do desemprego, greves e inflação nos regimes anteriores, e ficou muito orgulhosa quando esses números começaram a mudar em meados da década de 1980. Thatcher também salientou as mudanças de atitude, comportamento e desempenho que estavam ocorrendo em outros países que – talvez inspirados pelo sucesso dela – rejeitaram as políticas socialistas.

Ressonância

Basicamente, os líderes não serão efetivos – e não podem pedir sacrifícios – a menos que suas histórias e suas pessoas toquem uma corda ressonante no seu público. Thatcher sintetizava seu raciocínio e dados com uma retórica atraente. Refletindo sobre sua ascensão ao poder, ela comentou: "Nós não só tínhamos preparado um programa de governo completo, como também aprendêramos técnicas de propaganda e de como expor uma questão complexa e sofisticada em linguagem direta, clara e simples. Tínhamos, finalmente, passado a maior parte de quatro anos defendendo nossas idéias, de modo que, com sorte, a nossa agenda seria interpretada pelas pessoas como senso comum familiar, e não como um projeto radical maluco".⁵

Seria um exagero dizer que todos os britânicos gostavam de Thatcher ou respondiam positivamente a ela. Thatcher tinha a capacidade de alienar tanto os oponentes que ousavam criticar suas políticas como os partidários que lhe pareciam "vacilantes". Mas, em geral, Thatcher dirigia sua mensagem àqueles constituintes com potencial para serem convencidos. Eles sentiam que Thatcher estava no mesmo comprimento de onda – em parte, sem dúvida, devido ao seu *background* familiar simples e ao seu jeito direto, que não admitia maneiras insensatas. Em termos das nossas palavras adicionais com "re" (veja o Capítulo 1), eles conseguiam se relacionar com ela, confiar (*rely*) nela e respeitá-la. Thatcher era muito sensível a essa atração mútua. Certa vez, ela afirmou: "Eu não sentia necessidade de um intérprete para me dirigir a pessoas que falavam a mesma língua. E achava que era uma grande vantagem termos tido o mesmo tipo de vida. Eu sentia que as experiências que vivera tinham me preparado curiosamente bem para a luta que estava por vir".⁶

Finalmente, o poder da ressonância talvez fique mais aparente quando ela cessa. Na verdade, perto do final de seus 10 anos no cargo, Thatcher foi ficando cada vez mais imperiosa e menos disposta a escutar, a aprender, a ser corrigida. Ela perdeu o apoio não só de grande parte do público, mas também – e fatalmente – dos líderes de seu próprio partido. Sua queda no poder foi rápida.

Redescrições representacionais

Como uma líder que se dirigia a uma população grande e díspar, Thatcher dependia significativamente das histórias – e da História – que contava. Sua história, é claro, era um conteúdo específico sobre o *status* da Grã-Bretanha, expresso em inglês comum (se não no inglês da Rainha). Thatcher reforçava sua mensagem com elementos visuais inteligentes; por exemplo, seu pôster da campanha de 1979 mostrava uma longa fila de homens e mulheres diante de um escritório de atendimento a desempregados. O pôster tinha a legenda "*Labour isn't working*".*⁷ Igualmente poderosa era a corporificação de Thatcher da história de sua vida: a origem modesta, a autoconfiança e a bravura na

---

*N. de T. Um trocadilho intraduzível com as palavras *labour* e *work* – ambas significam "trabalho" – que quer dizer algo como "O partido Trabalhista não está dando certo".

guerra aberta (as Falklands), diante do terrorismo (o bombardeio de Brighton) e nos conflitos políticos. Sua vida familiar aparentemente feliz e estável e suas sinceras convicções religiosas reforçavam essa corporificação. Essas diversas representações de sua mensagem central serviam bem a Thatcher e ajudam a explicar por que outros com mensagens semelhantes, mas corporificações menos persuasivas – John Major na Grã-Bretanha, Newt Gingrich nos Estados Unidos –, não foram tão bem-sucedidos em comunicá-las.

Uma parte importante da corporificação de Thatcher era a sua certeza de estar no caminho certo e de dever continuar nele: "Eu estava totalmente convencida de uma coisa: não teríamos chance de conseguir a mudança de atitude necessária para tirar a Grã-Bretanha do declínio se as pessoas acreditassem que nós, sob pressão, estaríamos dispostos a alterar o curso".[8] Por fim, essa tenacidade valeu a pena: "As pessoas perceberam a conexão entre a resolução que demonstráramos na política econômica e no manejo da crise das Falklands".[9]

Recursos e recompensas

Embora a política tenha a ver parcialmente com idéias, ela também tem a ver com a acumulação e o emprego de recursos. Margaret Thatcher sabia que precisava ter um círculo interno forte e apoiador. Ela escolheu os membros com cuidado, conferiu-lhes o poder e o prestígio necessários, e não hesitava em substituir indivíduos quando eles não se mostravam à altura. Políticos ambiciosos tinham cuidado para não se opor a Thatcher; ela era rápida em retaliar, assim como recompensava aqueles que permaneciam leais.

Quanto aos recursos e recompensas para a nação como um todo, a idéia-chave de Thatcher era reduzir o tamanho e o poder do aparato do governo central e garantir recursos aos indivíduos, para que os utilizassem conforme julgavam acertado. A princípio, isso foi apenas uma nota promissória: dois anos depois do início de seu governo, o público britânico estava pior na maioria dos índices econômicos do que quando os Tories detinham o poder. Mas quando a economia melhorou e o desemprego diminuiu, a população de Thatcher começou a receber as recompensas que lhe haviam sido prometidas. Nos termos políticos dos Estados Unidos, eles estavam "bem melhor do que haviam estado" quatro ou cinco anos antes.

Eventos do mundo real

Mesmo aqueles de nós que são apreciadores da explicação do "grande homem" ou da "grande mulher" para os acontecimentos, reconhecem a extensão em que qualquer líder precisa trabalhar dentro da estrutura de sua época.

Fatores fora do controle do líder podem ter um impacto imenso. No caso de Thatcher, considere, por exemplo, os efeitos negativos das crises do petróleo provocadas pela queda do Xá do Irã em 1979, ou os efeitos positivos da eleição de Ronald Reagan no ano seguinte. Alguns dos eventos mais memoráveis do mandato de Thatcher não estavam sob seu controle: a ocupação das Ilhas Falkland pelo Exército argentino, os bombardeios terroristas pelo Exército Republicano Irlandês (IRA), a ascensão ao poder de Mikhail Gorbachev na União Soviética. E, no entanto, a marca do líder é vista significativamente na maneira pela qual ela respondeu a esses eventos difíceis-de-prever-ou-controlar e os tornou seus. Thatcher recebe uma nota alta nessa dimensão.

Resistências

Desde o início, Thatcher percebeu que as poderosas contra-histórias (ou contraconteúdos) que existiam na Grã-Bretanha na década de 1970 tinham de ser superadas. Ela encontrou resistências no próprio partido e, incisivamente, apelidou-os de "*the Wets*" (uma expressão da gíria que significa "errados, enganados, tolos"). Ela os atacou com satisfação e, após um início vacilante, fez consideráveis progressos em abafar a força desse grupo. Sua bravura pessoal, sua compreensão na provisão de recursos e recompensas, bem como sua vitória na guerra das Falklands provavelmente fizeram a balança pender para o seu lado.

Em um esforço para abafar resistências, Thatcher tentava de vez em quando tratar diretamente com as pessoas que não pensavam como ela, tais como os membros dos sindicatos: "Eu entendo os medos de vocês. Vocês temem que produzir mais bens com menos pessoas significará menos empregos... mas vocês estão enganados... a maneira certa de atacar o desemprego é produzir mais bens de forma mais barata, pois mais pessoas poderão comprá-los... nós criaremos condições em que o valor do dinheiro que vocês ganham e o valor do dinheiro que vocês economizam estarão protegidos".[10]

No entanto, ao refletir judiciosamente sobre seu mandato, Thatcher admitiu que essas resistências nunca foram completamente superadas: "Finanças ortodoxas, baixos níveis de regulação e taxação, uma burocracia mínima, defesas fortes, disposição a defender os interesses da Grã-Bretanha sempre que forem ameaçados – eu não acreditava que precisava abrir janelas nas almas dos homens nessas questões. Os argumentos em favor delas pareciam ter vencido. Eu sei, agora, que esses argumentos nunca acabam vencendo".[11]

Paradoxalmente, todavia, a perda de poder de Thatcher está menos relacionada à força persistente das contra-histórias e mais à sua crescente arrogância. Nesse caso, o orgulho interior, e não as resistências externas, levou-a à sua queda. Se Thatcher tivesse moderado alguns de seus sentimentos ou programas políticos mais extremos quando aconselhada por seus partidários, ela não teria enfrentado uma revolta nas fileiras do próprio partido. No entanto, o caso de Thatcher ainda se destaca, na minha opinião, talvez como o exemplo mais bem-sucedido de "mudança mental" na política democrática na última metade do século XX. Vamos, agora, voltar a nossa atenção para o outro lado do oceano e considerar dois políticos importantes dos Estados Unidos na década de 1990: Bill Clinton e Newt Gingrich.

LIDERANÇA AO ESTILO AMERICANO

Como Margaret Thatcher, o presidente Bill Clinton, dos Estados Unidos, é um exemplo de um líder político que teve sucesso em grande parte pela efetividade das histórias que contava. No caso de Clinton, as histórias relatadas por ele ressoaram profundamente em suas várias audiências.

De uma maneira que lembra Franklin Roosevelt e Ronald Reagan, Clinton tinha uma imensa capacidade de compreender a mente alheia. Essa assombrosa inteligência pessoal remonta a sua juventude. Clinton tentava, obsessivamente, aprender o máximo possível sobre todas as pessoas que conhecia e utilizava esse conhecimento em todas as oportunidades. Segundo um amigo de longa data, Taylor Branch, o segredo do sucesso de Clinton estava em sua capacidade de estudar a personalidade das pessoas com as quais interagia e de determinar o que era preciso para se dar bem com elas, quais eram seus pontos fracos, quem era preguiçoso, quem era dedicado. Nas palavras de Branch, "ele era [Lyndon] johnsoniano nesse sentido – sabia ler a personalidade de cada um".[12]

Além disso, a capacidade de Clinton de ler e se relacionar com os outros era versátil. Diferentemente de Lyndon Johnson, que era interessante em ambientes íntimos, mas desinteressante diante de um auditório mais vasto, Clinton era capaz de encantar tanto um único indivíduo quanto falar persuasivamente para audiências grandes e diversas. Como seu biógrafo, Joe Klein, expressou: "Havia uma qualidade física, quase carnal, em suas aparições públicas. Ele abraçava o público e se sentia estimulado pelo público, por sua vez. Ele tinha um faro notável para falar de forma envolvente sobre situações políticas. Parecia sentir o que o público precisava e dava isso a ele – ajustando seu tom em determinados momentos, enfatizando diferentes prioridades em outros, sempre tentando agradar. Essa era uma das suas qualidades mais efetivas, e irritantes, também em ambientes privados: ele sempre destacava algum ponto de concordância, e afastava a conversa dos pontos maiores de discordância – deixando a pessoa seduzida por ele com a distinta impressão de que ambos estavam em total harmonia sobre todas as questões."[13]

Acredito que esse talento impressionante derivava-se de duas capacidades que raramente estiveram tão bem combinadas. Por um lado, Clinton fazia uma análise anterior do que provavelmente poderia conseguir com uma determinada pessoa ou audiência – essa era uma área em que Lyndon Johnson e

Richard Nixon se sobressaíam. Mas Clinton também combinava essa capacidade analítica com a capacidade de fazer mudanças pequenas, mas conseqüentes, à luz das reações "em tempo real" de sua audiência: uma capacidade que associamos a artistas que habilmente ajustam sua apresentação dependendo das idiossincrasias de um público específico em um momento específico do dia e em uma época específica da história. Ele combinava os conceitos discernidos pela inteligência interpessoal com as habilidades de um ator consumado.

E a corporificação? Em alguns critérios, Clinton estava à altura das histórias que contava. Por exemplo, seu *background* social e econômico era simples, ele era capaz de se identificar com pessoas comuns e se sentia à vontade com indivíduos de diferentes *backgrounds* raciais e étnicos. No entanto, diferentemente de Margaret Thatcher e de outros líderes transformadores, Clinton parecia incapaz de "ir fundo" nas questões em que aparentemente acreditava. Na verdade, muitos observadores potencialmente simpáticos a ele se frustraram com Clinton porque ele muitas vezes parecia desperdiçar seus talentos. Ele era um grande contador de histórias, mas nunca estava claro qual história era realmente importante para ele e qual ele corporificava. Ele poderia ter mudado a mente dos norte-americanos e de outros em questões conseqüentes, mas raramente se arriscava a isso. Em vez de mobilizar as energias das pessoas, ele tentava conquistar sua afeição. Defensores de Clinton afirmariam que sua presidência foi um sucesso em termos da época, e que o mundo não estava procurando "mudanças mentais" importantes durante a década de 1990 de crescimento econômico. De modo mais cínico, eles acrescentariam que derrocadas de Clinton, como o caso Monica Lewinsky, desmistificaram a presidência dos Estados Unidos – uma mudança mental em relação à autoridade – e que essa mudança de ponto de vista deveria ter acontecido antes.[14]

É instrutivo comparar a notável capacidade de Clinton de mudar com a de outro líder norte-americano: Newt Gingrich.[15] Gingrich, que se tornou presidente da Câmara após a eleição de 1994, era um político sagaz, um mestre em história e eventos atuais, e um homem invectivo. Como líder de seu partido, no controle da Câmara de Deputados pela primeira vez em 40 anos, ele provocou uma revolução política que passou a ser conhecida por seu nome.

Além disso, esses dois pretensos políticos que ascenderam da obscuridade compartilhavam algumas alavancas de mudança mental. Tanto Clinton como Gingrich eram excelentes em argumentos racionais, juntavam e organizavam dados que poderiam beneficiar suas posições, eram especialistas em utilizar recursos e tentavam tirar vantagem dos acontecimentos do mundo real. Mas Gingrich tinha três problemas. Primeiro, embora perito em falar com os convertidos e em empolgá-los, ele não conseguia persuadir aqueles que não concordavam com ele. Como Thatcher em seus piores dias, Gingrich estimulava a oposição em vez de neutralizá-la, e muito pouco mudava mentes. (Angariadores de fundos para os democratas sempre podiam contar com um influxo de dinheiro depois de Gingrich fazer algum comentário especialmente ofensivo.) Segundo, Gingrich teve o azar de se opor ao mais hábil político de sua geração, Bill Clinton. Embora tanto Clinton quanto Gingrich fossem figuras divisórias, Clinton era um gênio em disfarçar diferenças de opinião – em nossos termos, harmonizar histórias que geralmente se chocam. Gingrich, por outro lado, insistia em acentuar essas diferenças e em alienar mesmo aqueles que poderiam ter sido convertidos à sua causa. Em termos das sete alavancas para mudar mentes, as histórias que ele contava não ressoavam em muitos dos diversos grupos que constituíam a audiência política dos Estados Unidos.

Finalmente, e fatalmente, Gingrich não corporificava a história que contava sobre a sua vida. Ele defendia o limite dos mandatos – mas não aplicava essa métrica a si mesmo. Ele denunciava o governo – no entanto, estivera na folha de pagamento do governo durante quase toda a sua vida adulta. E talvez o mais embaraçoso, ele abraçava o mantra conservador dos valores familiares, mas abandonou duas vezes a mulher com quem estava casado na época, ambas as vezes de maneira deselegante. Notoriamente, ele teve um envolvimento amoroso com uma assistente na mesma época em que caso Monica Lewinsky estava balançando a presidência Clinton. Longe de reforçar os conteúdos de sua mensagem (e a audiência à qual ela se dirigia primariamente), Gingrich acabou solapando a mensagem com seu comportamento inadequado. Finalmente, todos esses fatores fizeram a balança pender contra Gingrich e contra qualquer esperança de ele ser capaz de mudar a mente do povo norte-americano. Interessantemente, seu sucessor bem menos vívido, George W. Bush, teve considerável sucesso em promover parte da agenda de Gingrich.

Quer republicanos quer democratas, conservadores ou trabalhistas, os líderes de uma nação enfrentam uma tarefa formidável. Eles não só precisam liderar e dirigir em seu próprio campo ou partido, como devem também desenvolver e "vender" uma mensagem a uma população decididamente mista. Os cidadãos de um país tão populoso como a Grã-Bretanha, ou tão vasto como os Estados Unidos, têm *backgrounds* amplamente diversos: ricos e pobres, de diferentes etnicidades e cores de pele, com instrução e má instrução de todo o tipo, ocupando a gama completa de posições ideológicas no trabalho, em casa e na comunidade. Não podemos supor que exista uma crença ou atitude universal. Mesmo as presumidas experiências comuns de tempos passados – digamos, conhecimento da Bíblia ou de Shakespeare, participação em um grupo étnico comum – não prevalecem. A grande mistura de raças da América é mais uma memória do que uma realidade atual; e hoje em dia a Grã-Bretanha tem cidadãos com *backgrounds* da África, leste da Europa, leste e sul da Ásia, muitos de fé islâmica. Podemos dizer, com pouco exagero, que as "experiências comuns" mais importantes dos habitantes desses países agora se restringem a programas de televisão e filmes a que eles assistem, e a competições atléticas que testemunham – embora sua predileção por canais e times possa diferir.

Fora caminhar nu pela Trafalgar Square ou ficar correndo em torno do monumento a Washington (ou pela praça Tiananmen, ou pelo centro de Bogotá, ou por Jerusalém, por falar no assunto), como podemos atrair e manter a atenção de uma população grande e diversa?

O DESAFIO IMPOSTO POR POPULAÇÕES DIVERSAS

Sugeri uma maneira de capturar a atenção de uma população variada: criar uma história motivadora, corporificar essa história na própria vida e apresentar a história em muitos formatos diferentes, para que ela eventualmente derrube as contra-histórias da cultura em questão. Mas não serve qualquer história antiga – ela precisa ter certas características.

Como regra geral, quando estamos nos dirigindo a uma audiência diversificada ou heterogênea, a história precisa ser simples, permitir que as pessoas se identifiquem facilmente com ela, emocionalmente ressoante e evocadora de experiências positivas. Pense naquelas histórias que *não* apresentam esses traços. Se uma história for complexa demais, ela provavelmente estará acima da compreensão de alguns membros da audiência. Quando comparadas com uma história mais simples, as histórias complexas quase sempre têm dificuldade para serem ouvidas, e menos chance ainda de levarem a melhor. A Alemanha de Weimar pode ter sido uma forma estimável de democracia na Europa Ocidental na década de 1920, mas, quando as condições da Alemanha se deterioraram, as histórias mais simples e básicas dos nazistas prevaleceram, mesmo em uma eleição razoavelmente legítima. Por outro lado, se a história for simples mas ninguém puder se identificar com ela, ela também não vai funcionar. Por exemplo, em uma época em que a maioria dos trabalhadores está lutando para sobreviver, a história de "tentar ajudar os que estão desempregados" – embora certamente simples – talvez não atraia simpatizantes.

Além de seu apelo consciente, uma história também precisa capturar a audiência em um nível mais profundo, mais visceral. Thatcher conseguiu despertar em seus constituintes o sentimento de que a grandeza de seu país fora marginalizada; sua liderança ajudaria a devolver ao país um *status* de "poder maior" do qual seus cidadãos poderiam se orgulhar. Esse tipo de ressonância funciona por intimação – como aquelas figuras "tranqüilas" da televisão que são atraentes e falam suavemente, mas que, deliberadamente, deixam que a audiência preencha os detalhes da história.[16] Políticos que são "tranqüilos" – John F. Kennedy e Ronald Reagan são os protótipos em tempos recentes – tendem a exibir um poder mais permanente e a persuadir os outros a segui-los. Essas personalidades "tranqüilas" encorajam os membros da audiência a participar, a projetar neles as qualidades que os espectadores ou ouvintes estão procurando. Esses indivíduos têm mais sucesso do que as personalidades mais cortantes, como Johnson, Nixon e Gingrich, que eram "impetuosos": eles tentavam dizer tudo e não deixavam nenhum papel para os poderes imaginativos da audiência.

A esse respeito, Clinton era um amálgama interessante. Pela maioria das medidas, Clinton era uma personalidade "impetuosa" – bem-informada, bem-definida, "totalmente presente", maior-que-a-vida em um sentido johnsoniano. (Pense no presidente Lyndon Baines Johnson ou no Dr. Samuel Johnson.) No entanto, Clinton foi capaz de se apresentar como uma pessoa "tranqüila", e sua capacidade de alterar seu tom e sua mensagem à vontade significava que ele não era uma pessoa fácil de definir ou classificar, sendo capaz de se recriar quando necessário. No que se refere à persuasão política, então, a "tranqüilidade" pode ser um fator positivo na Idade da Televisão.

Todavia, por mais desafiador que seja liderar uma nação-estado, especialmente em uma época em que os partidos políticos perderam sua coerência e as experiências comuns são raras, é ainda mais difícil exercer uma liderança que vá além das fronteiras nacionais e apresente uma mensagem de certa complexidade.

LIDERANDO ALÉM DA NAÇÃO-ESTADO

Embora existam relativamente poucas posições para líderes de entidades maiores que uma nação, vale a pena explorar o tópico em uma tentativa de compreender como as mentes são modificadas. Às vezes, tal posição transnacional tem um eleitorado predeterminado; por exemplo, o secretário-geral das Nações Unidas ou o chefe da Organização Mundial da Saúde. O líder da Igreja Católica, ou de outros corpos religiosos, pode ter uma influência que se estende além de um único país. E, na verdade, o papa João Paulo II destaca-se entre os papas de épocas recentes por exercer influência não só sobre os membros de sua ampla Igreja, mas também, em algumas questões sobre não-católicos. Muito mais que seus predecessores imediatos, com exceção do papa João XXIII, João Paulo II foi capaz de criar histórias sobre valores políticos e pessoais e de corporificá-las na vida impressionante que tem levado. O papa João XXIII, na década de 1960, foi um pastor reconhecidamente simples, que defendeu a liberalização da Igreja e a descentralização do poder. Em uma reação parcial duas décadas mais tarde, João Paulo II abraçou os valores conservadores da Igreja e centralizou o poder firmemente dentro do Vaticano. Entretanto, ao mesmo tempo, João Paulo II é o mais viajado e internacional dos papas que forjou um laço especial com os jovens de diferentes terras e teve um papel indispensável no colapso do comunismo na Europa Oriental.

Em raras ocasiões, indivíduos sem vastos exércitos e sem grandes congregações conseguem exercer influência muito além das fronteiras nacionais. Como os líderes bem-sucedidos das nações que já examinamos, eles conseguem isso devido ao caráter persuasivo de suas histórias e à firmeza com que reforçam suas histórias em sua maneira de viver. No século XX, três homens se destacam como exemplares nessa categoria: Mohandas (Mahatma) Gandhi, Nelson Mandela e Jean Monnet.[17]

Talvez o mais conhecido seja Gandhi. Crescendo em um ambiente humilde na Índia colonial do século XIX, Gandhi viveu na Inglaterra quando jovem e depois por 20 anos na África do Sul. Lá, ele ficou horrorizado com o péssimo tratamento que os hindus e outras "pessoas de cor" recebiam dos colonizadores europeus; ele leu muita filosofia e religião e se envolveu em vários protestos. Voltando à sua Índia nativa no início da Primeira Guerra Mundial, Gandhi aperfeiçoou métodos de *satyagraha* – protesto (ou resistência) pacífico (não-violento). Junto com seus devotados compatriotas, Gandhi liderou uma série de greves e marchas de protesto, com o objetivo de mostrar claramente as diferenças entre os brutais senhores ingleses – que tentavam manter o poder a qualquer custo – e os hindus não-beligerantes. Esses protestos eram coreografados para sublinhar a notabilidade da causa nativa e a sensatez com que os hindus estavam tentando atingir seus objetivos. A mensagem manifesta de Gandhi era: "Nós não queremos guerra nem derramar sangue. Só queremos ser tratados como seres humanos iguais. Quando tivermos atingido o *status* de iguais, não desejaremos nada mais".

Em certo sentido, a mensagem de Gandhi não poderia ser mais simples: ela pode ser vista em Cristo e em outros líderes religiosos. No entanto, ela se chocou com uma contra-história profundamente arraigada: que só podemos atingir um *status* de iguais *vis-à-vis* os colonizadores se – como os Estados Unidos no século XVIII ou a América do Sul no início do século XIX – estivermos dispostos a guerrear. Ademais, Gandhi não tinha apenas uma mensagem lingüística simples; ele também desenvolveu um programa integrado de preces, jejuns e enfrentamentos dos oponentes sem armas, mesmo correndo o risco de morrer. Sua corporificação da mensagem não poderia ter sido mais dramática: ela foi muito além da expressão verbal, incluindo uma grande variedade de formatos evocativos, como se agachar no chão e operar uma máquina simples de tecer panos.

A história de Gandhi reverberou no mundo todo. Embora incomodando alguns (Churchill, memoravelmente, chamou-o com desprezo de "aquele faquir seminu"), ela inspirou muitos líderes e cidadãos comuns – variando de Martin Luther King Jr., na década de 1960, aos estudantes que cerraram fileiras por uma maior democracia na praça Tiananmen, em Pequim, em 1989.

Como Gandhi, Nelson Mandela corporificou uma mensagem que ressoou muito além das fronteiras da sua África do Sul. Na verdade, de todos os líderes dos últimos anos, Mandela é amplamente considerado um dos mais impressionantes e influentes. Advogado por formação, Mandela envolveu-se ativamente na resistência como parte do Congresso Nacional Africano. A princípio, ele abraçou a resistência não-violenta, mas, após uma série de situações frustrantes e degradantes, uniu-se a um grupo paramilitar. Escapando por pouco da morte por combate ou sentença judicial, Mandela ficou prisioneiro por 27 anos. Essa experiência poderia ter desmoralizado, radicalizado ou marginalizado a maioria das pessoas – especialmente por ter ocorrido na meia-idade, em geral considerada o apogeu do poder pessoal da pessoa. Mas a prisão pareceu apenas fortalecer Mandela. Ao ser libertado, ele rejeitou qualquer tentativa de conflito armado; ao contrário, trabalhou com seu oponente político F. W. de Klerk para estabelecer instituições democráticas. Em 1994, ele se tornou presidente de uma África do Sul *pós-apartheid*.[18]

Em vez de buscar vingança contra seus oponentes e carcereiros, Mandela defendeu a reconciliação. Ele estava convencido – e foi capaz de convencer outros – de que a África do Sul não poderia funcionar como sociedade a menos que deixasse para trás a sua história de sofrimento. Sob a liderança do arcebispo Desmond Tutu, ganhador do prêmio Nobel da Paz, Mandela reuniu uma Comissão de Verdade e Reconciliação. A idéia gandhiana por trás dessa comissão era a de tentar determinar o que realmente acontecera nos anos de *apartheid*, mas sem fazer julgamentos definitivos. Tendo sido estabelecida a verdade da melhor maneira possível, cidadãos das mais variadas convicções poderiam chegar a um acordo com o passado e dedicar suas energias futuras à construção de uma sociedade nova e mais plenamente representativa. Um mestre de formas verbais e não-verbais, Mandela pediu ao seu antigo carcereiro que sentasse na primeira fila durante a sua cerimônia inaugural como presidente.

Mandela conseguiu mudar a mente não apenas de milhões de compatriotas dessemelhantes, mas igualmente de milhões de observadores no mundo todo – poucos dos quais teriam predito que a África do Sul se tornaria uma nova nação sem décadas de derramamento de sangue. Idéias como a Comissão de Verdade e Reconciliação chegaram muito além das fronteiras nacionais. Os pontos cruciais para o sucesso de Mandela foram o seu comportamento exemplar após sua libertação da prisão e a disposição do líder sul-africano firmemente estabelecido no poder de negociar com ele – e ambos os exemplos refletem a ressonância pessoal de Mandela, entre outras coisas.

Uma terceira figura de importância global trabalhou em grande parte por trás dos bastidores: o economista e diplomata francês Jean Monnet, nascido em 1888. Quando sua vida confortável foi atingida pelos eventos da Primeira Guerra Mundial, Monnet – um estudioso atento e reflexivo da história – perguntou-se por que seria necessário que os países europeus continuassem guerreando, como faziam intermitentemente desde a época de Carlos Magno, há mais de mil anos. Ele começou a trabalhar para a criação de instituições que poderiam promover uma Europa unida. Após o trauma da Primeira Guerra Mundial, o colapso da Liga das Nações, a ascensão do fascismo e o conflito armado sem precedentes da Segunda Guerra Mundial, uma pessoa inferior teria concluído que seria fútil qualquer tentativa de criar uma comunidade européia unida. Monnet, contudo, acreditava firmemente em seu *slogan* freqüentemente repetido: "Eu vejo cada defeito (ou cada desafio) como uma oportunidade".[19] Em meio às ruínas físicas e psicológicas da Europa destroçada pela guerra, Monnet imaginava – e começou a semear – as sementes de um Estado europeu mais amplo.

Como Gandhi e Mandela, Monnet vinha perseguindo a sua missão há meio século e estava com mais de 70 anos na época de seu maior impacto. Durante o período pós-Segunda Guerra Mundial, ele desempenhou um papel catalisador na criação de algumas instituições, incluindo a Comunidade Européia de Carvão e Aço, o Comitê de Ação dos Estados Unidos da Europa e o Mercado Comum Europeu. Ele sofreu oposição em quase todas as etapas do caminho, principalmente do General Charles de Gaulle, o carismático defensor da autonomia francesa, e de outros nacionalistas do tipo de Thatcher. Embora de Gaulle tenha prevalecido com o eleitorado francês nos anos de 1960, a visão de Monnet acabou triunfando no Continente. Após a morte de Monnet em 1979, a União Européia estava bem-lançada, o euro foi adotado em 12 países e, até o momento em que escrevo este livro, os Estados Unidos da Europa são uma realidade mais próxima do que em qualquer outra época desde a era napoleônica.

Diferentemente de um presidente, um papa ou o líder de uma organização internacional como as Nações Unidas, nem Gandhi, nem Mandela, nem Monnet tinham uma audiência dedicada, garantida. Eles tiveram de criar seu eleitorado partindo do zero, sem incentivos financeiros nem armas políticas coercivas. Eles tiveram de identificar uma oposição que detinha o poder e falar para ela: líderes da África do Sul e da Índia colonial, no caso de Gandhi, os defensores do *apartheid*, no caso de Mandela, e os arraigados interesses nacionais da Europa, no caso de Monnet. Ao mesmo tempo, eles tiveram de se dirigir a um eleitorado leigo e convencê-lo. Nem Gandhi nem Mandela teriam sido capazes de brigar pela independência sem um "exército" de seguidores comuns, que, em caso extremo, estavam preparados para morrer não-violentamente por sua causa. E embora Monnet estivesse trabalhando significativamente nos bastidores à maneira do que eu chamo de um líder "indireto" (veja o Capítulo 6), sua visão da Europa precisava triunfar na urna eleitoral. Na verdade, ela ainda não triunfou em países como a Suíça e a Noruega, que (surpreendentemente) permanecem fora da União.

Como líderes se dirigindo a audiências heterogêneas, esses homens só contavam com as armas da persuasão e da corporificação. Eles tinham de contar suas histórias repetidas vezes, contá-las bem e corporificá-las em ações de vida apropriadas e em elementos simbólicos evocativos. Eles precisavam reconhecer, admitir e finalmente anular as contra-histórias reinantes. E foi aí que demonstraram sua genialidade.

Por mais difícil que seja mobilizar uma audiência heterogênea, a maneira estabelecida de fazer isso é criar e articular uma história que seja serena em sua simplicidade. De fato, a amarga lição da primeira metade do século XX é que as histórias mais simples e mais horrendas geralmente triunfam: o objetivo dos políticos de obter poder e usá-lo para fins egoístas; se eu estiver no poder, tenho o direito de fazer o que quiser; o Estado é todo-poderoso – é preciso fazer o que ele manda ou perecer. Essas histórias simples levaram ao triunfo dos assustadores "ismos" da esquerda e da direita: fascismo, nazismo, bolchevismo, comunismo. Poderíamos inclusive dizer que as odiosas políticas de Hitler, Mussolini, Tojo, Lênin, Stalin e Mao Tsé-Tung convenceram a maioria dos seus compatriotas; sua popularidade só desapareceu quando a derrota militar estava iminente ou havia a ameaça de inanição. Parece que na maioria das nações do mundo, esses "ismos" eram mais atraentes que a democracia. Churchill descreveu bem esse enigma em seu comentário freqüentemente citado de que "a democracia é a pior forma de governo, excetuando-se todas as outras formas que foram tentadas de vez em quando".[20]

Gandhi, Mandela e Monnet, todavia, não tomaram o caminho mais fácil. Eles não tinham apenas de contar uma história simples e familiar mais efetivamente. Sua tarefa era muito mais ousada: desenvolver uma nova história, contá-la bem, corporificá-la em sua vida e ajudar os outros a compreenderem por que ela merecia triunfar sobre a contra-história mais simples. Além disso, eles utilizaram contínua e imaginativamente várias outras alavancas de mudança: razão, múltiplos modos de representação e ressonância com as experiências daqueles que desejavam influenciar. Ao mesmo tempo, eles se esforçavam para abrandar as resistências que encontravam; tiravam vantagem de eventos do mundo real e arregimentavam quaisquer recursos que tivessem à sua disposição. Em uma nota pessoal, escolho esses três homens como meus líderes heróicos. Eles tomaram uma história mais complexa, menos familiar, uma história mais "inclusiva" e conseguiram lhe dar vida em instituições que continuaram muito depois de seus momentos sob os refletores.

NOTAS

1. Para descrições da carreira política de Thatcher, veja Howard Gardner, *Leading Minds* (Nova York: Basic Books, 1995); Margaret Thatcher, *The Downing Street Years* (Nova York: HarperCollins, 1993); Margaret Thatcher, *The Path to Power* (Nova York: HarperCollins, 1995); Hugo Young, *The Iron Lady* (Nova York: Farrar, Straus and Giroux, 1989).
2. Thatcher, *Path to Power*, 440; Thatcher, *Downing Street Years*, 7.
3. Thatcher, *Downing Street Years*, 10.
4. Citado na revista *Women's Own*, 3 de outubro de 1987.
5. Thatcher, *Downing Street Years*, 4.
6. Ibid., 10.
7. Veja a foto após a página 114 em Young, *Iron Lady*.
8. Thatcher, *Downing Street Years*, 123.
9. Ibid., 264.
10. Thatcher, *Path to Power*, 416.
11. Thatcher, *Downing Street Years*, 755.

12. Conforme relatado em David Maraniss, *First in His Class: A Biography of Bill Clinton* (Nova York: Simon and Schuster, 1995), 282.
13. Joe Klein, *The Natural* (Nova York: Doubleday, 2002), 40.
14. Para essas críticas, veja ibid.
15. Para informações sobre a carreira de Speaker Newt Gingrich, veja David Maraniss e Michael Weiskopf, *Tell Newt to Shut Up* (Nova York: Touchstone, 1996); e Joan Didion, "Newt Gingrich, Superstar", em *Political Fictions* (Nova York: Knopf, 2001), 167-190.
16. Sobre personalidades "impetuosas" e "tranqüilas", veja Marshall McLuhan, *Understanding Media* (Nova York: McGraw-Hill, 1974).
17. Para descrições mais completas, veja Howard Gardner, *Leading Minds*, 1995, e as referências citadas a esse respeito.
18. Nelson Mandela, *Long Walk to Freedom* (Boston: Little, Brown, 1994).
19. François Duchêne, *Jean Monnet: The First Statesman of Interdependence* (Nova York: Norton, 1994), 23.
20. Citado em *Hansard*, 13 de maio de 1940.

5
Liderando uma Instituição: Como Lidar com Uma População Uniforme

Até agora, examinamos a mudança mental em grande escala. Analisamos de que forma líderes extraordinários como Margaret Thatcher e Mahatma Gandhi tentaram mudar a mente de pessoas – cidadãos de uma nação ou comunidade – que diferiam significativamente umas das outras em conhecimentos e atitudes. Mas e os líderes encarregados de mudar a mente de grupos menores, menos diversos – como uma universidade, corporação ou clube – cujos membros têm muitas coisas em comum?

Em certos aspectos, a tarefa de um executivo de uma corporação ou de um reitor de uma universidade é análoga ao desafio enfrentado por um líder nacional como Tony Blair ou George W. Bush. Em cada caso, o líder – juntamente com conselheiros próximos – precisa analisar a situação atual, determinar o que precisa mudar e imaginar um estado de coisas modificado. Depois, o líder precisa criar uma narrativa convincente (como a história que Margaret Thatcher transmitiu ao povo britânico) e apresentá-la àqueles cujas mentes ele espera mudar. Como vimos no capítulo anterior, o sucesso dependerá de vários fatores, entre os quais a efetividade da narrativa, a variedade de maneiras pelas quais ela é convincentemente transmitida e a extensão em que o líder e aqueles que o cercam realmente corporificam a narrativa apresentada.

Entretanto, existem diferenças cruciais na natureza e no alcance da tarefa enfrentada pelo líder de uma organização comparada à do líder político. Uma delas é o tamanho da tarefa. Com raras exceções (como a Igreja Católica, o Wal-Mart ou o exército chinês), as corporações, universidades, fundações e organizações não-governamentais são relativamente pequenas. Sua audiência consiste em dezenas ou centenas de pessoas, ou talvez alguns milhares, mas raramente mais. Os indivíduos com os quais elas trabalham geralmente são empregados ou membros da organização, e é dessa maneira que se definem – sua participação é voluntária (ninguém é obrigado a freqüentar a universidade, por exemplo), mas também temporária (a pessoa pode escolher ou ser solicitada a sair da companhia). Podemos supor que os membros de tal organização possuem um núcleo comum de conhecimentos, um propósito comum, talvez inclusive um destino comum – afinal de contas, se uma corporação fracassa, todos os empregados perderão seu ganha-pão.

Embora os membros dessas organizações necessariamente não tenham uma perícia específica comum (mesmo quando a perícia é abundante, não será sobre o mesmo tópico), seria razoável esperar que suas mentes tenham sido instruídas na essência da filosofia, conhecimentos e cultura de seu grupo particular. Portanto, o líder de um grupo relativamente uniforme pode apresentar uma história um pouco mais complexa – talvez inclusive uma "teoria" de operações – do que o líder de uma nação ou alguém com uma influência que se estende além das fronteiras nacionais.

Permita-me esclarecer isso. *Nunca* é fácil provocar uma mudança mental; e é ainda mais difícil substituir uma maneira simples de pensar sobre uma questão por uma maneira mais complexa. A lei de Gresham pode ser formulada em relação a entidades de todos os tamanhos: as mudanças mentais mais simples tendem a triunfar sobre as mais complexas.[1] Mas quero dizer outra coisa. As histórias e as teorias mais complexas têm uma chance maior de sucesso quando a entidade é de tamanho limitado e composta por pessoas de *background* semelhante e com perícia partilhada. Com outros fatores sendo iguais, é mais fácil mudar as mentes do gerenciamento sênior da IBM do que dos cidadãos da Grã-Bretanha (ou dos Estados Unidos). Mas essa mudança mental não é de forma alguma algo simples – como veremos em nosso primeiro exemplo do reitor de uma universidade que tentou mudar a perspectiva de um grupo de estudantes, professores e ex-alunos e que, ao fazê-lo, recorreu à gama de alavancas para mudar mentes.

JAMES O. FREEDMAN: MUDANDO A MENTE DE UMA UNIVERSIDADE

Os membros do conselho diretor do Dartmouth College assumiram um risco calculado quando elegeram James O. Freedman como presidente, em 1987.[2] Embora suas credenciais intelectuais, profissionais e administrativas fossem excelentes (formado pela Harvard College e pela Yale Law School, Freedman era um ex-reitor respeitado da Universidade de Iowa), Freedman não seria facilmente aceito pelos alunos de Dartmouth – e os membros do conselho sabiam disso. De todas as instituições que faziam parte da Ivy League, Dartmouth era cercada pelo clima intelectual mais social – times de futebol lendários, festas incríveis, uma elite endinheirada sintetizada por seu famoso ex-aluno Nelson Rockefeller. No entanto, essa universidade não era conhecida, na década de 1980, por sua força intelectual ou por sua liderança acadêmica.

Dartmouth andava aparecendo ultimamente na mídia, sobretudo devido à sua notória publicação estudantil, o *Dartmouth Review*. Uma publicação descaradamente de direita, o *Review* via como sua missão apresentar idéias conservadoras e garantir que Dartmouth continuasse sendo um baluarte dos valores masculinos sociais e econômicos da década de 1920, se não da de 1820. O predecessor de Freedman, David McLaughlin, não conseguira enfrentar o comportamento cada vez mais revoltante do *Review*, e deixara Dartmouth descambar para as fileiras comparativas de universidades em âmbito nacional. Se o conselho diretor estivesse pensando simplesmente nos negócios, como é usual, ele certamente não teria escolhido como novo chefe um intelectual que também era judeu (uma anomalia em Dartmouth). Freedman não tinha medo de defender padrões acadêmicos firmes. Além disso, conforme o *Review* salientava repetidamente, Freedman era o primeiro presidente desde 1822 que não tinha uma história anterior na instituição de New Hampshire. A pergunta era clara: Será que Freedman viraria Dartmouth ao contrário ou viraria forragem para os ex-alunos da "*Animal House*", para os quais um time de futebol vencedor era a consideração mais importante – assim como para seus atuais representantes, a irreverente equipe do *Review*?

Embora possa parecer visto de fora que o presidente ou reitor de uma universidade tem um poder e um prestígio significativos, a maioria das pessoas familiarizadas com o ensino superior nos Estados Unidos pode prontamente refutar esse quadro. Os conhecedores provavelmente invocarão a piada tantas vezes repetida: "O presidente é uma pessoa que mora em uma grande casa e implora por dinheiro". Para começar, as fileiras do corpo docente estão cheias de indivíduos com cargos garantidos e pouco incentivo para mudar atitudes e comportamentos. Os alunos estão no *campus* por breves quatro anos, e os valores intelectuais da instituição provavelmente não são o mais importante para eles. Os ex-alunos estão voltados para o passado e, particularmente em um lugar com história como Dartmouth, suas lembranças provavelmente estão tingidas (ou manchadas) de nostalgia e sentimentos anacrônicos. E os membros do conselho diretor, embora tenham o destino da universidade em suas mãos, são indivíduos ocupados, com pouco tempo para dedicar à universidade. Eles muitas vezes precisam (ou escolhem) depender de outros para informações. Acima de tudo, a maioria dos membros do conselho quer evitar problemas – por exemplo, manchetes indesejadas na imprensa nacional – durante seu período no conselho.

No entanto, apesar das várias resistências que Freedman enfrentou em todos os cantos, ele recebe o crédito por ter transformado a instituição em algo bem diferente durante seu mandato de 11 anos. Eu conversei bastante com Freedman, que é meu amigo, sobre como ele conseguiu fazer as mudanças que fez.[3] Ele me disse que quando chegou a Dartmouth viu claramente a sua missão: melhorar a qualidade intelectual do corpo estudantil, dos professores e o discurso da universidade. Ele se propôs a fazer isso tentando atrair alunos intelectualmente poderosos – o tipo que gosta de traduzir Catulo do latim ou tocar violoncelo, conforme colocou em sua cerimônia de posse. Em outro comentário amplamente citado, ele disse que não tinha nada contra o estilo redondinho, mas que Dartmouth também precisava de alunos "mais aguçados".

Quanto ao *Review*, Freedman contou-me que teria adorado se ele desaparecesse misteriosamente. Mas acreditava que esse jornal provocador (em grande parte financiado pela conservadora Fundação Olin e apoiado tanto financeira quanto intelectualmente por figuras seniores do igualmente conservador *National Review*) ficaria na sua cola o tempo todo e poderia inclusive tentar tirá-lo do cargo. Com relação a essa expectativa, ele não se desapontou. Realmente, o *Review* chegou a imprimir uma edição falsa em que os membros do conselho teriam obrigado Freedman a renunciar, e essa fraude foi recebida por alguns no *campus* como verdade.

Para fazer as mudanças que desejava, disse-me Freedman, ele precisava atingir pelo menos dois dos três grupos principais: corpo docente, corpo discente e ex-alunos. (Ele tinha de lidar com um outro grupo – os membros do conselho da universidade – mas, felizmente, eles o apoiaram tanto política quanto psicologicamente desde a largada.) Freedman logo percebeu que o corpo docente estava em grande parte do seu lado. Como grupo, os professores gostavam dele, apoiavam sua promoção de padrões acadêmicos e queriam aumentar a quantidade de bons alunos e melhorar a qualidade de todos eles. Freedman criou vários prêmios para reconhecer os membros que se destacavam no corpo docente, consultou-os sobre maneiras de atrair novos professores intelectualmente capazes e os envolveu em decisões que variavam de admissões a efetivações. Ele também enfatizou a importância da pesquisa para os professores, tanto na universidade como em várias escolas profissionais. E, embora Freedman às vezes tivesse profundos desentendimentos com alguns professores – e ele nem sempre prevalecia –, jamais chegou perto de um rompimento aberto com o corpo docente.

Restavam alunos e ex-alunos. Aqui, a tarefa de Freedman era muito mais desafiadora. Era difícil falar sobre melhorar a qualidade do corpo estudantil sem, pelo menos implicitamente, criticar seus atuais integrantes. E muitos ex-alunos – em vez de quererem melhorar os escores dos novos alunos no SAT ou a qualidade das aulas de música clássica ou línguas clássicas – davam muito mais importância à equipe de futebol, que era excelente, e queriam um *campus* onde se sentissem em casa. De fato, à medida que o corpo estudantil melhorasse em qualidade intelectual, isso sugeriria aos ex-alunos que eles já não seriam admitidos atualmente, e reduziria a probabilidade de seus filhos um dia freqüentarem a Dartmouth que eles conheciam e amavam.

Em suas tentativas de ganhar esses vários grupos, Freedman começou a falar freqüente e longamente sobre o que era importante para ele. Na verdade, Sean Gorman, um participante muito antigo do conselho de Dartmouth, explicou que "Jim Freedman mudou Dartmouth com sua retórica".[4] (Em nossos termos, poderíamos citar um raciocínio e uma investigação que ressoaram em grandes segmentos da comunidade.) Sempre que tinha oportunidade, Freedman falava sobre a importância das idéias excelentes, o poder do discurso intelectual, as contribuições à sociedade feitas por pessoas que valorizavam a vida mental. Seus discursos de abertura do ano letivo elogiavam heróis pessoais – seu mentor Marshall, membro da Suprema Corte de Justiça, a ativista social Dorothy Day, a novelista Eudora Welty. Ele falava sobre essas questões no *campus*, em eventos de ex-alunos e em audiências locais e nacionais, repetindo inúmeras vezes alguns pontos para que fossem compreendidos. Além disso, acreditando (corretamente, como se viu mais tarde) que ser visto nacionalmente como um líder intelectual acabaria impressionando *todos* os seus grupos de constituintes, ele cultivou relações com a imprensa.

Mas, é claro, apenas a retórica – mesmo na melhor das histórias – não provoca mudanças. Felizmente, Freedman reconhecia a importância de corporificar sua retórica em ações relevantes. Seguindo o conselho de Martin Meyerson, outro modelo de Freedman, que também fora reitor de uma universidade (a Universidade da Pensilvânia), Freedman introduziu um programa de acadêmicos presidenciais – alunos promissores que recebiam a oportunidade de trabalhar intensivamente com os professores e cujos nomes eram listados no programa de graduação juntamente com os ganhadores de prêmios tradicionais. Ele escolhia todo ano um professor para fazer uma palestra presidencial, e tratava o que poderia ter sido um simples exercício acadêmico como um grande evento no *campus*. Para estabelecer exemplos de erudição e participação em debates públicos, Freedman publicou o livro *Idealism and Liberal Education*.[5] Ele também ampliou o serviço de admissões e fez ofertas especiais a alunos promissores de centenas de escolas de ensino médio no país inteiro, incluindo muitas escolas que jamais tinham mandado alunos para Dartmouth. E ele chamava a atenção, repetidamente, para os membros da comunidade de Dartmouth que realizavam conquistas intelectuais; de fato, ele criou um setor que ajudava os estudantes a competir por bolsas de estudo de prestígio nacional e internacional.

No entanto, ainda restava a presença incômoda do *Dartmouth Review*. Na verdade, o *Review* era mais do que incômodo: era ultrajante. Ele atacava Freedman regularmente, dizendo que ele nunca freqüentava serviços religiosos, comparando esse judeu de New Hampshire a Hitler. Em aparente conluio com a página editorial do *Wall Street Journal*, ele o retratava como um líder autocrático, impondo mudanças à maneira de um totalitário como o chefe de polícia Bull Connor, de Montgomery, Alabama, durante a era dos direitos civis. Não contente em adotar esse palavrório anti-semita, ele também criticava brutalmente um professor afro-americano, Bill Cole, que ensinava no departamento de música. Os ataques a Cole finalmente o levaram a pedir demissão. O *Review* também difamava a esposa de Freedman, Sheba, membro do departamento de Psicologia. E criava rumores absurdos, como a afirmação de que os Freedman não moravam mais na mansão oficial porque ela "não era suficientemente boa" para eles.

Na verdade, poucos alunos, e praticamente nenhum professor, apoiavam o *Dartmouth Review*. No entanto, era difícil atacar um órgão estudantil como esse jornal sem parecer tirânico, e, assim, os Freedman e outras vítimas ficavam entregues a si mesmos. Freedman disse que era repetidamente aconselhado a ignorar o *Review* ou a tratá-lo com bom humor, mas ele acabou achando muito doloroso seguir esse conselho. Conforme me disse, "Fui reitor da Universidade de Iowa por cinco anos e nem uma vez pensei no fato de ser judeu. Em Dartmouth, pensava todos os dias nisso". Em 1988, o ataque violento do *Review* a judeus, mulheres, negros, liberais e à vida intelectual foi tão longe que Freedman achou que precisava fazer alguma coisa. Seguindo o exemplo de Joseph Welch, o advogado de Boston que finalmente enfrentou o senador Joseph McCarthy diretamente nas audiências do Senado sobre o Exército, em 1954, Freedman decidiu denunciar o *Review* em um encontro do corpo docente de Dartmouth – e também deu um jeito para que a imprensa recebesse cópias do discurso. O caso, que se restringia a Dartmouth – até então uma confusão em grande parte local – passou a ser uma questão nacional; o *New York Times*, o *Wall Street Journal* e o programa de televisão da CBS, *Sixty Minutes*, todos relataram as atividades do *Review* e sua ampla rede externa de apoio. E, embora nunca houvesse um pedido de desculpas ou uma retratação pública por parte do *Review*, a maré mudara, finalmente abaixando a crista da publicação. Freedman ficou muito mais livre para seguir a agenda para a qual ele fora trazido a Hanover, New Hampshire.

No final, a opinião geral era a de que Freedman atingira seus objetivos. A média dos escores no SAT dos alunos aumentou, a classificação de Dartmouth na hierarquia das universidades segundo o *U.S. News & World Report* melhorou gradualmente. Um número maior de alunos ganhou bolsas de estudo Rhodes, Marshall, Truman e Fulbright, além de outros prêmios cobiçados. Quanto ao corpo docente, os professores diziam estar gostando mais de ensinar porque a qualidade dos alunos e a participação em aula melhoraram nitidamente. Dartmouth passara a ser uma universidade séria e mais impressiva. Os ex-alunos estavam satisfeitos com essas mudanças, o time de futebol continuava ganhando e todas as pessoas conectadas com a universidade pareciam gostar de ver o seu reitor, os professores e os alunos citados freqüente e favoravelmente na imprensa. E embora o *Dartmouth Review* ainda existisse, ele perdeu o seu brilho, tornando a universidade um ambiente mais atraente para clubes e publicações que representavam pontos de vista variados.

Palavras, bem corporificadas em ações, tinham mudado mentes. O *campus* pendeu a favor do reitor e contra o *Review*. Mas exatamente *como* foi atingido o ponto em que a balança pendeu para o outro lado e o que resultou, ainda é em parte especulação. Poderíamos dizer que o *Review* adotou um comportamento cada vez mais provocativo – como atacar os professores Bill Cole e Sheba Freedman – que acabou provocando a sua própria destruição. No entanto, parece-me mais provável que Freedman – com um fino senso de *timing* – tenha utilizado esses eventos para fazer a balança pender para o outro lado. Na verdade, é raro o líder capaz de orquestrar a ocorrência ou o curso de eventos reais no mundo – mas sempre é possível tirar vantagem desses eventos para os seus propósitos. O que nos leva à questão de quais fatores podem alterar a paisagem de uma instituição em favor da mudança.

PASSOS PARA MUDAR MENTES

Ao contar a história de James Freedman, já descrevi implicitamente algumas das sete alavancas para mudar mentes – os sete Rs que apresentei no Capítulo 1. Vamos agora examinar um de cada vez, começando com os quatro fatores que, na minha opinião, mais contribuíram para o sucesso de Freedman: a maneira pela qual ele conseguiu aprender com os exemplos alheios e segui-los ("pesquisa"); seu enfretamento direto dos grupos que manifestavam uma postura antiintelectual ("resistências"); a instauração de novas práticas na universidade para reforçar sua busca de padrões superiores ("recursos e recompensas") e a maneira pela qual ele apresentou sua mensagem de muitas formas diferentes, atingindo, assim, uma variedade maior de pessoas ("redescrições representacionais").

Pesquisa

Parte do desafio de Freedman era transmitir à família relativamente homogênea de Dartmouth a importância e a desejabilidade de um ensino de primeira linha. Como primeiro passo, ele seguiu o conselho de Martin Meyerson, que elevara os padrões da Universidade da Pensilvânia ao conferir o prestígio da presidência aos acadêmicos e às atividades acadêmicas. Freedman lançou várias iniciativas nessa linha logo depois de sua chegada. Ele também observou que seu predecessor em Dartmouth perdera pontos com os professores – chegando a sofrer a desonra de um voto de "inseguro" – e ele decidiu que não cometeria o mesmo erro. Aprender a partir dos exemplos alheios dessa maneira é mais ou menos o que vimos no caso de dois líderes nacionais bem-sucedidos nos anos de 1980 – Margaret Thatcher e Ronald Reagan. Através do Atlântico que os separava, cada um observava e imitava o outro no que se referia a decisões políticas e às *personas* que exibiam como líderes mundiais.

Resistências

Um segundo passo para mudar mentes é desafiar diretamente as resistências prevalentes – as idéias estagnadas, errôneas ou prejudiciais. O ex-presidente dos Estados Unidos, Bill Clinton, tomou exatamente essas medidas quando tentou não "acabar" com a Previdência Social, mas "consertá-la". Contrariando a idéia da direita de que todos os pagamentos do seguro-desemprego deveriam cessar, e a idéia oposta da esquerda de que qualquer alteração na Previdência seria imoral e perigosa, Clinton forjou um novo consenso que reconhecia a necessidade de um seguro-desemprego em certas circunstâncias, mas enfatizava um retorno ao trabalho assim que possível.

Da mesma forma, Freedman enfrentou consideráveis resistências quando foi escolhido como presidente de Dartmouth. De fato, os membros do conselho haviam-no escolhido especificamente por que a universidade precisava de mudanças: quando colheram opiniões de líderes educacionais dos Estados Unidos, eles fizeram a perturbadora descoberta de que muitos tinham pouca ou nenhuma consideração por Dartmouth. Colocando duramente, Dartmouth estava fora da sua tela de radar. A suposição dos membros do conselho de que a sua escola era de primeira linha, na mesma categoria de Brown ou Amherst, foi destruída; eles decidiram, naquele momento, escolher um líder com credibilidade acadêmica imediata: James O. Freedman.

Mesmo assim, quando Freedman subiu a bordo, ele não queria que o restante de sua escola se sentisse inadequado: essa tática de liderança, freqüentemente empregada, quase sempre é um tiro pela culatra. Assim, em vez de contestar diretamente a qualidade dos alunos e professores, ele lidou com a resistência instituindo procedimentos destinados a elevar os padrões de admissão e efetivação. Com relação à oposição mais estridente, o *Dartmouth Review*, sua estratégia inicial foi ignorá-lo, mesmo quando ele o atacava diretamente. Mas quando o *Review* começou a ridicularizar um professor de música afro-americano, além da esposa de Freedman, ele se sentiu compelido a levar a público a questão. Seu castigo ao *Review* desmascarou tanto o conceito de que a publicação tinha um apreciável apoio dos estudantes quanto a idéia de que era simplesmente uma publicação estudantil denunciatória, irreverente, mas inócua.

Recursos e recompensas

Um terceiro passo para mudar mentes é utilizar os recursos que o líder tem à disposição, tal como um sistema apropriado de recompensas, para iniciar novas políticas e práticas. Quando foi empossado presidente da Dartmouth, Freedman brincou com a idéia do estilo "redondinho" e falou sobre a desejabilidade de ter mais alunos "aguçados". Mas uma mudança dessas não seria fácil. Os ex-alunos e o pessoal encarregado das admissões tinham uma visão idealizada do aluno de Dartmouth: ele (mais recentemente, ele ou ela) era um aluno razoavelmente bem-sucedido, socialmente hábil, com um pendor por esportes. De maneira geral, os alunos não tinham grandes paixões por nenhuma disciplina e não se destacavam nas artes ou em serviços na comunidade. Freedman incentivou a admissão de mais alunos com base em suas forças intelectuais ou talentos e paixões específicos. Ele trouxe para a equipe pessoas capazes de contatar escolas de ensino médio que não costumavam enviar alunos para Dartmouth. E deixou claro que quando um aluno ou professor fizesse algum avanço intelectual, haveria recompensas, incluindo abundante publicidade.

Da mesma forma, vimos no capítulo anterior como Margaret Thatcher, durante sua campanha eleitoral, adiantou novas políticas nacionais, tais como privatizar indústrias e funções societais importantes e reduzir a preponderância dos sindicatos. Esses passos, ela assegurou ao público britânico, resultariam em amplas recompensas: um empreendedorismo britânico renovado, um país que reinaria novamente como um poder mundial importante, mais dinheiro nos bolsos do cidadão comum e mais controle pessoal sobre como esse dinheiro seria gasto.

Redescrições representacionais

Qualquer tipo de mudança tende a provocar alguma resistência, talvez justificada. Ao promover uma mudança em Dartmouth, portanto, Freedman deu um quarto passo importante ao descrever sua visão de maneiras diversas e ao proporcionar oportunidades não-ameaçadoras para as pessoas "experimentarem" sua nova visão da escola. Essa estratégia vale-se diretamente da noção das inteligências múltiplas: os indivíduos aprendem mais efetivamente quando recebem a mesma mensagem de maneiras diferentes, cada reapresentação estimulando uma inteligência diferente.

Que opções nós temos? Um líder pode criar uma narrativa contando uma história motivadora sobre uma nova visão para a mudança. Freedman apresentava essa narrativa em seus discursos e textos para a mídia: uma nova Dartmouth, intelectualmente rica e diversa, com padrões superiores para alunos e professores, o que resultaria em uma escola amplamente admirada. Os líderes também podem apresentar um argumento lógico – um resumo racional em que relatam as condições que existiam antes, mostram como cada uma foi solapada por desenvolvimentos recentes e apresentam várias alternativas. Foi o que Jean Monnet fez com paciência exemplar durante décadas, a fim de enfraquecer a visão da Europa como uma coleção de nações naturalmente em guerra entre si e criar sustentação para uma união consolidada. Tal abordagem – valendo-se da inteligência lógica – nem sempre precisava ser colocada em palavras, é claro. Para alguns, os números contam a história; outros se impressionam mais com gráficos, tabelas ou equações.

Outra maneira de um líder apresentar seu caso é apelar para questões profundas sobre a vida, experiência e possibilidades. Essa, certamente, foi uma das maneiras pelas quais Freedman mudou mentes em Dartmouth: ele desenvolveu padrões intelectualmente ricos que refletiam o pensamento mais importante do passado e desafiou seus constituintes a se erguerem à altura desses padrões. Além disso, um líder pode apresentar a sua visão por meio de trabalhos de arte ou chamar a atenção para os aspectos estéticos da visão que propõe. Ronald Reagan era um mestre em evocar imagens a partir de filmes – os papéis heróicos desempenhados por Gary Cooper, John Wayne e Clint Eastwood, por exemplo – para corporificar seus objetivos. Os líderes também podem convencer pessoas a adotar mudanças envolvendo-as "praticamente" na nova visão. Por exemplo, enquanto protestava contra uma taxa do sal, Gandhi marchou rumo ao mar ao lado de cidadãos comuns, e todos eles colocaram sal na boca. Finalmente, um líder pode lidar diretamente com as inteligências pessoais, encorajando as pessoas a trabalharem juntas para encontrar a melhor maneira de implementar as mudanças desejadas. Clinton usava habilmente reuniões com cidadãos para eliciar suas idéias e fazer com que se sentissem participantes do processo de decisão.

Permita-me expressar esse ponto em uma linguagem cognitiva. Novas idéias não se propagam facilmente, e é difícil serem assimiladas. Como não podemos saber antecipadamente que formatos serão mais efetivos para comunicar uma nova mensagem, convém usarmos vários formatos alternativos. Nem podemos saber com certeza quais formatos externos acabarão como representações mentais internas. Nós precisamos monitorar as palavras e ações da audiência de um líder para perceber como as idéias foram traduzidas e internalizadas; e precisamos estar preparados para realizar repetidas "cirurgias" em nossas representações mentais e nas alheias até "pôr em ordem" as coisas – ou pelo menos até que a próxima mudança no contexto desafie representações mentais vigentes e exija uma nova mudança na situação em questão.

Independentemente de estarmos lidando com uma audiência diversa em nível nacional ou com uma mais uniforme como a do Dartmouth College, o ponto mais importante está óbvio, embora seja freqüentemente subestimado: o período de tempo que estamos dispostos a gastar para transmitir a mensagem, a história, a teoria. Todos gostamos de atalhos para transmitir novas idéias, de vê-las compreendidas imediatamente, de mudar mentes de forma dramática e decisiva. Mas, na maioria dos casos, essa transmissão e aceitação rápidas não são possíveis. E embora às vezes se chegue logo a um ponto crucial para a mudança, em geral é preciso muito tempo, muita prática e consideráveis recaídas antes de um ponto de mudança genuíno poder ser negociado. O choque com o *Dartmouth Review* serve como um emblema conveniente, mas a mudança real na visão de Dartmouth de si mesma, e na opinião de observadores informados, levou alguns anos. No final das contas, o fato é que cabe aos observadores informados julgar se Dartmouth é agora uma comunidade verdadeiramente mais intelectual e mais diversa do que antes.

Além dos quatro passos que acabei de descrever, o reitor Freedman também utilizou, em variados graus, as outras três das sete alavancas restantes para mudar as mentes em Dartmouth.

Razão

Como advogado experiente, a capacidade de Freedman de apresentar convincentemente um caso – pesando prós e contras – mostrou-se crucial em seus esforços para mudar as mentes de ex-alunos e alunos. Ademais, Freedman não hesitou em recorrer à mídia para tornar público o caso. Não há dúvida de que a formação legal também ajudou Margaret Thatcher e Bill Clinton a encontrarem os argumentos mais fortes no curso de ação que escolheram.

Ressonância

Como vimos no Capítulo 4, as mudanças que Margaret Thatcher estava propondo ao povo britânico não teriam tido grande aceitação se sua retórica não ressoasse, por um lado, com o tipo de vida que ela levara e o *background* do qual vinha e, por outro, com a maneira pela qual os britânicos viam a si mesmos. Igualmente, Freedman fazia com que suas ações refletissem suas convicções: ele corporificava sua narrativa com planos concretos, tal como incentivar a diversidade intelectual buscando alunos em escolas que nunca antes haviam enviado alunos para Dartmouth. Os exemplos específicos que ele usava – ícones norte-americanos como Thurgood Marshall e Eudora Welty – instigavam a consciência das pessoas, levando-as a se identificarem com as políticas que ele desejava implementar.

Eventos do mundo real

Quando o *Review* cruzou a linha final ao atacar a esposa de Freedman, Sheba, assim como Bill Cole, um professor afro-americano, o reitor utilizou esses eventos como uma oportunidade de denunciar a publicação em termos decisivos. Essa denúncia, combinada com uma exposição na mídia nacional das escapadas e fontes financiadoras do *Review*, fez com que o jornal perdesse considerável poder e influência.

Como eu disse, a narrativa global – a história da mudança – que Freedman tão cuidadosamente apresentou a Dartmouth foi bem-sucedida: produziu a mudança que ele sonhava para a escola. Nossas revistas e livros populares estão repletos de afirmações sobre líderes empresariais que produziram mudanças sísmicas em suas companhias, especialmente durante os anos de 1990 de crescimento econômico. E quando uma história não consegue mudar mentes? Vamos examinar o que aconteceu, e por que, no caso de dois líderes corporativos dos Estados Unidos.

QUANDO AS HISTÓRIAS FRACASSAM

Durante a maior parte dos anos de 1990, John Chambers, da Cisco Corporation, foi o menino de ouro no meio empresarial norte-americano. Ele parecia ter descoberto ou aperfeiçoado uma nova abordagem aos negócios. Em vez de se contentar em servir como um importante provedor de roteadores e *switches* para a Internet, Chambers estava decidido a fazer com que a Cisco tivesse participação na gama completa de materiais e serviços da Internet, no vasto amálgama de computação, telecomunicações, mídia e entretenimento que prometia mudar a paisagem do mundo informacional. Qual foi a estratégia de Chambers? Adquirir numerosas firmas pequenas que estavam entrando no negócio, dar aos seus proprietários ações da Cisco, permitir que desenvolvessem seus produtos em escala de mercado e rapidamente integrar a cultura dessas companhias "*start-up*" ao etos global da Cisco.

Por um tempo, a estratégia da Cisco foi um sucesso incrível. Entre 1993 e 2001, a companhia adquiriu e integrou à sua estrutura empresarial 73 novas companhias. Adaptando um estilo que contrastava nitidamente com o da Microsoft, a Cisco resistiu a acionistas hostis e competitivos que buscavam a maioria acionária da companhia em favor daqueles amistosos e colaboradores. Como resultado, em uma indústria com 20% de rotatividade anual, a Cisco tinha uma admirável taxa de retenção bem acima de 90%. A história que Chambers e seus associados transmitiram durante os anos de 1990 estava clara. Conforme ele disse a um repórter: "A Internet mudará a nossa vida de uma maneira que as pessoas estão apenas começando a perceber. Estamos no centro disso... Mudaremos o mundo. E vamos fazer isso de uma forma jamais tentada antes por ninguém. Estamos inventando tantos princípios empresariais!"[6] Em outra ocasião, declarou: "Essa é, verdadeiramente, a segunda revolução industrial e vai modificar todos os aspectos da vida das pessoas".[7] Durante um certo tempo, essa história parecia verdade; de fato, em um momento à Camelot, a Cisco foi a companhia mais valorizada do mundo.

Mas então chegou o ano 2000 e houve um rápido reverso da fortuna no Vale do Silício, pressagiando um declínio mais geral na economia dos Estados Unidos. O fenômeno ponto-com teve um final abrupto, e companhias ainda maiores e mais estabelecidas precisaram cortar despesas. (A Johnson & Johnson foi a 114º companhia com melhor desempenho em 2000; em 2001, ela foi a número 1.)[8] As estimativas da Cisco de continuado crescimento de 30 a 50% ao ano estavam completamente fora da realidade e, pela primeira vez, a empresa precisou demitir um número significativo de funcionários (17% de sua força de trabalho na primavera de 2001). A elevada capitalização da Cisco caiu abruptamente em 80%. E parecia que parte do elevado valor da Cisco devia-se ao que a publicação *Barron* apelidou de "Contabilidade Criativa da Nova Economia" – por exemplo, usar ações tanto para pagar empregados quanto para comprar outras companhias.[9]

Chambers simplesmente não podia mais ser o profeta do crescimento infinito. Ele teve de mudar a sua história. Conforme comentou um tanto pesarosamente: "Agora também está claro para nós que os picos da nova economia serão muito mais altos e os vales muito mais profundos, com o movimento entre picos e vales muito rápido. Estamos agora em um vale muito mais profundo do que qualquer um de nós antecipava... de fato, somos vítimas de um desastre natural, equivalente a inundações de um século".[10] Ele abraçou outra metáfora: "Essa é uma corrida que está sendo feita a uma velocidade tremenda, que tem sido modulada com o pé no acelerador e não no freio."[11] E novamente: "Qualquer pessoa que já correu sabe, a gente entra naquela curva a 200 milhas por hora e eles vêm por cima, não importa quão bom motorista você é... a gente não estava esperando isso".[12]

Então, o normalmente tagarela Chambers permaneceu em silêncio, evitando pronunciamentos públicos. Mas quando pareceu que a Cisco tinha agüentado a inundação (ou feito a curva na corrida), ele novamente adotou um tom otimista. Em 2002, quando a Cisco ainda não tinha visto uma mudança na receita (embora tivesse ganhado uma fatia no mercado), Chambers disse: "Considerando os elementos que podemos controlar, estamos nos saindo extremamente bem".[13] Ele encontrou uma maneira de dar uma virada positiva nos eventos dos últimos dois anos: "A maneira de julgar se as companhias são grandes companhias é analisar como lidam com seus sucessos e como enfrentam as dificuldades. Ao analisar os dados com a minha equipe de liderança, refletindo sobre como nos saímos em comparação com nossas iguais, os resultados do último ano realmente se destacam... Essa é provavelmente a separação e a reorganização mais fundamental que já ocorreu em uma indústria importante em um ano. Estamos orgulhosos do que conseguimos neste ano".[14]

Embora Chambers possa ter acreditado na história que contara nos anos de 1990, em retrospecto parece claro que a história foi criada em parte como uma narrativa hiperbólica incapaz de ser sustentada. Como um crítico implacável disse, na época: "Eu acho que isso é um monte de asneiras. Ele sai falando em termos amplos sobre como nós todos vamos trabalhar e nos divertir, mas não há nada específico. Ele faz isso muito convincentemente e as pessoas entram na dele. Mas ele só está pensando nos seus próprios interesses. O papo de vendedor dele para a América corporativa é basicamente que o que foi feito ontem já está obsoleto... [A Cisco] torna seus produtos obsoletos rapidamente, para fazer com que todos entrem no seu ciclo de comprar. Ele diz [às companhias] que seus competidores farão mais do que você, e você não pode se dar ao luxo de esperar. Essa é uma tática de terror. Esse é o papo de vendedor dele".[15] Chambers sabia que devia ficar quieto durante os piores meses da sua companhia, quando as demissões eram a ordem do dia. Mas esse inveterado contador de histórias logo encontrou uma maneira de integrar os eventos desapontadores dos últimos anos a uma narrativa novamente otimista.

Em termos das sete alavancas para mudar mentes, podemos dizer que a Cisco simplesmente foi afetada por *eventos do mundo real* – a saber, o colapso dos ponto-com. No entanto, a hipérbole em que Chambers baseava sua retórica também contribuiu para o fracasso de sua "história" de mudança. Ele não prestou suficiente atenção à *pesquisa* de longo prazo sobre os ciclos nos negócios (especialmente com relação à velocidade com que um crescimento rápido pode se transformar em um fracasso) e também ignorou os primeiros sinais de que seus clientes não tinham recursos para pagar os novos serviços que a Cisco disponibilizava. Além disso, Chambers subestimou, cronicamente, as *resistências* que enfrentou: ele não avaliou o lugar e a força de companhias tradicionais e o modo de fazer negócios, nem os riscos de formas criativas de contabilidade, nem o fato de que muitas das companhias da Internet das quais a Cisco dependia não iriam sobreviver ao estouro da bolha do Vale do Silício.

Outro exemplo de uma história promissora que não deu em nada é a de Robert Shapiro, que se tornou CEO da Monsanto após chefiar a sua divisão da Nutrasweet. Um entusiasta de alimentos geneticamente modificados, que na sua opinião poderiam aliviar a fome e a subnutrição no mundo todo, ele logo se tornou o porta-voz internacional mais importante de uma nova era na biotecnologia de alimentos.[16]

Descrito como o "Johnny Appleseed" da modificação genética, Shapiro dizia que a Monsanto – uma companhia de ciência da vida – estava reconfigurando a brecha existente entre "a terra e o prato de comida", e descrevia a companhia como "uma instituição fundamentalmente baseada no conhecimento e na ciência".[17] Armado com exemplos vívidos e promessas atraentes, Shapiro correu o mundo com a impressionante "representação mental" criada por ele – e por um certo tempo ela colou. Shapiro ganhou o apoio de muitos indivíduos na companhia e foi aclamado pela imprensa como o arauto de uma nova era.

Mas Shapiro não estava preparado para a resistência que sua "história" acabaria despertando. Ele não apreciou completamente a "contra-história" reinante: a de que muitas pessoas, tanto nos Estados Unidos quanto no mundo todo, são profundamente apegadas às "leis da natureza" e só permitiriam mudanças muito graduais nos alimentos. Shapiro confiou muito mais na lógica do seu argumento e nos achados do laboratório de ciências. Ele não considerou as preocupações dos indivíduos comuns – e, por falar no assunto, do príncipe Charles da Grã-Bretanha – que temiam possíveis conseqüências negativas desse "experimento com a natureza" sem precedentes e acreditavam que as modificações genéticas precisavam ser exaustivamente discutidas em fóruns públicos. Shapiro se descobriu, cada vez mais, pregando para os convertidos; e como o líder nesse campo, a Monsanto tornou-se o principal alvo dos protestadores e de outros cidadãos insatisfeitos. O ponto crucial para a mudança nunca aconteceu – talvez porque Shapiro não tenha percebido que ele *precisava* acontecer.

Por fim, a resistência foi tanta que Shapiro teve de prometer que não utilizaria a "tecnologia exterminadora" que produz sementes estéreis: em uma conferência do Greenpeace, ele se desculpou por sua insensibilidade às preocupações ambientais. E reconheceu que o público queria argumentar sobre valores sociais e não estatísticas sobre a soja. Para os próprios acionistas, ele falou: "Nós provavelmente irritamos e antagonizamos mais pessoas do que persuadimos... A nossa confiança na tecnologia e o nosso entusiasmo por ela, eu acho, foram claramente percebidos – e compreensivelmente – como condescendência e até arrogância".[18] Logo depois, a Monsanto fundiu-se com a Pharmacia, e Shapiro acabou deixando a companhia. Pelo menos no curto prazo, a contra-história – a representação mental rival – saiu triunfante.

Poderíamos afirmar que, como Chambers na Cisco, Shapiro foi torpedeado por eventos do mundo real: o surgimento de sentimentos contra a modificação genética em muitas partes do mundo. Entretanto, acho essa explicação simplista. Ambos foram culpados de hipérbole – de contar uma história que não era apoiada pelos fatos vigentes. Eles podem ter se deixado levar pela própria retórica e pelo grau em que suas histórias ressoavam com suas aspirações pessoais e as das pessoas que faziam parte de seu círculo íntimo. E, como Chambers, Shapiro subestimou seriamente o grau de resistência às histórias que contava: ele não avaliou a extensão em que os cidadãos comuns ficavam nervosos com as tentativas de fazer experimentos agressivos com a natureza. Sua história pode ter sido apoiada pela razão e pela pesquisa, mas não conseguiu ressoar em audiências poderosas. Talvez por terem mudado de idéia, talvez por acharem que seria político agir assim, ambos os homens acabaram alterando a história que contavam. Mas, àquela altura, talvez já fosse tarde demais.

MARCAS REGISTRADAS DO LÍDER EFETIVO: INTELIGÊNCIAS, INSTINTO E INTEGRIDADE

Neste capítulo e no anterior descrevi vários líderes que tentaram – com diferentes graus de sucesso – provocar mudanças em entidades que variavam de uma única universidade ou corporação a grandes regiões do mundo. Enquanto considerava esses e outros líderes, fiquei intrigado com os recursos pessoais utilizados por eles – intelectuais, instintuais e morais.

Inteligências

Vamos começar pelos recursos intelectuais. Os líderes geralmente se destacam em termos de três inteligências. Primeiro, como contadores de histórias, os líderes precisam ser lingüisticamente talentosos. Mesmo em uma época inundada por apresentações de multimídia, os sistemas simbólicos lingüísticos retêm um poder especial. Portanto, os líderes precisam saber como criar uma história, como comunicá-la efetivamente e como alterá-la se houver necessidade disso. Segundo, os líderes precisam da inteligência interpessoal. Eles precisam compreender as outras pessoas, ser capaz de motivá-las, ouvi-las e responder às suas necessidades e aspirações. Terceiro, os líderes requerem uma medida considerável do que chamo de inteligência existencial: eles precisam se sentir à vontade ao formular questões fundamentais. Esse tipo de inteligência é o que o presidente George Bush Sr. equivocadamente descartou como "a coisa da visão". Ao contrário, os líderes não podem relutar em compartilhar sua visão, em apresentar suas respostas para questões fundamentais sobre a vida, a morte, o significado do passado, as perspectivas do futuro. Como já vimos em exemplos como os de Thatcher e Freedman, essas "histórias" funcionam melhor quando são corporificadas, refletindo as condições e experiências autênticas da pessoa que está contando a história.[19]

Outras inteligências certamente beneficiam o líder, à luz de sua missão ou organização específica. É claro que jamais devemos tentar liderar qualquer grande empreendimento empresarial sem considerável inteligência lógico-matemática. Por outro lado, a liderança carismática na esfera política ou do entretenimento não requer grande inteligência lógico-matemática. Os líderes também podem se beneficiar da inteligência intrapessoal – um bom conhecimento funcional de si mesmo. E, no entanto, a pessoa certamente pode ser um líder efetivo – considerem Ronald Reagan ou Margaret Thatcher – sem manifestar grande interesse ou perícia em relação ao ruído constante e surdo da própria psique.

Os perfis individuais de inteligências serão diferentes entre os líderes – isso é o esperado. Na verdade, geralmente é produtivo quando um novo líder apresenta um espectro de inteligências que difere do de seus predecessores: caminhos já traçados provavelmente serão evitados, novos caminhos serão abertos. Os líderes freqüentemente dizem que querem (e às vezes realmente *pretendem*) contratar pessoas mais inteligentes do que eles. Seria melhor se dissessem que querem contratar pessoas cujas inteligências complementam as suas. É importante que os líderes sejam capazes de pensar e agir "com inteligência". Com isso quero dizer que eles devem estabelecer uma série de objetivos e valores claros, e agir consistente e transparentemente em termos desses objetivos e valores.

Indivíduos que funcionam melhor com audiências diversas conhecem a "mente não-instruída", e sabem se dirigir a ela, evitando assim alienar pelo menos parte da coletividade muito rapidamente. Por outro lado, quando se trata de lidar com audiências mais uniformes como uma universidade ou corporação, o indivíduo que conhece bem a audiência tem uma clara vantagem. O líder pode aproveitar experiências e imagens compartilhadas e a "cultura institucional" para criar uma narrativa convincente.

Nunca foi tão desejável ter líderes capazes de se dirigirem tanto a grupos heterogêneos quanto homogêneos. Por um lado, a maioria dos membros dos grupos tem cada vez menos em comum em seus *backgrounds*, de modo que a heterogeneidade está se tornando a regra. Por outro lado, o conhecimento de assuntos técnicos é cada vez mais importante, e essa variedade de conhecimentos traz a sofisticação que associamos a entidades homogêneas. Mesmo os que não suportavam o presidente Clinton – ou sua esposa Hillary – reconheciam a capacidade do casal de se dirigir a mentes instruídas e não-instruídas. Os Clinton eram capazes de mudar quase sem esforço nenhum de uma grande audiência de televisão para um grupo de especialistas em economia ou saúde. Ainda mais impressionante, eles sinalizavam para cada audiência que eram capazes de outros tipos de comunicação também: sugerindo para a mente não-instruída que tinham grandes conhecimentos, revelando para os eruditos que eram igualmente capazes de se comunicar efetivamente com uma audiência popular. Margaret Thatcher e Tony Blair também possuíam essa combinação de capacidades – em contraste com Ronald Reagan e George W. Bush, que são vistos como tendo o toque popular sem a perícia sofisticada. Robert Shapiro, da Monsanto, por outro lado, saía-se muito melhor com uma elite homogênea do que com audiências variadas.

Instinto

O segundo recurso pessoal importante que o líder precisa ter é um instinto bem-afiado. De fato, geralmente diz-se que os grandes líderes operam com base no "instinto das tripas" – uma intuição sobre o movimento certo em uma determinada situação. Infelizmente, não há nenhuma maneira de programarmos os nossos instintos. No entanto, penso que essa intuição que vem das nossas entranhas não surge totalmente formada, como Atena da cabeça de Zeus. Mais provavelmente, ela representa um reconhecimento parcialmente consciente, mas difícil de articular, da semelhança de uma situação presente com situações anteriores, em que um curso de ação mostrou-se muito superior aos outros possíveis.

Como despertar e esbarrar com esses sentimentos que vêm das nossas tripas? Os líderes acham proveitoso pôr suas intuições em palavras, experimentá-las com associados confiáveis e observar suas reações honestas. Segundo o conselho do ex-secretário do Tesouro, Robert Rubin, os líderes deveriam reconhecer que toda decisão, independentemente de ser baseada na cabeça ou nas tripas, às vezes estará errada. Em vez de se dedicar àquela profunda análise matinal da segunda-feira que os jogadores de futebol fazem (eu deveria ter feito *A* em vez de *Z*), as pessoas encarregadas de aprender com os erros deveriam gastar mais tempo analisando os *processos* da tomada de decisão – elas foram apropriadas, elas falharam. Também não devemos condenar o fracasso em termos absolutos: lembrando o poderoso conceito – ou representação mental – do economista mundial Jean Monnet de que as crises criam oportunidades.

Integridade

Finalmente, além de inteligência e instinto, os líderes que impressionam têm integridade. Diariamente, eles reservam um tempo para analisar e refletir, e às vezes passam por períodos ocasionais de análise mais profunda, quando "vão até o topo da montanha". E são caracterizados por uma abertura às mudanças no mundo e em si mesmos, por sensibilidade às qualidades válidas tanto das histórias como das contra-histórias, por flexibilidade na apresentação dos seus temas fundamentais e por um sentimento de profundo comprometimento com uma missão, associado à humildade em relação à sua própria potência.[20] Alguns chamariam essas características de pré-requisitos da sabedoria.

Como pode atestar qualquer pessoa que já tenha ouvido um discurso de formatura, certos temas permanecem; a importância do trabalho duro, da lealdade, de um senso de responsabilidade. Outras histórias ressoarão poderosamente em uma determinada época cultural ou histórica; por exemplo, a afirmação de "Engine" Charlie Wilson, "O que é bom para a General Motors é bom para o país", ou da General Electric, "O progresso é o nosso produto mais importante" (memoravelmente articulada pelo então vendedor da televisão Ronald Reagan), encaixam-se perfeitamente com o etos prevalente dos anos de 1950.

Para uma nova época, desejam-se temas diferentes, e os líderes precisam ser capazes de afetar as mentes de quem cresceu com as histórias antigas. Décadas atrás, a bem-sucedida campanha publicitária da IBM nos disse "Pense"; sua sucessora na computação, a Apple, nos disse "Pense Diferente" (uma injunção imaginativa, ainda que gramaticalmente incorreta). A AT&T determinou que não está no negócio da telefonia, e sim da informação; a General Electric, que não fabrica utensílios de cozinha, mas uma variedade de importantes produtos e serviços financeiros e de comunicação, e que espera ser a primeira ou a segunda em todos os negócios dos quais participar. Igualmente, os membros do conselho, alunos e ex-alunos de Dartmouth passaram a ver a escola não como uma preservação crescentemente anacrônica de valores machistas tradicionais, mas sim como uma comunidade diversa e intelectualmente vibrante.

As histórias contadas aos empregados atualmente também são diferentes. Em vez de enfatizar a dedicação vitalícia, para a qual a aposentadoria e um relógio de ouro são a recompensa, as companhias agora salientam o desenvolvimento das habilidades que, se necessário, acompanham o indivíduo em seu próximo emprego.

Quando o enxugamento de despesas ou o replanejamento são mais importantes do que o emprego vitalício, e quando os executivos regularmente (ainda que irresponsavelmente) pulam do navio em busca de um pacote financeiro mais atraente, as mensagens também precisam ser delicadamente articuladas. Se a história for fácil demais, ela não será acreditada... e é apropriado que seja assim. O que pode ser mais efetivo é uma constante provisão de informações sobre o que está acontecendo na companhia (e fora), uma franca discussão das dificuldades que estão sendo enfrentadas e um compromisso em ajudar os indivíduos a "se sairem bem" se seu emprego estiver em risco. No entanto, essa postura mais "cor-de-rosa" não pode (e, na minha opinião, não deve) mascarar a realidade fundamental, e muitas vezes brutal, do mercado de trabalho atualmente.

Pensei muito sobre os temas existenciais que fazem sentido hoje para os jovens funcionários e empreendedores do Vale do Silício, e para seus primos que trabalham nas instituições financeiras de nossas grandes cidades ou em companhias de ciber – e biotecnologia que formam anéis concêntricos em torno das nossas áreas urbanas. Não há dúvida de que a perspectiva de enriquecer é um tema motivador, que induz muitos jovens a saírem da faculdade e trabalharem "24/7", como alguns gostam de se vangloriar. Alguns querem o dinheiro para comprar posses; outros querem o dinheiro para "fazer o bem", para se aposentar precocemente ou simplesmente para proclamar que o acumularam. Mas acredito que mesmo o mais egoísta deles é muitas vezes impulsionado por uma visão mais idealista, ou pelo menos mais excitante, do que a mera acumulação de riquezas pessoais. Eles sentem que estão vivendo em um momento histórico – uma época semelhante à da invenção da imprensa escrita ou ao início da Revolução Industrial – e anseiam ser participantes ativos dessa revolução. Líderes capazes de mobilizar esse sentimento de entusiasmo – John Chambers da Cisco e Steve Jobs da Apple Computer em seu melhores dias – provavelmente estimularão aquelas representações mentais que sempre foram necessárias para um obstinado envolvimento em um empreendimento excitante.

E apesar disso, no final das contas, embora as histórias precisem ser dramáticas, motivadoras, memoráveis, pitorescas, inclusive engrinaldadas com música e gráficos apropriados, elas também precisam ser honestas. É aí que entra a integridade. Histórias que não ressoam com a realidade acabam sendo frustrantes e inefetivas. Louis Schweitzer, por muito tempo CEO da Renault, ficou sabendo que o público francês considerava os automóveis da sua companhia caros demais. Imediatamente, ele autorizou um anúncio público que reconhecia esse sentimento e prometia retificar a situação durante o ano seguinte. Para sua surpresa (e de todos), as vendas dos veículos da Renault aumentaram nas semanas seguintes.[21] Quando tudo foi dito e feito, então, o ingrediente mais importante que uma história deve corporificar é a verdade; e o traço mais importante que um líder precisa ter é a integridade.

NOTAS

1. A única exceção é a criança, que é freqüentemente convencida por um argumento um pouco mais sofisticado – especialmente se for apresentado por alguém mais velho e mais respeitado.

2. Conversei longamente com James Freedman sobre esses eventos e também examinei recortes de jornais de seu arquivo.
3. Detalhes sobre a luta de Freedman com o Dartmouth Review são encontrados no *Chronicle of Higher Education*, 6 de abril de 1988; *New York Times*, 29 de março de 1988; "Freedman: It Was Time to Speak Out", *Valley News*, 1 de abril de 1988; Sean Flynn, "*Dartmouth's Right Is Wrong*", Boston Phoenix, 15 de abril de 1988.
4. Sean Gorman, conversa telefônica com o autor, 20 de novembro de 2002.
5. James O. Freeman, *Idealism and Liberal Education* (Ann Arbor: University of Michigan Press, 1996/2001).
6. Robert Slater, *The Eye of the Storm: How John Chambers Steered Cisco Through the Technology Collapse* (Nova York: Harper Business, 2003), 16.
7. John McMillan, "Come Back, New Economy", *New York Times Book Review*, 26 de Janeiro de 2003, 27.
8. *Business Week*, 28 de março de 2002, 33.
9. Paul Krugman, "Clueless in Crawford", *New York Times*, 12 de agosto de 2002, A21.
10. Paul Abrahams, "Cisco Pays High Price for Low Revenue Growth", *Financial Times*, 10 de maio de 2001, 32.
11. Slater, *Eye of the Storm*, 269.
12. Ibid., 248.
13. *New York Times*, 7 de novembro de 2002.
14. Slater, *Eye of the Storm*, 267.
15. Craig Benson, citado em ibid. 147.
16. Sobre Shapiro, veja Michael Spector, "The Pharmageddon Riddle", *New Yorker*, 10 de abril de 2000. Spector se refere a Shapiro como "Johnny Appleseed".
17. C. Hoenig, Wall Street Journal, 3 de maio de 2001; veja também 26 de outubro de 1999.
18. Justin Gillis e Anne Swardson, "Crop Busters Take on Monsanto: Backlash Against Biotech Goods Exacts a High Price", *Washington Post*, 26 de outubro de 1999.
19. Erik Erikson, "Identity and the Life Cycle", *Psychological Issues* (1959).
20. James McGregor Burns, *Leadership* (Nova York: Harper & Row, 1978); Howard Gardner, *Leading Minds* (Nova York: Basic Books, 1995); John Gardner, *On Leadership* (Nova York: Free Press, 1999).
21. *Louis Schweitzer, comunicação pessoal*, 1 de fevereiro de 2001.

6
Mudando Mentes Indiretamente: Por Meio de Descobertas Científicas, Avanços Acadêmicos e Criações Artísticas

Até agora focalizamos indivíduos – sejam eles líderes políticos, religiosos, educacionais ou corporativos – que mudam a mente de outras pessoas da maneira mais direta possível. Eles aparecem em público e se dirigem a audiências de vários tamanhos, tentando convencê-las com sua retórica. Essa interação face a face envolve muitos outros membros da sociedade ou, no caso das audiências uniformes, de domínios ou instituições relevantes.

Mas mudanças mentais importantes também podem ser forjadas pelas obras que a pessoa cria, não só por suas palavras ou atos diretos. Karl Marx não era um líder no sentido comum, e, no entanto, seus escritos exerceram enorme influência sobre os eventos políticos do final do século XIX e por todo o século XX. Poderíamos, então, falar de Karl Marx e de outros semelhantes a ele como líderes "indiretos", em oposição a líderes mais "diretos" como a primeira-ministra Margaret Thatcher ou o CEO da General Electric, Jack Welch.

Os líderes indiretos operam além da esfera política. Considere como o nosso entendimento do mundo foi afetado por Albert Einstein no domínio da física e por Charles Darwin no da biologia. Obras criativas mudam a nossa mente em relação ao que constitui arte – e muitas vezes a nossa percepção do próprio mundo. Conforme comentou memoravelmente o escritor britânico do século XIX, Percy B. Shelley: "Os poetas são os legisladores não-reconhecidos do mundo". Mais concepções da guerra civil espanhola foram formadas e alteradas pela pintura *Guernica* de Picasso e por romances de Ernest Hemingway e André Malraux do que por milhares de comunicações da mídia.

Até agora, neste livro, as principais idéias foram capturadas nas "histórias" dos líderes, mas grandes criadores vão além de histórias. Se forem cientistas ou acadêmicos, eles trabalham principalmente com teorias; se forem artistas, mudam mentes introduzindo novas idéias, habilidades e práticas em sua obra.

Examinamos os líderes indiretos considerando o trabalho de cientistas, grandes pensadores e indivíduos criativos do mundo da dança, da música, da literatura, da pintura e da escultura. Embora mudanças mentais nessas três áreas geralmente dependam, em graus diferentes, das sete alavancas de mudança mental, a redescrição representacional e a consciência das resistências desempenham papéis especialmente críticos na capacidade do líder indireto de mudar mentes.

MUDANDO MENTES POR MEIO DA DESCOBERTA CIENTÍFICA: CHARLES DARWIN

Apesar de algumas descobertas científicas terem sido facilmente aceitas pela comunidade científica e pelo público em geral, a teoria da evolução de Charles Darwin certamente não foi bem-recebida. A forma pela qual ela acabou obtendo uma aceitação ampla tem muito a ver com as múltiplas maneiras pelas quais a teoria foi apresentada ao longo de muitos anos – as "redescrições representacionais" de cada um dos conceitos cruciais e das relações entre eles. De fato, o modo pelo qual a idéia da evolução se solidificou para o próprio Darwin é produto dessas múltiplas redescrições.

O interesse de Darwin pelas origens de diversas espécies foi inicialmente influenciado por seu avô Erasmus, um médico e naturalista que explorara as idéias de evolução. As teorias do próprio Darwin originaram-se em sua viagem no *Beagle* (1831-1836) quando jovem, mas não se cristalizaram até ele ler – ou, como aconteceu, até ele refamiliarizar-se com – as reflexões do economista Thomas Malthus sobre a luta pela sobrevivência em tempos de recursos limitados. Segundo o psicólogo Howard Gruber, que estudou cuidadosamente os cadernos de Darwin, o naturalista inglês fora exposto às idéias malthusianas em um momento anterior de sua educação.[1] Portanto, ele operara com noções de seleção natural algum tempo antes de elas irromperem em sua consciência e ele se tornar explicitamente consciente de suas implicações revolucionárias. Em nossos termos, Darwin pode ter sentido que sua mudança mental foi súbita, mas os registros escritos indicam que – como normalmente acontece em aparentes descobertas – essa mudança ocorreu muito mais gradualmente do que ele lembrava.

Quando percebeu aonde suas idéias estavam indo, Darwin dedicou a maior parte do seu tempo nas duas décadas seguintes a colher informações pertinentes à evolução. Tão heterodoxas eram as suas teorias, tão passíveis de ofender tanto seus pares científicos quanto o público geral (que incluía sua esposa, Emma, uma cristã devota), que Darwin hesitou em publicá-las durante sua vida. Só quando o jovem Alfred Wallace chegou essencialmente aos mesmos *insights* foi que Darwin, relutantemente, concordou com uma apresentação conjunta na Royal Society, em 1858. No ano seguinte, foi publicado o livro *A origem das espécies*, que marcou época.[2]

A resistência inicial às idéias de Darwin é bem conhecida. A maioria dos seus contemporâneos científicos rejeitou-as completamente, incluindo seu venerado professor, o geólogo Charles Lyell. Darwin foi caluniado pelo clero, por políticos e pelo público em geral. Felizmente, ele também teve eloqüentes defensores, especialmente o ferino biólogo Thomas Huxley. À medida que se acumulavam as evidências em favor da evolução, e tanto os especialistas como os leigos se acostumaram com as idéias, essas noções outrora iconoclastas começaram a ser aceitas. No entanto, ainda hoje, a maioria dos estadunidenses não compreende as afirmações mais importantes da teoria evolutiva: eles não apreciam a diferença entre evolução – uma teoria científica, que está sujeita à refutação à luz de evidências que surgem depois – e criacionismo ou suas variantes, basicamente um artigo de fé. (A teoria da evolução parece menos problemática para cidadãos de outros países.)[3]

Aqui há uma nota de rodapé, especialmente deliciosa para os modificadores de mentes em perspectiva. Segundo o historiador de ciência Frank Sulloway, a disposição para mudar a própria mente em relação à evolução depende significativamente de um fator inesperado: a ordem de nascimento.[4] Acontece que os nascidos após o primogênito aceitam muito mais os princípios básicos da evolução darwiniana. Na verdade, foi necessário um século inteiro (!) para que os primogênitos aceitassem a evolução no mesmo grau em que a teoria foi originalmente aceita por aqueles que nasceram depois do primeiro filho. Aparentemente, os que desde o início têm de lutar com irmãos rivais vêem com maior simpatia a teoria darwiniana do que aqueles que, no início, tinham tudo para si mesmos. Sulloway demonstrou que os mesmos padrões valem para outras perspectivas evolutivas, sejam elas introduzidas na ciência, na política ou na religião. Resumidamente: se você quiser mudar mentes em relação a idéias conseqüentes, encontre uma audiência de pessoas que nasceram após os primogênitos.

As idéias de Darwin certamente não foram intuitivas. Sabemos disso porque a esmagadora maioria das crianças de oito anos é criacionista.[5] Independentemente de seus pais serem biólogos evolucionistas ou pregadores fundamentalistas, os jovens escolares ficam intrigados pela questão das origens, e parece claro para eles que todos os organismos foram criados em certo momento histórico (ou pré-histórico) e não mudaram significativamente desde então. Além disso, essas mesmas crianças tendem a acreditar que uma mudança significativa que ocorre durante a vida do organismo (por exemplo, um grande desenvolvimento dos bíceps) será transmitida à prole desse organismo (o que sugere que as idéias anteriores do biólogo francês Jean-Baptiste Lamarck são mais intuitivas do que as propostas por Darwin). Toda uma estrutura teórica, então – que não havia um único momento de criação, mas um processo gradual que ocorreu ao longo de milhões de anos e ainda está ocorrendo; que os seres humanos e os macacos contemporâneos evoluíram do mesmo ancestral comum há alguns milhões de anos; que (pelo menos até a possibilidade de uma terapia embrionária) a herança biológica que transmitimos às futuras gerações não é afetada pelas nossas experiências de vida; e, acima de tudo, que as evidências científicas refutam totalmente o relato bíblico sobre a criação – todas essas idéias foram (e para muitas pessoas ainda são) muito difíceis de aceitar.

Além do curioso achado sobre a ordem de nascimento, podemos sugerir outros fatores que desinclinam os indivíduos a aceitar a teoria da evolução. Os fundamentalistas que acreditam profundamente em relatos religiosos das origens humanas certamente acharão inaceitáveis essas idéias. Na extensão em que eles expressam publicamente sua visão antievolutiva, essa resistência provavelmente será reforçada. Assim, por exemplo, apesar das evidências que o formidável cientista suíço-americano do século XIX, Louis Agassiz, reuniu em favor da evolução, ele já tinha se comprometido publicamente com a explicação bíblica e, portanto, era improvável que mudasse de idéia, e ainda menos provável que anunciasse essa mudança aos seus ilustres colegas. Outro fator que impediria alguém de mudar de idéia sobre a evolução é o entendimento individual do método científico e da diferença entre questões de ciência e questões de fé. Os cientistas e aqueles que compreendem o método científico têm cada vez maior dificuldade em ignorar as imensas evidências geológicas, fósseis e laboratoriais em favor da evolução. Os cientistas que desejam manter sua fé na explicação religiosa precisam, de alguma forma, realizar uma cirurgia cognitiva e, por assim dizer, manter dois conjuntos diferentes de livros mentais. A razão e a pesquisa são favoráveis à opção evolutiva.

Então, como as mentes são modificadas no que diz respeito às teorias científicas? Em seu famoso trabalho *The Structure of Scientific Revolutions*, o historiador de ciência Thomas Kuhn oferece o relato mais plausível de como as teorias – ou paradigmas – revolucionárias passaram a ser aceitas.[6] Segundo Kuhn, os cientistas mais importantes e maduros de uma geração são os menos dispostos a aceitar uma linha de explicação nova e dramática. Esse ceticismo saudou a visão de universo heliocêntrica de Copérnico, a teoria da relatividade de Einstein, a mecânica quântica de Heisenberg, a teoria do inconsciente de Freud e a corrente continental de Wegener, entre outras. Por quê? Porque os sábios mais velhos, treinados na antiga maneira de pensar, teriam de abandonar noções profundamente arraigadas e fervorosamente mantidas. O novo paradigma provavelmente será abraçado por indivíduos que estão apenas começando a trabalhar em um determinado domínio. Esses "jovens turcos" não têm um interesse adquirido pela antiga perspectiva, tendem mais a ser flexíveis e, de fato (especialmente se não forem primogênitos), podem ter certo prazer ao ver o antigo dogma jogado fora e ter a oportunidade de buscar uma linha de trabalho recém-aberta. (Na verdade, lembro bem como, ainda um psicólogo inexperiente, eu me senti muito mais energizado me alinhando com os cognitivistas inovadores do que com os comportamentalistas estabelecidos ou com os antiquados psicofísicos.) Para um segmento da população jovem ou iconoclasta, então, a própria resistência a uma idéia em geral pode inclinar os membros desse segmento a aceitar mais facilmente a idéia.

Como já salientei, diferentemente dos líderes de entidades grandes, os líderes indiretos não mudam mentes por meio de elegantes discursos públicos ou de uma retórica face a face convincente. Durante grande parte de sua vida adulta, Charles Darwin foi essencialmente um recluso. Ele morava suficientemente longe de Londres para não se aventurar na metrópole com regularidade. Ele tinha doenças não-diagnosticadas que parece ter usado como um pretexto para evitar encontros indesejados; a maioria de suas interações com outros cientistas, portanto, ocorria pelo correio. Darwin, certamente, tinha a sorte de contar com um porta-voz eloqüente e tenaz, o já mencionado Huxley, que fazia jus, plenamente, ao apelido de "buldogue de Darwin". Para Darwin e sua espécie, então, as interações interpessoais diretas com os outros não são uma parte importante do empreendimento. Em vez disso, eles mudam mentes por meio do trabalho que executam.

Considere outro cientista cujas idéias mudaram mentes em escala maciça: Albert Einstein. Desde tenra idade, Einstein lutava com perguntas sobre a natureza do espaço e do tempo. Aos cinco anos de idade, ele se perguntou por que a agulha da bússola sempre apontava na mesma direção; quando adolescente, imaginou como seria viajar em um raio de luz; quando adulto, calculou as posições de itens em um elevador em queda livre pelo espaço.[7] Einstein não se intimidava com as teorias existentes que explicavam o universo físico. Em uma série de reformulações, ele propôs uma teoria especial e uma teoria geral da relatividade.

Inicialmente, as idéias de Einstein eram muito difíceis de seguir, e poucos indivíduos entendiam completamente suas implicações. (Ao passo que os contemporâneos de Darwin entendiam muito bem as implicações de suas idéias.) Mas Einstein trabalhava em um campo no qual a opinião das figuras importantes era decisiva e, felizmente, seus artigos originais foram aceitos para o *Annalen der Physik* por Max Planck, o proeminente físico da época. Portanto, no grupo relativamente homogêneo de especialistas em física, o trabalho de Einstein foi apreciado mais rapidamente que o de Darwin – e quando, em 1919, uma predição sua sobre um eclipse solar provou estar certa, a imortalidade científica de Einstein ficou assegurada. (No entanto, quando Einstein recebeu o Prêmio Nobel de Física, em 1921, foi por sua descoberta do efeito fotoelétrico e não por suas teorias da relatividade – estas últimas ainda eram consideradas muito especulativas.)

Embora poucas pessoas duvidem do lugar de Darwin e de Einstein no panteão dos maiores cientistas de todos os tempos – o seu lugar é lá, junto de Galileu e Newton –, o *status* científico das proposições de Sigmund Freud é mais questionável. A teoria psicanalítica não foi confirmada por evidências científicas; de fato, na extensão em que as proposições psicanalíticas foram testadas, surgiram consideráveis evidências contra elas. O que parece mais correto é dizer que Freud desenvolveu – com detalhes admiráveis, ainda que nem sempre acurados – uma perspectiva da natureza humana que merece ser levada em conta. Na expressão memorável do poeta W. H. Auden, Freud criou um "clima de opinião". Como tal, Freud qualifica-se menos como cientista do que como um pensador original e ousado – uma categoria de liderança indireta para a qual agora nos voltamos.

PENSADORES QUE MUDAM MENTES SOBRE A MENTE HUMANA

Há um século, Sigmund Freud introduziu algumas das idéias mais desafiadoras na psicologia.[8] Esse neurologista-transformado-em-psicólogo ficou intrigado por comportamentos humanos anômalos, tais como sintomas histéricos, sonhos, lapsos da língua e várias neuroses. Tentando compreender esses enigmas, Freud desenvolveu teorias ainda controversas sobre o poder dos fatores inconscientes, a natureza sexual dos sonhos e a influência determinante das primeiras experiências sociais e sexuais sobre a personalidade adulta. Indo além da teorização de gabinete, Freud também usou técnicas terapêuticas pioneiras que ainda são empregadas hoje em dia, incluindo associação livre, interpretação de sonhos e estratégias para lidar com a "transferência" e a "contratransferência" de poderosos sentimentos entre o terapeuta e o paciente.

O trabalho de Freud pode ser distinguido em vários aspectos do de Einstein e Darwin. Primeiro, Freud estava lidando com seres humanos, que possuem consciência e intenções e não podem tão facilmente ser estudados de maneira distanciada e desinteressada; diferentemente dos planetas ou das espécies extintas há muito tempo, os humanos são capazes de compreender afirmações científicas e tentam provar que estão certas ou erradas. Segundo, Freud não só descreveu o mundo como ele tinha passado a compreendê-lo; ele desenvolveu técnicas terapêuticas – nos nossos termos, habilidades ou práticas – que então empregou com seus pacientes perturbados. Terceiro, Freud também era ambicioso de uma maneira institucional; ele capacitou outros para se tornarem psicanalistas, criando uma irmandade reservada e prestigiosa de seguidores próximos. Nesse sentido, mais do que a maioria dos outros aspirantes a cientistas e acadêmicos, Freud estava agindo como um líder direto.

Embora os efeitos da mudança de mentes do trabalho de Freud operassem indiretamente, eles ilustram bem as nossas alavancas de mudança. Como acadêmico, Freud dependia da *razão* e dos dados derivados de seus pacientes. Ele também era um mestre da retórica e ganhou prêmios literários, assim como científicos. Ele assegurava *recursos* para criar instituições, *recompensava* habilmente os que o apoiavam e excomungava aqueles analistas que se desviavam demais do catecismo.

Suas principais idéias foram descritas não só em ensaios teóricos, mas também em vívidos estudos de caso e, finalmente, em trabalhos de literatura, cinema e arte. Freud aproveitava eventos do *mundo real* – como os horrores da Primeira Guerra Mundial – para documentar suas afirmações sobre as tendências destrutivas na natureza humana. E era um brilhante detector de resistências – muitas vezes chegando a ponto de dizer que a resistência a uma de suas idéias era na verdade um sinal de que a idéia provavelmente estava correta!

Vale a pena mencionar duas psicólogas que recentemente desafiaram visões ortodoxas da natureza humana. Em seu inovador livro *In a Different Voice*, a psicóloga de Harvard Carol Gilligan salientou que estudos de desenvolvimento moral sempre foram feitos, historicamente, com homens – e que talvez as mulheres raciocinem de forma diferente sobre dilemas morais.[9] A estudiosa independente Judith Rich Harris também lançou uma hipótese provocativa, baseada em estudos da genética do comportamento, de que os pais não moldam seus filhos além da contribuição genética como pais.[10] Os grandes socializadores das crianças, argumentou ela no *The Nurture Assumption*, são os seus iguais. Trabalhando em grande parte como Freud, essas teóricas iconoclastas recorrem à razão, à pesquisa, à retórica e aos fenômenos do mundo real para apoiar suas posições. E quando o *Establishment* questionou suas idéias provocativas, tanto Gilligan quanto Harris habilmente se opuseram a tais resistências e localizaram aliados poderosos que confirmariam a defensabilidade de suas idéias.

Até agora, neste capítulo, examinamos cientistas como Einstein e Darwin, que iniciaram avanços fundamentais na nossa maneira de compreender o mundo físico e biológico. E consideramos pensadores importantes – "criadores de clima" como o psicólogo (e aspirante a cientista) Freud (outros exemplos proeminentes seriam o pensador político Karl Marx e o filósofo Friedrich Nietzsche) – que mudaram a nossa maneira de pensar sobre nós mesmos e a nossa sociedade. Resta ver se as idéias de Gilligan e Harris terão um poder de permanência similar. Há uma terceira categoria de indivíduos que também mudam mentes em escala maciça de forma indireta: aqueles que criam visões artísticas poderosas.

COMO OS ARTISTAS MUDAM MENTES

Os criadores nas artes – seja na dança, na música, na literatura, no cinema, seja na pintura ou na escultura – mudam mentes principalmente ao introduzirem novas idéias, habilidades e práticas Eles raramente transmitem as teorias, idéias e conceitos que os cientistas e pensadores empregam, ou as histórias que os líderes de nações ou de grupos mais homogêneos usam para criar mudanças de pensamento em grande escala. E em vez de operar principalmente com a inteligência lingüística, os artistas utilizam diversas formas de representação mental capturadas em uma variedade de sistemas simbólicos tradicionais e inovadores: compositores e inteligência musical, pintores e inteligência espacial, dançarinos e inteligência corporal-cinestésica, e assim por diante. Pontos críticos para a mudança são atingidos quando outros artistas alteram suas práticas e quando os membros da audiência alteram suas preferências.

O início do século XX geralmente é considerado um divisor de águas, que mudou muitas mentes e sensibilidades. O classicismo que associamos aos séculos XVII e XVIII – as peças de William Shakespeare e Jean-Baptiste Molière, a música de Franz Joseph Haydn e Wolfgang Amadeus Mozart, as pinturas de Thomas Gainsborough e Nicolas Poussin – deu origem ao romantismo do século XIX – os romances de Victor Hugo e das irmãs Brontë, a música de Hector Berlioz e Richard Wagner, as pinturas de Eugene Delacroix e J.M. Turner. Mas, no século XX, o espírito romântico já estava exaurido; descobertas científicas e tecnológicas, assim como mudanças nos ventos políticos, assinalaram o início de uma nova era.

Em cada forma de arte, alguns indivíduos se destacam como arautos de um mundo modernista. Na música clássica, o russo Igor Stravinsky e o austríaco Arnold Schoenberg desafiaram a tonalidade na música e criaram novos idiomas poderosos que dominaram a composição clássica por décadas. Na pintura, Pablo Picasso (trabalhando por algum tempo com Georges Braque) rompeu a proeminência de séculos do realismo e do impressionismo e criou trabalhos cubistas poderosos e inovadores, a partir de unidades gráficas fragmentárias. Picasso também estabeleceu as bases de uma arte completamente abstrata, associada à "Escola de Nova York" dos anos de 1950. Nas artes literárias, as influências poderosas incluíram o poeta T.S. Eliot, os romancistas Marcel Proust, Virginia Woolf e James Joyce, assim como os dramaturgos Bertolt Brecht e Luigi Pirandello. Na dança, as barreiras foram chutadas (por assim dizer) pela pioneira americana Ruth St. Denis, e então novas formas foram criadas pela protegida de St. Denis, Martha Graham (e pela rival de Martha, Doris Humphrey), assim como por Merce Cunningham, George Balanchine, Paul Taylor, Pina Bausch e outros importantes dançarinos e coreógrafos.

No que se refere a esses artistas, faz pouco sentido descrever suas idéias em palavras – ou, como já salientei, falar sobre conceitos, histórias, teorias. Os artistas trabalham em seus respectivos meios ou *métiers* e são apropriadamente compreendidos em termos de como transmitem suas visões pessoais usando luz e cor, som e ritmo, metáfora e rima, movimentos corporais e expressões faciais. As idéias de Darwin ou Einstein, Gilligan ou Harris podem ser parafraseadas por outros e capturadas em forma de livros. As visões de Picasso, Schoenberg, Woolf e Graham só podem ser apreendidas por aqueles que compreendem a natureza dos meios ou sistemas simbólicos – as formas artísticas – em que esses gigantes criativos trabalharam e são capazes de apreciar as suas descobertas.

Mas como esses visionários artísticos mudaram mentes? Afinal de contas, eles não estão apresentando proposições com as quais podemos concordar ou afirmações das quais podemos discordar – a menos que utilizemos essa terminologia lingüística de uma maneira deliberadamente metafórica. Nem a maioria dos artistas conta com vastos recursos, e só alguns deles (como Picasso ou Hemingway) reagem especificamente a eventos do mundo real (como a guerra civil espanhola).

Proponho que os mestres artísticos alteram a nossa mente de três maneiras. Primeiro, eles expandem a nossa noção do que é possível em um meio artístico. Antes de Picasso, poucos apreciavam que a grande arte podia ser feita de pedacinhos e fragmentos, de uma forma cubista, sem falar em formas puras. Pela mesma razão, mesmo os ávidos amantes da música do século XIX não teriam sido capazes de assimilar as atonalidades e passagens discordantes do *Rite of Spring* de Stravinsky ou do *Pierrot Lunaire* de Schoenberg (seu predecessor mais sofisticado, o compositor Claude Debussy, não conseguia entender esses trabalhos iconoclastas do início do século XX). Poderíamos dizer que indivíduos como esses desenvolvem novas habilidades em um meio e convocam os membros de suas audiências a desenvolver uma mistura complementar de habilidades perceptuais. Em segundo lugar, os artistas mudam mentes empregando temas que raramente, se é que alguma vez, foram o assunto da arte: assim, Cunningham e Balanchine brincam com formas puramente corporais, independentemente de uma linha de trama, enquanto Woolf e Joyce exploram o fluxo da consciência humana. Terceiro, os artistas nos ajudam a compreender, na verdade nos ajudam a definir, o espírito de uma época. Seria uma hipérbole sugerir que os tempos modernos foram *feitos* por pinturas como *Les Desmoiselles d'Avignon* de Picasso, romances como *Ulysses* de Joyce, ou composições como *Les Noces* de Stravinsky, mas certamente podemos argumentar que o nosso entendimento da época em que esses artistas viveram ficaria empobrecido na ausência dos motivos e formas corporificados nessas obras definidoras de época.

Proponho que esses artistas inovadores empregam principalmente três alavancas: *redescrições representacionais, ressonância* e *resistências*. Pela natureza de seu empreendimento, os artistas estão constantemente experimentando algum meio, e essa experimentação transmite uma série de redescrições. Picasso gracejava que a pintura é uma ciência, da qual cada obra é um experimento. Não é difícil fazer um trabalho artístico inovador, mas o desafio é criar um trabalho ou uma série de trabalhos que ressoem em membros de audiência informados e, eventualmente, em um público mais amplo. Na verdade, o século XX testemunhou um grande número de artistas que foram um sucesso entre os conhecedores mais sofisticados (os chamados *succès d'estime*), mas que nunca ressoaram na audiência geral. Em nossos termos, as resistências a esses trabalhos inovadores mostraram-se muito grandes. Para obter a aceitação popular, o artista precisa, de alguma maneira, neutralizar as resistências – assim como um contador de histórias persuasivo consegue solapar as contra-histórias prevalentes.

Todas as descobertas que examinamos até o momento – nas artes, no pensamento acadêmico e na ciência – representam vitórias duramente conquistadas, rebuscadas na pletora de ações criativas fracassadas. Lembramos e homenageamos aquele punhado de cientistas e artistas cujas obras resistiram ao tempo e deram forma à nossa consciência. E esquecemos os muitos milhares cuja obra causou pouco impacto, ou cujas contribuições estão tão perdidas para a história como os nomes dos indivíduos que planejaram, e os muitos nomes mais daqueles que construíram, as pirâmides do Egito antigo ou as catedrais da Europa medieval. (Em uma tentativa de agradar a T.S. Eliot, um escritor certa vez declarou, lastimando-se: "Oh, os editores. Eles são apenas escritores fracassados". "Na verdade", respondeu Eliot, "a maioria dos escritores também é.") Além disso, conforme demonstrou o psicólogo Dean Keith Simonton, os criadores mais aclamados não só criam mais obras que seus pares, como também geram mais fracassos; a noção de que todos os trabalhos de um mestre são igualmente meritórios está redondamente errada.[11] Aqueles de nós envolvidos com alguma forma de arte sabem melhor o que é possível naquela forma de arte, do que gostam e não gostam, o que se pensa da nossa época, o que se pensa dos seres humanos. Muitas obras novas serão consistentes com essas noções compartilhadas. Podemos sentir prazer com elas, mas – como acontece com histórias contadas duas vezes – provavelmente não seremos derrubados por elas. Ao contrário, elas são como o típico programa de televisão ou filme que podemos apreciar em um momento, mas que logo desaparece da consciência e deixa pouco ou nenhum traço em nossa memória. As obras que diferem radicalmente da norma podem alienar uma audiência ou nem sequer serem vistas ou ouvidas. (Temos de reconhecer que, atualmente, às vezes parece que só aqueles trabalhos que representam uma mudança radical obtêm atenção, mas essa atenção costuma ter vida curta. Nada é tão aborrecido como uma novidade interminável.)

Suponho que não estou sozinho no ato de lembrar aquelas experiências artísticas que foram pessoalmente fortes e provocaram uma mudança mental. Tendo tomado consciência do modernismo nos meus anos de faculdade, minha consciência artística foi formada pelos artistas que mencionei: Stravinsky, Picasso, Eliot e Graham, em especial. Essas mudanças importantes de gosto não ocorrem freqüentemente na vida da pessoa – a menos que ela seja uma criadora profissional de gostos ou uma iconoclasta inveterada. No entanto, lembro-me de experiências artísticas mais recentes que também expandiram a minha consciência. Por exemplo, ler as histórias de Raymond Carver e a poesia de Adam Zagajewski, assistir aos filmes de Ingmar Bergman, ver as pinturas de Mark Rohtko, visitar os espaços artísticos criados por James Turrell. Cada um desses criadores trabalha em um *métier* simbólico, alterando representações mentais apropriadas àquele formato. Eu não hesito em afirmar que a minha mente foi mudada por essas experiências artísticas, cada uma com seu formato de apresentação idiossincrático, e sou suficientemente otimista para esperar que a minha consciência seja novamente modificada nas ocasiões em que encontrar obras ou criadores de poder equivalente. Essas realizações criativas afetam as práticas de outros artistas e os contornos do meu próprio gosto.

As mudanças mentais que os líderes indiretos catalisam podem envolver várias alavancas de mudança. Mas um desses Rs – as resistências – desempenha um papel particularmente poderoso na eventual aceitação, ou recusa, de uma teoria ou trabalho criativo.

OS USOS DA RESISTÊNCIA

Podemos ficar entusiasmados ou indiferentes diante de uma inovação, mas também podemos nos sentir repelidos por ela. Embora a resistência normalmente seja vista como negativa – um dos fatores-chave que impede uma mudança mental – ela também pode desempenhar um papel mais positivo: é valioso lutar com as idéias às quais inicialmente resistimos para mostrar em que elas são inadequadas ou erradas. Essa luta pode fortalecer a nossa perspectiva, nos ajudar a entendê-la melhor e, às vezes, estimular uma mudança mental.

Por exemplo, nunca me senti empolgado pela música minimalista de Steve Reich ou Philip Glass, pela arte "pop" ou "op" dos anos de 1960 ou pelos escritores franceses da "nova novela" de meados do século XX. No entanto, como não sou artista nem crítico, não senti necessidade de declarar publicamente o meu desagrado (nem ninguém se importaria se eu o fizesse!). Por outro lado, como alguém que escreve sobre o campo das idéias, tive fortes reações negativas a várias noções pós-modernas – e particularmente às abordagens desconstrucionistas aos textos, à construção social de todo o conhecimento e ao relativismo de todas as posições. A minha resistência a essas idéias é um bom exemplo de como a mudança mental pode funcionar indiretamente.

Surgindo principalmente na França nos anos de 1960, a desconstrução (ou o desconstrucionismo) questiona a possibilidade de se desenvolver uma explicação coerente de qualquer fenômeno, ou de chegar a uma concordância sobre o que um texto significa. Segundo o crítico literário e filósofo Jacques Derrida, todos os textos contêm contradições que solapam suas aparentes afirmações.[12] Como leitor ou analista, o máximo que podemos fazer é expor essas contradições. O construtivismo social parte da afirmação sem nada de excepcional de que todo o conhecimento precisa ser construído (que cognitivista iria discordar dessa afirmação?), mas ele rapidamente escala até a afirmação muito mais ousada de que a ciência é ela própria uma invenção social, que não reflete nada além de um momentâneo consenso baseado em considerações de poder e autoridade. De acordo com essa visão, uma determinada explicação científica não pode ser considerada, em qualquer base objetiva, como superior a outras. Existem simplesmente explicações rivais que são adotadas ou não, dependendo de contingências como a sabedoria convencional e a influência de quem a adota.[13] Thomas Kuhn é às vezes citado como um defensor da visão de construção social da ciência, embora eu não acredite que ele teria abraçado essas idéias na forma que acabei de apresentar.[14] O relativismo abraça a idéia de que todas as análises são igualmente válidas, ou pelo menos que não existe nenhuma base independente segundo a qual podemos avaliar teorias concorrentes. Tomadas juntas, tais visões não questionam meramente se podemos chegar a uma verdade: elas questionam inclusive a sustentabilidade da verdade, da explicação crível, da validade de qualquer narrativa magistral – exceto, é claro, daquela narrativa que afirma que *não existe* tal coisa como uma narrativa magistral.[15]

Podemos simplesmente deixar para a autoconstrução idéias como o relativismo, a desconstrução ou o construtivismo social; pessoalmente, acredito que essas idéias são auto-refutadoras em sua forma extrema. (Por que prestar atenção a alguém que afirma seriamente que nenhuma idéia ou obra é intrinsecamente verdadeira ou mais valiosa que outra?) Mas, como eu disse, vale a pena lutar com as idéias às quais resistimos. Além disso, seria insinceridade eu não reconhecer que também fui influenciado por essas idéias. Sinto-me menos inclinado a fazer afirmações definitivas sobre o que está certo ou errado, sendo mais provável o reconhecimento da importância da postura, poder, influência, tendência. Estou mais atento às potenciais contradições nos textos, incluindo (temo) os meus. Posso até reconhecer que jamais haverá uma verdade definitiva, embora defenda totalmente a idéia de *lutar* pela verdade, beleza, moralidade, progresso. No sentido recém-descrito, somos influenciados por aquelas idéias – literárias, científicas, artísticas – que nos repelem, assim como por aquelas que nos atraem.

A menção da desconstrução ou do relativismo na esfera intelectual, e do comunismo ou fascismo na esfera política, serve como um importante lembrete de que nem todas as mudanças mentais são igualmente desejáveis. (Observe que um relativista puro teria defendido a proposição oposta – de que nenhuma mudança é mais ou menos desejável que qualquer outra.) Alguns indivíduos – notavelmente os "nascidos após o primogênito" – serão atraídos por qualquer idéia nova, por mais excêntrica que pareça; outros – os mais rígidos e autoritários – rejeitarão novas idéias, mesmo que elas mereçam atenção. A menos que estejamos comprometidos com um fundamentalismo religioso, devemos permanecer abertos à mudança mental; vale a pena prestar atenção a idéias que afetaram muitas pessoas, mesmo quando pessoalmente não as consideramos muito valiosas. Os nossos processos de pensamento afiam-se quando lutamos com essas idéias, e pode ser que acabemos vendo mérito em idéias que outrora rejeitamos. Na esfera da liderança indireta, a consciência da resistência é valiosa tanto para o criador da nova visão como para o indivíduo que pode inicialmente resistir a uma apresentação estranha e exótica – possivelmente porque ela toca em um ponto vulnerável seu.

Seja qual for a resistência às suas idéias, indivíduos como Albert Einstein ou Charles Darwin, Carol Gilligan ou Judith Rich Harris, Marcel Proust ou Martha Graham passam a exercer influência sobre uma grande audiência. Seus nomes se tornam conhecidos; suas idéias são difundidas, com ou sem a consciência pública da identidade de seus criadores. Pode até haver escolas ou instituições que corporificam a sua visão. A posse da Martha Graham School, por exemplo, foi motivo de controvérsias mesmo antes de sua morte, em 1991, e a pergunta sobre quem "é dono" de seus vários trabalhos (e, portanto, pode encená-los) provavelmente será disputada por décadas. Associações psicanalíticas e institutos de formação baseados nas idéias de Freud são outro exemplo bem-conhecido de poder e de controvérsia.

No entanto, inicialmente, esses indivíduos criativos dirigem seus esforços a uma audiência que é limitada, restrita a um domínio, indiscutivelmente perita, essencialmente homogênea. Darwin precisou convencer os biólogos, Freud, os psicólogos; Stravinsky teve de encontrar uma orquestra e uma companhia de balé para executar suas obras; Picasso precisou de uma galeria para expor suas obras e de pessoas com dinheiro para comprá-las. Quando se trata da esfera comercial, todavia, essas audiências limitadas não são necessárias nem desejáveis. Os indivíduos que inventam um produto ou desenvolvem uma nova política buscam, desde o início, atingir o maior público possível, mudar a mente de milhões. A história de Jay Winsten é um bom exemplo disso.[16]

MUDANDO AS MENTES DE UMA GRANDE AUDIÊNCIA: JAY WINSTEN

Professor da School of Public Health (Escola de Saúde Pública) de Harvard, Jay Winsten é um líder indireto que arregimentou a mídia para promover mudança social em grande escala. Por meio do uso criativo dos recursos disponíveis para ele e pela redescrição representacional, Winsten ajudou a provocar mudanças em grande escala em atitudes e comportamentos públicos.

Seu principal recurso? Os produtores de importantes programas de televisão e filmes para grandes multidões. Winsten convenceu esses peritos da mídia de que seria possível incluir mensagens sociais compensadoras em suas apresentações no cinema ou na televisão – redescrições representacionais, na sua melhor forma. Mas essa inclusão teria de satisfazer dois critérios-chave: (1) não ser intrusivas e, portanto, não perturbar o humor, ou valor de entretenimento, do trabalho; (2) ter chance de realmente produzir mudanças desejáveis na comunidade mais ampla.

A intervenção mais conhecida de Winsten apresentava o motorista designado. Nos países escandinavos, faz muito tempo que a norma é: quem bebe não dirige; quando várias pessoas vão a um evento social e precisam de transporte, uma pessoa concorda antecipadamente em não beber naquela noite. Winsten raciocinou que a designação de um motorista abstêmio poderia se encaixar bem na linha de muitos programas de televisão. E assim, trabalhando com produtores, roteiristas e atores de mais de 160 dos programas de televisão mais importantes, a equipe de Winsten criou cenários convincentes em que foi apresentado o conceito de um motorista designado. As principais redes de televisão também criaram anúncios de serviço público que reforçavam explicitamente a mensagem que fora inserida em seus programas. E, num final feliz para a história, mortes e ferimentos por motoristas embriagados caíram significativamente nos Estados Unidos, e a prática de designar um motorista abstêmio passou a ser, cada vez mais, uma rotina.

Winsten também realizou outras campanhas. Em uma tentativa de lidar com a violência adolescente, ele introduziu a campanha de "Esmague-a". Sua equipe de pesquisa descobrira um fenômeno interessante: em público, os adolescentes declaravam que era covardia fugir de uma briga, mas esses mesmos adolescentes, privadamente, admitiam que se afastar de uma altercação era uma demonstração de força e auto-respeito. Aproveitando essa descoberta, a equipe de Winsten criou vinhetas de televisão em que os protagonistas demonstram como se afastar de uma briga, em vez de recorrer a ela como solução. Esses modelos influentes descem o braço com um movimento rápido e decisivo, acompanhado pela expressão "esmague-a", comunicando assim aos seus pares que essa briga não vale a pena. A campanha atingiu seu maior sucesso na comunidade afro-americana: em uma pesquisa de 1997, 72% dos respondentes relataram que conheciam a campanha e 60% disseram já ter usado a expressão.[17] Ela também levou a fóruns em várias cidades e a uma campanha "antiviolência" organizada, em Kansas City.[18] Mais recentemente, em conjunção com o filantropo Ray Chambers, Winsten tentou aumentar o mentoreamento adulto dos jovens carentes: sua equipe ajudou a organizar marchas de voluntariado, criou a organização America's Promise (com Colin Powell como o primeiro presidente), incorporou cenas de mentoreamento em programas de televisão e patrocinou um "mês de mentoreamento nacional".

Segundo Winsten, existe um ritmo definido em tais iniciativas, assim como existe em uma campanha política nos Estados Unidos ou em um protesto gandhiano. O *marketing* social usa os métodos disciplinados, iterativos, aperfeiçoados por publicitários de "objetivos elevados" para promover objetivos socialmente desejáveis.[19] O processo começa reconhecendo que a maioria dos indivíduos nem sequer se dá conta da existência de um determinado problema; desta maneira, sua consciência precisa ser despertada. Só quando o problema é reconhecido como tal é que existe uma possibilidade de mudança. A seguir, o indivíduo precisa tomar consciência das opções disponíveis e de seus custos e benefícios; ele precisa ser motivado a considerar uma abordagem nova. Quanto mais convencido estiver da seriedade do problema e das chances de que algum curso de ação será capaz de lidar efetivamente com ele, mais provável é que o indivíduo pense em mudar aquele comportamento. O passo decisivo é dado quando a pessoa tenta o comportamento alternativo pela primeira vez. Entretanto, a menos que exista um apoio forte e constante, o novo comportamento provavelmente não será mantido. Aqui, entram em ação os temas que mencionamos até o momento neste livro: a nova história que está surgindo, as contra-histórias arraigadas, o uso de formatos imaginativos na mídia poderosa e a possibilidade de um ponto crucial em que a balança começa a pender para o outro lado.[20]

Como um hábil modificador de mentes, Winsten nos dá outro exemplo compelidor das várias alavancas de mudança. Ele utiliza a *razão* tanto para criar as várias campanhas quanto para partilhar com sua audiência as razões para os comportamentos recomendados. Como cientista social, ele coleta dados sobre os efeitos de sua intervenção e informa suas audiências das conseqüências de seus comportamentos. A disponibilidade de recursos significativos da indústria de telecomunicações possibilita uma intervenção em grande escala, e os formatos dessa mídia permitem *representações* motivadoras e dramáticas dos comportamentos desejados (e dos arriscados). Uma vez que os personagens das apresentações da mídia são semelhantes aos da vida real e atraentes, é provável que *ressoem* na audiência. Exemplos de países escandinavos e estatísticas do nosso próprio país são eventos reais que podem ser invocados. Finalmente, Winsten toma grande cuidado para identificar as várias *resistências* à mudança comportamental, para que possam ser reconhecidas e diretamente anuladas. Mesmo com todas essas alavancas à sua disposição, Winsten enfrenta muitos desafios; mas, sem elas, as chances de afetar o comportamento humano de beber ou os métodos de resolver conflitos seriam realmente escassas.

OS DOIS EIXOS DA MUDANÇA MENTAL

Examinando os exemplos deste livro até agora, podemos distinguir dois eixos de mudança mental, que, por sua vez, produzem quatro formatos distintos. Vamos analisar um de cada vez.

Um eixo de mudança mental que exploramos consiste na *qualidade direta* do esforço. Os líderes políticos tentam mudar mentes diretamente por meio de encontros face a face. Artistas, pensadores, inventores, legisladores e cientistas também têm grande interesse em mudar representações mentais: representações sobre conteúdos específicos, assim como representações de como executar um trabalho em determinado domínio ou meio. Mas eles fazem suas tentativas *indiretamente*, por meio das obras ou produtos que criam em vários meios ou sistemas simbólicos.

O segundo eixo da mudança mental tem a ver com a *composição* da audiência: sua uniformidade ou diversidade. Os líderes políticos e aqueles que desejam instituir mudanças políticas trabalham com populações diversas ou *heterogêneas*. Suas mensagens não pressupõem qualquer conhecimento especializado ou participação em um grupo. Na verdade, as mensagens mais efetivas para uma audiência diversa são dirigidas à "mente não-instruída". Em contraste, também é possível (e talvez mais fácil) trabalhar com grupos que sejam semelhantes em algum aspecto: seus membros pertencem a uma mesma religião ou organização, possuem algum grau de perícia em uma área de conteúdo ou dominam alguma habilidade ou meio. Nesses últimos casos, os "modificadores de mentes" estão tratando com uma audiência relativamente *homogênea* ou, pelo menos, com uma audiência que é homogênea em relação ao problema ou ao gosto em questão. No último caso, podemos supor que a audiência compartilha importantes representações mentais e podemos iniciar nossos esforços para afetar a representação mental compartilhada.

Dois eixos, então, produzindo quatro formas: direta e heterogênea (veja o Capítulo 4); direta e relativamente uniforme (veja o Capítulo 5); indireta e homogênea (os cientistas e artistas criativos, descritos neste capítulo); indireta e diversa (alcance público do tipo coreografado por Jay Winsten).

Quando consideramos essas quatro variedades de mudança, todavia, não devemos distinguir as extremidades opostas desses pólos com excessiva nitidez. Muitos líderes efetivos combinam as forças da liderança direta e indireta. Por exemplo, Winston Churchill e Charles de Gaulle não eram só excelentes oradores; também eram escritores notáveis, que avançaram suas causas por meio de livros, panfletos e artigos. Da mesma forma, muitos domínios dizem respeito a audiências homogêneas e heterogêneas. E os próprios domínios podem mudar de perspectiva ao longo do tempo. Quando foram criados a televisão e o cinema, eles se dirigiam a audiências de elite e relativamente homogêneas; com o passar do tempo, conforme a mídia se disponibilizou mais e as audiências se espalharam pelo mundo todo, elas necessariamente se tornaram mais heterogêneas. Quando nos dirigimos à mente não-instruída, as histórias inevitavelmente se tornam mais simples. Comentando o clássico filme dos anos de 1950 *On the Waterfront*, o diretor Barry Levinson disse: "Nós nos afastamos desse tipo de narração sofisticada de histórias e fomos para um lugar em que tudo são histórias sobre alguém que tem uma arma e está vindo matar você. Se fizéssemos esse filme hoje, seríamos obrigados a pegar pesado, a realmente explorar os aspectos violentos da história".[21]

Em meus escritos sobre criatividade, achei útil distinguir entre criatividade com *C* maiúsculo e criatividade com c minúsculo. Os Einsteins, Picassos e Freuds do mundo possuem uma criatividade com *C* maiúsculo: eles provocam (ou pelo menos tentam provocar) mudanças importantes no domínio em que estão trabalhando. Eles, basicamente, desejam afetar crenças e práticas em um domínio; não é tão importante *quais* indivíduos específicos são afetados, desde que um número suficiente deles seja afetado e que esses tenham influência suficiente. Darwin não precisou convencer céticos como Louis Agassiz e Bishop Wilberforce (com os quais Huxley debateu); ele só precisou influenciar membros suficientes da Royal Society ou, mais crucialmente, seus sucessores.

A maioria de nós não pode esperar ter a criatividade com *C* maiúsculo, embora o meu colega Mihaly Csikszentmihaly graceje que poderíamos, pelo menos, aspirar a ser criadores com "*C* médio".[22] No entanto, mesmo que a extensão da mudança mental varie, não há razão para pensar que fatores fundamentalmente diferentes estão agindo. Tanto o líder que deseja a "Mudança Mental" quanto a professora, os pais ou o lojista que se satisfazem com uma "mudança mental" com letras minúsculas desejam mudar as representações mentais daqueles por quem são responsáveis. O empreendimento difere em termos do número de indivíduos afetados, do tamanho do impacto e da probabilidade de o impacto ser de longa duração e grande alcance. Existem falsos-positivos, assim como falsos-negativos: a "fusão a frio" de ontem pode ser um fogo de palha; o insignificante artista, cientista ou pensador de uma geração pode causar impacto sobre sucessivas gerações – podemos lembrar os exemplos do pintor Vincent van Gogh e do geneticista de plantas Gregor Mendel. Crucial para os nossos propósitos é a compreensão de que, independentemente da importância final da mudança mental aos olhos da eternidade, ela é profundamente importante para aqueles afetados na época, pois, como o economista John Maynard Keynes gostava de comentar, "Com o decorrer do tempo, estaremos todos mortos".

Com esse desalentador pensamento em mente, podemos agora nos voltar para o exame de como as mentes são modificadas por meios mais formais e diretos: nas escolas e em outros ambientes educacionais.

NOTAS

1. Howard Gruber, *Darwin on Man* (Chicago: University of Chicago Press, 1981), 162.
2. Janet Browne, *Charles Darwin* (Londres: Jonathan Cape, 1995).
3. Howard Gardner, *The Disciplined Mind* (Nova York: Penguin, 2000), capítulo 7 e referências sobre o assunto.
4. Frank Sulloway, *Born to Rebel* (Nova York: Pantheon, 1996).
5. E. Margaret Evans, "Beyond Scopes: Why Creationism Is Here to Stay", em *Imagining the Impossible: Magical, Scientific, and Religious Thinking in Children*, ed. K. Rosengren, C. Johnson e P. Harris (Cambridge: Cambridge University Press, 2000), 330-351.
6. Thomas Kuhn, *The Structure of Scientific Revolutions* (Chicago: University of Chicago Press, 1970).
7. Howard Gardner, *Creating Minds* (Nova York: Basic Books, 1993); Banesh Hoffman, *Einstein* (St. Albans, Inglaterra: Paladin, 1975); Arthur Miller, *Einstein/Picasso* (Nova York: Basic Books, 2000).
8. Sigmund Freud, *New Introductory Lectures* (Nova York: Norton, 1933/1964); Gardner, *Creating Minds*; Ernest Jones, *The Life and Work of Sigmund Freud*. editado e resumido por Lionel Trilling e Steven Marcus (Nova York: Basic Books, 1961).
9. Carol Gilligan, *In a Different Voice* (Cambridge: Harvard University Press, 1984).
10. Judith Rich Harris, *The Nurture Assumption* (Nova York: Free Press, 1998) e "What Makes Us the Way We Are: The View from 2050", em *The Next Fifty Years*, ed. John Brockman (Nova York: Vintage, 2002).
11. Dean Keith Simonton, *Greatness* (Nova York: Guilford, 1994).
12. Jacques Derrida, *Of Grammatology* (Baltimore: Johns Hopkins University Press, 1974).
13. Harry Collins e Trevor Pinch, *The Golem: What Everyone Should Know About Science* (Cambridge: Cambridge University Press, 1993); Stanley Fish, "*Condemnation without Absolutes*", New York Times, 15 de outubro de 2001,

A19; Stanley Fish, "There Is No Such Thing as an Orientation to Understanding: Why Normative Schemes Are Good for Nothing", artigo não-publicado, University of Illinois, Chicago Circle, 2002; Stanley Fish, *"Don't Blame Relativism"*, *The Responsive Community*, 12, no. 3 (2002); Donna Haraway, *Simians, Cyborgs, and Women: The Reinvention of Nature* (Nova York: Routledge, 1991); *Modest-witness, Second Millennium: Femaleman Meets Oncomouse; Feminism and Technoscience* (Nova York: Routledge, 1996); Charles Lemert, *Postmodernism Is Not What You Think* (Malden, MA: Blackwell, 1997); para uma crítica veja Allan Sokal e Jean Bricmont, *Intellectual Imposters* (Londres: Profile, 1998).
14. Kuhn, Structure of Scientific Revolutions.
15. Jean-François Lyotard, *The Postmodern Condition* (Minneapolis: University of Minnesota Press, 1979/1984).
16. Jay Winsten, comunicações pessoais, 1999-2002.
17. W. De Jong e Jay Winsten, *The Media and the Message: Lessons Learned from Past Public Service Campaigns* (Washington, DC: National Campaign to Prevent Teen Pregnancy, 1998).
18. T. Mendoza, conversa telefônica com o autor sobre a campanha *"Esmague-a"*, 2 de maio de 2002.
19. De Jong e Winsten, *Media and the Message*.
20. Malcolm Gladwell, *The Tipping Point* (Boston: Little, Brown, 1999).
21. Richard Lyman, *"Watching Movies with Barry Levinson: Telling Complex Stories Simply"*, New York Times, 26 de abril de 2002, E01.
22. David Feldman, Mihaly Csikszentmihalyi e Howard Gardner, *Changing the World* (Greenwood, CT: Praeger, 1994).

7
Mudança de Mentes em um Ambiente Formal

Até agora, estivemos examinando como as pessoas – ou as obras que as elas produzem – mudam mentes. Mas e as instituições formais que são planejadas com o objetivo de mudar mentes? As escolas se destacam porque atendem àqueles indivíduos jovens cujas mentes são modificadas mais facilmente, criam currículos para transmitir disciplinas que cristalizam o atual estado de conhecimento, bem como têm a responsabilidade de monitorar como e em que extensão as mentes dos alunos de fato foram modificadas. Os meios de mudança na educação formal variam, desde grandes palestras proferidas diante de centenas de alunos a tutoriais informais e à criança sozinha na biblioteca ou diante da tela do computador. Mais recentemente, novas formas de educação vitalícia, incluindo um desenvolvimento profissional continuado e universidades corporativas, passaram para o primeiro plano. Mas, por muito tempo, o local educacional por excelência foi a sala de aula, onde algo entre 12 e 50 estudantes agrupavam-se para tentar adquirir conhecimentos básicos, dominar determinadas disciplinas ou se preparar para vocações específicas. Vamos voltar a nossa atenção, portanto, para os aspectos modificadores de mente das escolas.

A ESCOLA: INSTITUIÇÃO PLANEJADA PARA MUDAR MENTES

Desde uma idade surpreendentemente inicial, as crianças entendem o empreendimento de ensinar-e-aprender.[1] Crianças de apenas dois ou três anos já reconhecem situações de ensino.[2] Elas pedem que lhes mostremos como se faz determinada coisa; elas prestam muita atenção; conforme ganham proficiência, são capazes de mostrar aos outros como fazer aquilo; e elas ajustam o ritmo e os detalhes de sua modelagem à base de conhecimento presumida de seus próprios "alunos". As crianças pequenas não só mudam sua mente muito facilmente como também são predispostas a mudar mentes alheias. Como em tantas capacidades infantis – variando de aprender línguas a captar tons – é difícil entender como essas crianças podem pegar o jeito de ensinar e aprender – só mesmo sendo "programadas" para fazer isso. Tente fazer com que um cachorro ou um gato transmita algum conhecimento recentemente adquirido para um membro de sua espécie: nem a ciência cognitiva nem o comportamentalismo podem dar jeito nisso.

Em épocas pré-históricas, grande parte da aprendizagem parecia ocorrer em ambientes naturais da existência cotidiana. As crianças observavam os adultos pescando, colhendo, fazendo roupas, construindo abrigos e preparando comida; as crianças eram lentamente (ou não tão lentamente) iniciadas nessas atividades e tinham oportunidade de executar ações comparáveis sozinhas assim que estivessem prontas para tanto. Às vezes, a assunção de um papel adulto era assinalada por um rito de passagem. As crianças também ouviam as histórias das origens, triunfos e calamidades tribais, e era esperado que dominassem esse saber e, eventualmente, o transmitissem à sua prole. Esses eram os regimes educacionais das culturas de outrora, e esses são os regimes das poucas culturas sobreviventes da Idade da Pedra ou semelhantes a elas.

Há cerca de cinco mil anos, todavia, o conhecimento acumulara-se em tal extensão que essas formas espontâneas de indução já não eram suficientes. Era cada vez mais necessário dominar conhecimentos técnicos sobre navegação, fabricação de ferramentas, cura de doenças e informações comerciais. Começaram a ser utilizados vários meios de comunicação escrita com propósitos conseqüentes, variando da manutenção de registros e promulgação de leis à disseminação de informações cruciais sobre guerra, genealogia e rituais.

Não sabemos especificamente como as escolas surgiram na maioria das culturas. Mas sabemos que, com o passar do tempo, alguns indivíduos foram designados como mestres ou professores e receberam autoridade sobre as crianças pelas quais eram responsáveis; materiais escritos e orais específicos foram considerados importantes e se tornaram as "matérias" que eram ensinadas; prédios, parte de prédios ou outros locais foram reservados para a instrução dos alunos. As primeiras escolas cobriam poucos anos de instrução, eram restritas ao sexo masculino e tinham o objetivo de conferir conhecimentos a grupos seletos: os que entrariam para o clero, os que serviriam aos governantes e os que possuíam meios e motivação suficientes para se tornarem letrados.

Voltemos rapidamente ao presente. Em todo o mundo, a educação é considerada uma das funções mais importantes da sociedade. Uma educação básica universal é o objetivo em toda a parte e, em muitas sociedades desenvolvidas, ela praticamente foi atingida. Os meios e fins da educação podem diferir entre as sociedades, mas é amplamente apreciado que, na ausência da educação, os indivíduos não serão capazes de funcionar adequadamente no mundo contemporâneo, sem falar no mundo do futuro. As escolas são essenciais para a minha investigação porque são as instituições que foram explicitamente encarregadas da mudança de mentes. Vejo as escolas em nosso mundo contemporâneo como engajadas, em uma seqüência aproximada, em ajudar os alunos a adquirir três novas habilidades mentais:

1. aprender a aprender em ambientes não-naturais;
2. aprender a compreender rabiscos em um pedaço de papel ou em uma tela de computador; e
3. aprender a pensar à maneira de várias disciplinas-chave.

As escolas como contexto para a aprendizagem fora-de-contexto

As crianças são aprendizes naturais. Mas o tipo de aprendizagem que ocorre na escola revela-se bem menos natural do que a que ocorre nos campos, nas savanas ou nas ruas. Na escola, um grupo de alunos reúne-se por determinadas horas por dia; espera-se que sejam educados uns com os outros, prestem atenção à figura adulta dominante e fiquem sentados quietos por períodos relativamente longos, para que possam dominar materiais cuja aplicação à sua vida diária parece obscura.

Um primeiro desafio para os educadores é acostumar as crianças ao ambiente escolar. Isso é mudança mental no nível mais básico: ajudar as crianças a progredirem do aprender por meio da observação ao aprender por meio do ensino formal. Esse movimento inicial pode ser tratado como um momento de admiração – em escolas hebraicas tradicionais, por exemplo, a criança ganha letras do alfabeto comestíveis, recobertas de mel – ou como uma introdução a meios mais punitivos, tal como ser vergastada com uma vara se não obedecer prontamente. Cada vez mais, em países desenvolvidos, as pré-escolas e os jardins de infância ajudam as crianças a se familiarizarem com as interações específicas que ocorrem em uma sala de aula. A mudança mental provocada por essa freqüência à escola é significativa. Nos primeiros anos de vida, as crianças aprendem principalmente observando pessoas mais velhas realizarem atividades diariamente; mas depois que a criança pegou a "idéia de escola", ela pode aprender sobre objetos e eventos em um ambiente distante de sua real localização e momento de ocorrência.

As escolas como um meio de se tornar letrado

O mundo no papel difere profundamente do mundo oral-auditivo. Em conversas comuns, o significado é transmitido por muitos indicadores, incluindo tom de voz, contato visual e gestos. A criança pequena que não conhece uma língua ainda pode entender boa parte de uma conversa porque habita o mesmo espaço de quem fala; na verdade, esse "fazer-se por si próprio" é a única maneira pela qual as crianças começam a dominar a linguagem de seu ambiente (e a principal forma de os adultos se comunicarem quando não falam a mesma língua). Mas quando se trata de linguagem escrita, todo o significado precisa ser captado dos rabiscos em um pedaço de papel. Independentemente da intuição da pessoa sobre o assunto, a linguagem escrita não é meramente uma transcrição da linguagem oral (como qualquer pessoa que já tenha lido a transcrição literal de uma entrevista ou discurso improvisado pode confirmar). Mais exatamente, a linguagem escrita representa uma tentativa de capturar *em palavras precisamente escolhidas* tudo o que poderia ter sido coligido do contexto.[3]

Já que, até recentemente, vivemos em um mundo onde a palavra escrita era suprema, o principal encargo das escolas tem sido possibilitar que as crianças compreendam e produzam com facilidade a linguagem escrita de sua sociedade. Mas outras formas de letramento foram se tornando cada vez mais importantes no século XXI. Grande parte da comunicação em nosso mundo ocorre por meios gráficos – tanto estáticos como dinâmicos. *Web sites* incorporam o texto impresso, mas também apresentam desenhos, filmes, música, e assim por diante. Redescrições representacionais abundam. Além disso, o texto impresso na tela do computador geralmente é bem menos linear em forma e argumento do que o texto impresso em um livro como este. Textos se fundem em hipertextos; *links* são numerosos, idiossincráticos e às vezes remotos; as informações não precisam ser apresentadas ou seguidas em uma ordem prescrita.

Esse relativo declínio da primazia do letramento impresso é um fenômeno da nossa época. Essa tendência ajuda aqueles indivíduos para os quais a leitura tradicional continua sendo difícil, e estimula até os mais hábeis leitores a ampliar seu arsenal. Para os nossos propósitos, é importante enfatizar que as mentes diferem umas das outras, dependendo significativamente de terem sido criadas em uma cultura pré-letrada, ingressado em uma cultura clássica ou moderna em que o texto é essencial, ou arremessadas a uma cultura pós-moderna, em que uma série de letramentos está disponível e funciona em tandem, às vezes sinergicamente, às vezes caoticamente. Tudo isso é para dizer que, hoje, a tarefa de mudar mentes também está mudando. Se alguém desejar se infiltrar nas mentes dos indivíduos atualmente, precisa saber de *que* tipo de mente se trata: esse fato vai determinar as formas ótimas de informação, os modos ótimos de informar, os meios ótimos de transformar e os fatores que provavelmente conduzirão a um ponto crítico para a mudança.

As escolas como um meio de adquirir modos disciplinares de pensamento

No início do novo milênio fui solicitado por um erudito a nomear a invenção mais importante dos últimos dois mil anos. Em parte porque eu queria ser citado, proferi, espirituosamente: "música clássica". Uma resposta mais séria a essa pergunta teria sido: "as disciplinas acadêmicas". Aqueles de nós que vivem na academia ou em torno dela encaram as disciplinas como algo natural. Estamos cercados em uma extensão tão grande pelas disciplinas acadêmicas, como matemática, ciências, ciências sociais e artes que, como o proverbial peixe, somos os últimos a descobrir que estamos na água. E aqueles fora da academia provavelmente também pensam nessas "matérias" como uma parte dada da condição humana.

Mas por mais importantes que sejam os modos disciplinares de pensamento para efetuar mudanças mentais, esses modos não nos foram dados por Deus ou pela natureza. Eles foram desenvolvidos gradualmente, às vezes com muito esforço, ao longo de muitos anos, por acadêmicos e grupos de acadêmicos. Nem a história nem a física simplesmente aconteceram: no ocidente, suas origens remontam aos esforços de Tucídides e Heródoto, no caso da história, e no caso da física a Aristóteles e Arquimedes. E a história que estudamos hoje depende de figuras importantes como o francês Jules Michelet e o alemão Leopold von Ranke, assim como a física contemporânea seria impensável sem as descobertas de Galileu, Newton e Einstein. Muitas mudanças mentais nas culturas podem ser atribuídas a esses brilhantes pensadores, alguns conhecidos pelo nome, muitos outros simplesmente parte do poderoso *Zeitgeist*.

Portanto, a situação é a seguinte: as disciplinas representam as maneiras mais avançadas e melhores de pensar sobre questões conseqüentes para os seres humanos. No entanto, de um ponto de vista disciplinar, as maneiras pelas quais a maioria de nós pensa sobre essas questões estão fundamentalmente erradas. Como podemos mudar mentes para aproximá-las do pensamento disciplinar sofisticado?

O tipo de disciplina envolvido nos modos acadêmicos de pensamento, portanto, está longe de ser intuitivo. De fato, estudos mostram que os conceitos intuitivos da maioria das crianças são profundamente imperfeitos. O entendimento disciplinar é difícil de obter. Nós, *homo sapiens*, podemos ter evoluído para escalar montanhas, atravessar canais a nado, absorver com facilidade (pelo menos na infância) as línguas faladas que ouvimos ao nosso redor. Mas nós não evoluímos para executar estudos históricos, calcular funções trigonométricas, compor uma fuga, realizar investigações experimentais em biologia, química ou física, sem falar em criar teorias testáveis nessas esferas. A evolução pode ser verdade cientificamente, mas todas as crianças de oito anos e muitos adultos continuam criacionistas. Conforme o psicólogo do desenvolvimento David Henry Feldman salientou, as façanhas cognitivas superiores já mencionadas inicialmente foram executadas por algumas poucas pessoas na sociedade – elas são funções humanas "idiossincráticas".[4] Com o passar do tempo, devido à maior familiaridade das idéias e às nossas capacidades aumentadas de ensinar e aprender, tais competências se dispersaram mais amplamente pela sociedade.

Aqui entramos no âmago da mudança mental ao estilo da escola: acostumar-se à atmosfera da sala de aula pode não ser divertido, mas não é tão difícil assim para a maioria de nós. Dominar os conhecimentos leva muito tempo e é extremamente difícil para 5 a 10% das pessoas. No entanto, os conhecimentos em si não são contra-intuitivos (é melhor pensar neles como novos conjuntos de ferramentas representacionais, que requerem a flexão de um novo conjunto de músculos cognitivos). Em contraste, estudos da ciência cognitiva documentam que tanto o conteúdo disciplinar quanto os hábitos mentais disciplinares podem ser *profundamente* contra-intuitivos.[5]

Considere alguns exemplos. Galileu diz-nos que todos os objetos se aceleram na mesma velocidade; Newton afirma que as mesmas leis de movimento governam uma maçã que cai e um planeta em órbita; Darwin assegura que nós e os chimpanzés contemporâneos evoluímos de um ancestral primata comum; Einstein desafia a evidência dos nossos sentidos de que o tempo e o espaço podem ser absolutamente determinados. Nenhum desses entendimentos do mundo físico é intuitivo, de jeito nenhum. Igualmente significativo, as maneiras pelas quais os disciplinadores fazem seu trabalho são arcanas. Os historiadores não olham pela janela e relatam o que estão vendo: eles se sentam em uma biblioteca, lêem livros empoeirados e tentam compreender, tentam "triangular" o que deduziram de todos os diferentes registros escritos consultados (e, mais recentemente, registros fotográficos, em vídeo, em áudio ou digitais). Os físicos podem partir de uma curiosidade sobre o mundo natural, mas eles passam seu tempo mexendo nos equipamentos do laboratório, construindo aparelhos supersônicos, fazendo malabarismos com equações em uma tela de computador e criando modelos que podem gerar um número incalculável de dimensões.

Então, se quisermos mudar a mente dos aprendizes, se quisermos que eles usem as descobertas feitas por acadêmicos disciplinares ao longo dos séculos, precisamos dedicar anos a educar os alunos nos segredos das disciplinas. Da minha perspectiva, essa é a principal razão para se permanecer na escola. Foi estimado que é preciso 10 anos para uma pessoa se tornar perita em um determinado domínio (e talvez outros 10 anos para fazer contribuições verdadeiramente originais para aquele domínio). Mesmo que essa estimativa seja aproximada, no melhor dos casos, é evidente que a maioria das pessoas não pegará nos instrumentos das disciplinas sem uma aplicação orientada ao longo de um período de tempo significativo.

Mas qual é a melhor maneira de adquirir modos disciplinares de pensamento? Meus estudos indicam que um entendimento disciplinar é mais provável quando três condições forem satisfeitas. Primeiro, é necessário confrontar diretamente as muitas concepções erradas (literalmente, os conceitos errados) que as crianças têm: tanto as concepções errôneas de *conteúdo* (por exemplo, os humanos são uma espécie não-relacionada ao restante do reino animal – e por falar no assunto, ao reino das plantas), quanto as concepções errôneas de métodos (por exemplo, os experimentos só precisam ser realizados uma vez e sua interpretação é fácil e direta). As resistências precisam ser claramente reconhecidas e confrontadas. As crianças precisam ver que – por mais que acreditem nelas – suas concepções não estão, necessariamente, corretas. Essa compreensão só pode emergir em resultado de uma confrontação regular e sistemática de seus modos e conclusões de pensamento "naturais", mas tipicamente inadequados.

Em segundo lugar, os indivíduos precisam absorver-se profundamente em exemplos: teorias científicas específicas, exemplos históricos, trabalhos de arte. Em *The Disciplined Mind*, sugiro que podemos construir um currículo completo em torno de um pequeno conjunto de exemplos fecundos.[6] Da ciência, selecionei a teoria da evolução e, para um foco maior, o problema da distribuição de tentilhões em torno das várias ilhas Galápagos. Das artes, escolhi *O Casamento de Fígaro* de Mozart e, para um foco maior, um trio vocal de alguns minutos do primeiro ato. Da história recente, selecionei como meu foco o Holocausto da Segunda Guerra Mundial, com a crucial Wannsee Conference de 20 de janeiro de 1942 (em que foi posta em ação a "Solução Final"). Por um estudo cuidadoso, utilizando pesquisa ou razão, chegamos a um entendimento detalhado desses três exemplos e, importante para um estudo futuro, temos a oportunidade privilegiada de apreciar como esses disciplinadores concebem e interpretam tais casos seminais.

Quando decidimos focar um detalhe em um exemplo, surge a terceira oportunidade: a chance de abordar um tópico de várias maneiras diferentes.

MUDANDO MENTES PELA REDESCRIÇÃO REPRESENTACIONAL

De todas as sete alavancas de mudança mental, a redescrição representacional, como a chamei, provavelmente é a maneira mais importante de mudar as mentes dos estudantes. Aqui, o conceito de inteligências múltiplas é crucial. Todos os tópicos que mencionei – e inúmeros outros poderiam ser citados – podem entrar por diferentes rotas, e essas rotas correspondem, aproximadamente falando, às nossas diferentes inteligências. Esses pontos de entrada incluem o seguinte:

1. *Narrativo*: contar histórias sobre o tópico e as pessoas nele envolvidas (por exemplo, a história de Charles Darwin para a evolução ou a de Anne Frank para o Holocausto).
2. *Quantitativo*: usar exemplos relacionados ao tópico (por exemplo, o enigma de diferentes números e variedades de tentilhões espalhados nas dezenas de ilhas Galápagos).
3. *Lógico*: identificar os elementos ou unidades-chave e explorar suas conexões lógicas (por exemplo, como o argumento de Malthus a respeito da sobrevivência humana diante de recursos insuficientes pode ser aplicado à competição entre as espécies biológicas).

4. *Existencial*: tratar de questões importantes, tais como a natureza da verdade ou da beleza, vida e morte.
5. *Estético*: examinar exemplos em termos de suas propriedades artísticas ou capturar os exemplos em obras de arte (por exemplo, observar as diversas formas dos bicos dos tentilhões; analisar os elementos expressivos do trio).
6. *Prático*: trabalhar diretamente com exemplos tangíveis (por exemplo, executar o trio de Fígaro, criar moscas-das-frutas para observar como os traços mudam ao longo das gerações).
7. *Cooperativo ou social*: engajar-se em projetos com outras pessoas, em que cada uma contribui de maneira distinta para uma boa execução.

Seria tolice, e de qualquer forma desnecessário, afirmar que cada tópico deve ser abordado de seis, oito ou uma dúzia de maneiras. No entanto, é igualmente inadequado abordar cada tópico apenas de uma maneira. Qualquer assunto significativo pode ser representado mentalmente de diferentes maneiras e, quanto mais profundamente o compreendermos, de mais maneiras poderemos conceituá-lo pronta e apropriadamente. Além disso, se podemos apresentar um assunto de várias maneiras, teremos dois resultados importantes. Primeiro, atingiremos mais alunos; afinal de contas, alguns alunos aprendem melhor com pontos de entrada narrativos e outros, com entradas sociais ou artísticas. Segundo, transmitiremos aos alunos a idéia de que os peritos nas disciplinas concebem prontamente os tópicos de mais de uma maneira.

Não existe nenhuma estrada real para o entendimento disciplinar. Podemos dizer, igualmente, que existem várias estradas reais para a aprendizagem disciplinar, com os professores mais versáteis servindo como os guias mais confiáveis. Os pontos principais são: a educação nas disciplinas é um desafio formidável; as mudanças mentais envolvidas na aprendizagem disciplinar são profundas; considerando-se a força e a ubiqüidade das resistências, elas são difíceis de efetuar mesmo em circunstâncias favoráveis; e aqueles educadores capazes de ajudar a provocá-las constituem um recurso humano precioso. O ponto crítico aqui é que existem muitos formatos efetivos, e o ponto crítico de mudança desejado será atingido mais facilmente se o professor utilizar, flexível e imaginativamente, diversos formatos.

A rota mais segura para a mudança mental nas disciplinas, então, é a exploração efetiva das múltiplas inteligências. Muito disso também pode ser dito a respeito de mudar a mente de adultos que estão há muito tempo fora da escola. No restante deste capítulo examinaremos como, entre as várias alavancas para efetuar mudanças mentais, a redescrição representacional surge como um instrumento especialmente poderoso. Vamos começar com o exemplo de uma corporação que precisava urgentemente de uma mudança mental.

ALÉM DA ESCOLA: MUDANDO MENTES ADULTAS POR MEIO DA REDESCRIÇÃO REPRESENTACIONAL

Não há dúvida, a BP, companhia petrolífera britânica, tem um passado glorioso. Fundada como a British Petroleum na Pérsia (agora Irã) há um século, essa companhia muito respeitada foi uma importante produtora de petróleo durante a maior parte do século XX. Mas, nas décadas de 1970 e 1980, o gigante industrial enfrentou tempos difíceis. Parte desse declínio na sorte se deveu a forças externas: nos anos seguintes ao embargo de 1973-1974, a indústria do petróleo viveu uma montanha-russa de eventos políticos e econômicos imprevisíveis.[7]

No entanto, parte do declínio deveu-se a más condições dentro da companhia. A BP possuía uma força de empregados imensa e maldisciplinada espalhada por todo o mundo. A companhia também não tinha estratégia suficiente; por exemplo, grandes esforços foram investidos na busca de petróleo nos Países Baixos, embora a sua mega-rival Shell tivesse muito mais chances de sucesso em seu solo natal. Nem os gerentes altamente posicionados nem os funcionários comuns eram considerados responsáveis por suas realizações e lapsos, sem falar em contribuições específicas para a lucratividade. Em termos comportamentalistas simples, havia poucas recompensas (ou reforços positivos) para um desempenho fora do comum e poucas penalidades (ou reforços negativos) para o fracasso. Uma parte excessiva dos negócios da companhia estava focada no petróleo, embora a extensão das reservas mundiais fosse desconhecida e estivesse sempre presente a possibilidade de confisco por líderes (ou seguidores) nacionalistas. Talvez o mais perturbador fosse a inexistência de planos para lidar com essas situações desestabilizadoras. A BP corria um risco considerável de se tornar um dinossauro industrial, seguindo o caminho de companhias outrora dominantes como a Westinghouse, a American Motors e a Montgomery Ward.

No entanto, no início dos anos de 1990, a BP começou a mudar. Primeiro sob a liderança de David Simon (CEO de 1992 a 1995) e, mais recentemente, sob John Browne (Lorde Browne, desde 2001), a BP recompôs seu perfil dentro da indústria petrolífera e entre os gigantes corporativos de modo mais geral. Ela reduziu sua força de trabalho central pela metade, de 120.000 para 53.000, na década de 1990;[8] ao mesmo tempo, adquiriu companhias importantes de recursos naturais. No início do século XXI, da quinta maior e menos lucrativa das companhias de petróleo, a BP se transformara na segunda maior e mais lucrativa; no primeiro trimestre de 2001, um período desanimador para a maioria das corporações no mundo todo, a BP relatou um lucro recorde de US$ 4,13 bilhões.[9] Suas principais atividades incluíam a exploração e a produção de petróleo cru e gás natural, fabricação e *marketing*, além de geração de energia solar – atividades que lhe deram o apelido de "*Beyond Petroleum*" (Além do Petróleo). Há muito tempo considerada uma das principais contribuidoras para a poluição, a BP agora preocupa-se com o meio ambiente, é uma "companhia verde". Ela apresenta relatórios freqüentes sobre seu desempenho considerando saúde, segurança, cuidado com o meio ambiente, investimentos sociais e sensibilidade às condições locais.[10]

Mas talvez o mais surpreendente sejam as mudanças que aconteceram dentro da própria BP, introduzidas pelo CEO Browne e por seus altos executivos. Outrora uma firma convencionalmente hierárquica, a BP está atualmente organizada de forma nivelada. Outrora uma organização onde a responsabilidade era difusa ou totalmente ausente, ela é agora uma companhia onde se espera que cada indivíduo contribua diretamente para os lucros ou crie e distribua conhecimentos que irão eventualmente aumentar os lucros. Aqueles que não conseguem justificar suas contribuições são rapidamente, e alguns diriam cruelmente, demitidos da companhia.

Como ocorreu essa dramática virada? A BP tornou-se uma "companhia aprendente", traficando (autoconscientemente ou não) a criação e a alteração de representações mentais. Por exemplo, os executivos da BP agora dedicam grande parte do tempo a sessões de estratégia – refletindo sobre o atual estado da indústria do petróleo e sobre as oportunidades existentes, as possíveis armadilhas e cursos de ação alternativos. Além disso, a companhia atualmente se caracteriza por uma considerável experimentação e uma comunicação virtualmente instantânea de todo o conhecimento dentro da companhia.

Mas vamos retroceder um pouco. Uma coisa é instigar essas mudanças; outra, bem diferente, é tecê-las na surrada trama corporativa e no DNA de sua força de trabalho. Na verdade, poucos objetivos são mais difíceis de atingir do que uma mudança significativa e duradoura em seres humanos adultos. Assim, mesmo quando todo o mundo concorda em termos gerais sobre o que precisa ser mudado, alguém ainda precisa criar um plano para implementar a mudança de maneira duradoura. Para colocar isso em termos de uma perspectiva cognitiva, um líder precisa passar de suas representações internas do estado de coisas atual e do desejado (novo) para algum tipo de apresentação pública que capture a sua visão. Ademais, cada membro da equipe de liderança provavelmente terá suas próprias representações mentais, e cada um, igualmente, utilizará modos de expressão com os quais se sente bem. A equipe precisa chegar a uma representação consensual aceitável. Depois, a equipe de liderança precisa comunicar essa representação amplamente – preferivelmente de formas diferentes, mas compatíveis – e testar se ela será apoiada. Em nossos termos, o líder precisa primeiro definir o conteúdo da mensagem que deseja transmitir e depois encontrar os formatos que transmitirão a mensagem suficientemente bem para criar mudanças mentais significativas e duradouras – primeiro na equipe de liderança, finalmente por toda a companhia.

Vamos supor que a maioria dos membros da companhia ainda acredita na estrutura tradicional hierárquica de autoridade. Como o líder deve tentar mudar essa postura? Um simples anúncio de que isso não é mais verdade provavelmente não será efetivo. Uma apresentação gráfica ou um filme de novos tipos de entidades de tomada de decisão irá, no máximo, capturar a atenção de alguns empregados. Digamos, todavia, que a cada mês um novo problema urgente em busca de solução é proposto para vários grupos de gerentes da linha de frente. Os gerentes terão um tempo, todas as semanas, para se reunirem em função desse problema, assim como recursos para contratar consultores e executar experimentos. Após alguns meses desse tipo de solução de problema, um conjunto diverso de gerentes é constituído como um grupo especial de revisão. Esses gerentes examinam cada uma das soluções apresentadas, revisam as pesquisas realizadas e escolhem as mais promissoras. Os líderes designados da companhia se comprometem a instituir esse novo procedimento, avaliá-lo e, se ele tiver sucesso, anunciam que o novo procedimento agora é uma política da companhia.

Nenhum desses movimentos provavelmente mudará as mentes da maioria dos empregados. Mas se a liderança da companhia abordar o problema de algumas maneiras diferentes e se esses métodos funcionarem bem juntos, então a mudança mental torna-se uma possibilidade distinta. Considere uma agenda no estilo da BP em termos das nossas alavancas de mudança mental. Antes de tudo, precisa haver uma *declaração racional* e clara da mudança mental proposta (que inclui uma *pesquisa* de por que as estruturas tradicionais de autoridade não funcionam mais); *recursos* consideráveis precisam ser destinados à mudança (o que envolveria várias equipes trabalhando por muitos meses); *resistências* poderosas precisam ser reconhecidas (por exemplo, a maioria dos empregados está acostumada a uma estrutura superior-inferior); a *ressonância* precisa ser cultivada (por exemplo, reforçar a idéia de que é prazeroso trabalhar junto com pessoas que respeitamos e apreciamos para resolver problemas importantes) e precisam ser reconhecidos e explorados os *eventos do mundo real* (para a BP, a ameaça de confisco dos suprimentos de petróleo ou de colapso total dessa companhia antiga e venerada). Talvez mais importante ainda, os líderes que tentam promover essas mudanças mentais precisam tentar capturar e transmitir a mudança desejada em uma multiplicidade de formatos (*redescrições representacionais*). Se a nova maneira de pensar for corporificada de múltiplas formas ao longo de um período de tempo significativo – se ela for bem explicada e bem corporificada em uma política falada, em comportamentos modelados, em grupos que realmente fazem o que têm capacidade de fazer – então, e só então, provavelmente ocorrerá uma mudança mental maior em toda a companhia.

Deixe-me acrescentar uma nota importante sobre as resistências. Podemos – e devemos – realizar um exercício de cirurgia mental profunda e ampla com relação a toda visão arraigada: defini-la, compreender as razões de sua procedência, apontar suas fraquezas e depois desenvolver múltiplas maneiras de solapar essa visão e promover outra mais construtiva. Em outras palavras, *busque a ressonância* e *elimine a resistência*. Considere três dessas visões arraigadas – todas conhecidas de qualquer pessoa que já tenha trabalhado em uma organização – e as maneiras pelas quais essas visões poderiam ser reformuladas proveitosamente:

- *Representação inicial*: Maior é sempre melhor.
- *Representação melhor*: Tudo depende. Às vezes, pequeno é harmonioso. Um bem de imensas proporções geralmente não combina com flexibilidade, auxílio, inovação. Os elefantes brancos de uma era bem podem se tornar os dinossauros da seguinte.
- *Representação inicial*: Se você não gosta da sua situação, bote a boca no trombone, largue o emprego ou faça as duas coisas.
- *Representação melhor*: Todos os nichos têm prós e contras. Se você agir inteligentemente, será capaz de melhorar a sua situação, beneficiando não apenas a si mesmo como melhorando também a atmosfera para os outros. Também é importante escutar o que os outros estão dizendo, porque você talvez não esteja enxergando o quadro completo.
- *Representação inicial*: Eu faço isso dessa maneira há tanto tempo que sei que está certa.
- *Representação melhor*: Existe mérito em práticas que foram testadas e deram certo, mas, às vezes – e especialmente nos momentos de rápidas mudanças –, essas práticas podem se tornar disfuncionais. Itens de qualidade inferior que são mais baratos às vezes desalojam produtos de qualidade. Mantenha a mente aberta, esteja disposto a experimentar, misture o melhor do antigo com o melhor do novo.

Normalmente há boas razões para essas visões arraigadas persistirem e se recusarem a ser abandonadas. No entanto, há momentos em que a visão arraigada é contraprodutiva e a necessidade de uma "contra-história" é aguda. Após identificar esse desafio, os líderes autorizados têm a tarefa de determinar as melhores maneiras de desafiar a "representação inicial", demonstrar suas limitações, sugerir razões para outra perspectiva e corporificar as histórias alternativas no maior número possível de formatos diversos e marcantes. Somente se a pessoa ficar convencida de que maior nem sempre é melhor, de que os nichos têm suas vantagens, de que a experimentação pode ser capacitante é que ela começará a pensar e a se comportar de acordo com os novos fundamentos.

RESPONSABILIZAR-SE PELA PRÓPRIA EDUCAÇÃO

Podemos tirar muitas lições do exemplo da BP. Mas talvez o ponto principal seja que, como adultos, precisamos permanecer abertos a mudanças mentais e a ter nossa mente modificada por influências externas. Precisamos cultivar o hábito de aprender continuamente; a fazer isso, como o educador Theodore Sizer colocou, "quando ninguém está olhando".

Na verdade, essa aprendizagem vitalícia é mais importante hoje do que jamais foi. Antigamente, podíamos concluir nossos anos de estudo formal na infância ou na adolescência e ser capazes de continuar assim pelo resto da vida. Os empregos mudavam em um ritmo suficientemente lento, as companhias e os empregados eram suficientemente leais, de modo que pouco ou nenhum estudo adicional era necessário. Poucos duvidariam que hoje cruzamos o Rubicão que separa um emprego vitalício garantido de um mercado de trabalho turbulento. Dificilmente podemos falar de uma profissão em que a aprendizagem vitalícia não esteja se tornando a norma. As condições de trabalho em todo o globo mudam a uma velocidade sem paralelo. A maioria das coisas que pode ser automatizada, será. Aqueles que conseguirem ficar além da curva provavelmente estarão bem posicionados; os que descansarem sobre os lauréis de uma mente com o mesmo estoque de muito tempo atrás provavelmente se tornarão anacrônicos e – eu acrescentaria – não-empregáveis.

Ser responsável por mudar a própria mente é um empreendimento-cabeça (o trocadilho é intencional). Significa que o próprio indivíduo internalizou os papéis sustentadores que costumavam ser desempenhados pelos pais, professores e outros transmissores designados de conhecimento e habilidades (no Capítulo 3 foram apresentadas algumas noções do pensador desenvolvimentista Lev Vygotsky). O aprendente vitalício precisa saber como monitorar mudanças em domínios relevantes. Esse monitoramento pode ser feito em parte falando com as pessoas, em parte observando-as, mas também envolve tipicamente uma busca mais focada na literatura impressa, nos *Web sites* relevantes, nas instituições que oferecem "educação continuada" para adultos. Seja qual for o negócio da pessoa, ela precisa estar em contato com tudo o que está acontecendo e sendo pensado no mundo. É assim que o conteúdo da nossa mente se atualiza.

É igualmente oportuno compreender como a nossa mente funciona: os mais efetivos modificadores de mente constroem modelos mentais acurados de suas mentes. Alguns aspectos da mente são verdade para todos; por exemplo, todos aprendemos melhor quando usamos novos conhecimentos freqüentemente e em contextos variados. Mas outros aspectos da mente podem ser idiossincráticos. Eu aprendo melhor quando confronto o texto escrito e o leio algumas vezes. Outros gostam de aprender com apresentações orais, palestras, conversas ou argumentos acalorados. Quando vejo um artigo no *Scientific American*, sempre começo com o texto, e, mesmo quando examino um diagrama, geralmente leio primeiro a legenda. Mas muitas pessoas abordam publicações científicas da maneira oposta: examinam fotos, diagramas e desenhos primeiro e só recorrem ao texto quando tudo o mais falha. Evito

Web sites o máximo possível e, quando navego pela Internet, trato-os como textos escritos e os imprimo o mais rapidamente possível. (E recorro ao meu novo *Webster's* e ao meu velho *Oxford English Dictionary* se preciso procurar uma palavra.) Muitas pessoas adoram os recursos visuais, raramente encontram um *link* com algum outro *site* que deixam de explorar, e evitam o comando "imprimir".

Uma pessoa que conhece sua própria mente – como ela aprende melhor – provavelmente será mais capaz de modificá-la efetivamente. Adultos que outrora tinham poucas opções de continuar sua educação – a universidade era a principal – graças ao pensamento atual contam hoje com instituições de educação para adultos, "acampamentos cognitivos" de fim de semana e verão, além de divisões de treinamento (ou mesmo universidades corporativas) em grandes organizações, tudo isso preparado para auxiliar no processo de mudança mental. O treinamento em corporações, por exemplo, atinge hoje uma cifra de pelo menos US$ 100 bilhões por ano.

As instituições educacionais, até recentemente, dedicavam-se a uma mudança mental em massa; isto é, elas tratavam os indivíduos como se fossem membros de um grupo e buscavam as estratégias genéricas mais efetivas para mudar mentes. A criação de novas tecnologias poderosas alterou a situação permanentemente: embora a produção em massa ainda seja a regra, agora estamos livres para personalizar a instrução e a avaliação quanto quisermos. (A minha predição é que múltiplos caminhos para a instrução e a avaliação se tornarão a norma nas próximas décadas). Em contraste, quando estamos em uma instituição mais circunscrita – que lida com especialistas ou com uma audiência homogênea – haverá menos incentivo para personalizar a instrução. Procuramos a fórmula mais efetiva para um grupo ou, se incluirmos algumas estratégias diferentes (como o uso de múltiplos pontos de entrada), apresentamos essas opções a todo o grupo.

Quando entramos no terreno de trabalhar a própria mente, todavia, não há muito sentido em buscar soluções genéricas. Estamos na posição da pessoa rica que pode contratar um tutor para o seu filho: o desafio do tutor é garantir que a criança em questão aprenda o que deve, e o tutor tem todo o incentivo para ser tão oportunista e personalizado quanto possível. Então, ao servir como nosso próprio tutor, também é importante saber o máximo possível sobre a nossa mente, nossas inclinações e peculiaridades de aprendizagem, e levá-las em conta na busca da "pedagogia" e "currículo" ótimos para a nossa idiossincrática configuração de inteligências e burrices.

Chamo essa mudança de perspectiva de Mudança Mental Íntima. Nos próximos dois capítulos, examino as formas mais íntimas de mudança mental: as que ocorrem em indivíduos com os quais nos relacionamos intimamente (Capítulo 8) e as que caracterizam a relação mais íntima de todas – a relação com a nossa própria mente (Capítulo 9).

NOTAS

1. O argumento aqui apresentado é desenvolvido mais detalhadamente em Howard Gardner, *The Unschooled Mind* (Nova York: Basic Books, 1991) e *The Disciplined Mind* (Nova York: Penguin, 2000).
2. *Making Learning Visible: A Joint Publication of Harvard Project Zero and Reggio Children*, 2001, disponível na livraria eletrônica em pzweb.harvard.edu; Sidney Strauss, Margalit Ziv e Adi Stein, "*Teaching as Natural Cognition and Its Relation to Preschoolers' Developing Theory of Mind*", Cognitive Psychology 17 (2002); 1473-1487; Michael Tomasello, *The Cultural Origins of Human Cognition* (Cambridge: Harvard University Press, 1999).
3. David Olson, *The World on Paper* (Nova York: Cambridge University Press, 1994).
4. David Feldman, *Beyond Universals in Cognitive Development* (Norwood, NJ: Ablex, 1980/1994).
5. Gardner, *The Unschooled Mind*, caps. 2 a 5; Gardner, *The Disciplined Mind*, capítulo 6.
6. Gardner, *The Disciplined Mind*, caps. 7 a 9.
7. Para informações sobre as mudanças na BP, veja Sophie Barker, "America Helps BP Soar to Four Billion Dollar Record", *The Daily Telegraph*, 19 de maio de 2001, 36; BP Annual Report, 1999; J. Guyon, "When John Browne Talks, Big Oil Listens", *Fortune*, 5 de Julho de 1999, 116-122; K. Mehta, "Mr. Energy: The Indefatigable John Browne", *World Link* (setembro-outubro de 1999), 13-20; Steve Prokesch, "British Petroleum's John Browne", *Harvard Business Review* (Setembro-Outubro de 1997), 146-168.
8. Prokesch, "*British Petroleum's John Browne*".
9. Barker, "*America Helps BP Soar*", 36.
10. BP Annual Report, 1999; *Economist*, 29 de junho de 2002.

8
Mudança de Mentes Muito Próximas

Todos temos um profundo interesse em mudar mentes em ambientes íntimos – situações nas quais as nossas energias persuasivas são dirigidas a apenas uma ou duas pessoas. De fato, a maioria de nós provavelmente passa grande parte do tempo pensando em como mudar as mentes das pessoas de quem somos íntimos. Gostaríamos de mudar as mentes de membros da família, incluindo pais, irmãos e filhos; de convencer amigos ou desarmar inimigos; de ser capazes de trabalhar efetivamente com o nosso chefe e com nossos empregados; de fundir nossas mentes com a do ser amado. Nesses ambientes pessoais, ganhamos muito quando conseguimos mudar mentes e pagamos um preço muito alto quando nossas tentativas fracassam.

Poucos encontros são mais pessoais do que aquele entre paciente e terapeuta. Lembro-me sempre da interação entre um famoso psicoterapeuta (que casualmente foi meu monitor na faculdade) e um de seus pacientes mais perturbados.

ERIK ERIKSON E O SEMINARISTA

No período em que trabalhava com adolescentes gravemente perturbados na Austen Riggs Clinic, em Stockbridge, Massachusetts, na década de 1950, Erik Erikson tratou um jovem seminarista que se sentia tão infeliz e confuso que mal conseguia funcionar. Em um ponto do tratamento, o paciente contou um sonho – um sonho tão ameaçador que pôs em teste o seu senso de realidade. Nas palavras do seminarista: "Havia um imenso rosto sentado em uma charrete, daquelas puxadas por um cavalo. O rosto estava completamente vazio e era horrível, viscoso, tortuoso, com montes de cabelo. Eu não sei se não era a minha mãe".[1]

Erikson sentiu que o sonho, aparentemente vago, era importante: uma sinopse que tinha capturado em uma imagem vívida os temas mais importantes que turbilhonavam na psique do jovem. Depois de ouvir as associações livres do paciente em relação ao sonho por quase uma hora, Erikson decidiu assumir um risco – já que o paciente vinha de condições tão frágeis – e oferecer uma interpretação, na esperança de instigar nele uma mudança mental curativa.

Erikson sugeriu que o paciente ficara perturbado devido às mensagens mistas transmitidas a ele pelas pessoas mais importantes da sua vida. A imagem do sonho evocou no paciente pensamentos nostálgicos de um passado mais tranqüilo e sossegado, uma época em que seu avô era clérigo em uma região rural. A ausência de feições sugeria que a figura poderia ser a mãe do paciente, uma pessoa que era difícil de definir; sua mãe também romantizava o passado, mas fora distante e inacessível para o paciente durante períodos de sua infância. Erikson também via o rosto sem feições como um lembrete de outras figuras importantes na vida do jovem. Uma delas era o próprio Erikson, um homem de basta cabeleira branca. O terapeuta atribuiu a sua presença no sonho ao fato de o paciente ter ficado chateado com ele por haver adoecido e o abandonado temporariamente. Outras figuras relevantes tinham uma conotação religiosa: o paciente estava dilacerado entre seu amor por Deus e seus sentimentos de inadequação sexual, conforme capturado por uma ameaçadora imagem de Medusa. E, finalmente, a ausência de feições era, na opinião de Erikson, um lembrete de que o paciente continuava em dúvida sobre a própria identidade.

Simplesmente compartilhar a interpretação do sonho com o paciente, é claro, não era suficiente para provocar uma mudança mental. (E poderia, inclusive, esmagá-lo.) A menos que o seminarista fosse capaz de aceitar as mensagens do sonho e de mudar o que precisava ser mudado para que as coisas melhorassem, ele continuaria se sentindo improdutivo e imobilizado. Mas antes de descrever a mudança que realmente ocorreu no seminarista, deixe-me descrever como essas interações terapeuta-paciente podem mudar mentes.

O encontro terapêutico

Há alguns séculos, o papel do "confessor" geralmente era destinado a uma figura religiosa sênior, como um padre, um rabino ou um mulá. Em épocas turbulentas, as pessoas procuravam esse indivíduo, abriam sua alma (com a promessa de sigilo), sentiam haver tirado um peso dos ombros, recebiam conselhos ou absolvição e voltavam – mais encorajados ou subjugados – a enfrentar o mundo novamente. No último século, desenvolveu-se um novo relacionamento – o relacionamento entre um profissional designado chamado de terapeuta e o paciente (ou cliente). O paciente procura o terapeuta de forma mais ou menos regular e paga a ele um valor combinado para que sirva como uma caixa de ressonância e ofereça interpretação ou conselhos quando esse *feedback* for considerado apropriado.

No nível mais geral, o paciente procura o terapeuta devido a problemas com os quais não consegue lidar adequadamente.[2] O propósito das sessões de terapia é mudar a mente e/ou o comportamento do paciente de maneira a tornar sua vida menos problemática e mais satisfatória. O terapeuta tem um amplo repertório de problemas humanos e uma série de estratégias que ajudam a deslindar problemas e a refletir sobre como eles podem ser aliviados. Espera-se que o paciente seja sincero sobre a sua situação, reflita sobre o que pode ser feito, relate o que aconteceu entre as sessões e resolva os problemas com o terapeuta conforme indicado. No mínimo, o paciente espera atingir um maior entendimento de suas dificuldades e algumas estratégias para lidar com elas. Se tudo for bem, o paciente também espera sair da terapia como um indivíduo mais feliz, mais sadio, mais capaz de lidar com os inevitáveis conflitos e de levar uma vida plena de realizações.

Tanto o terapeuta quanto o paciente, então, vêem seu empreendimento conjunto como um exercício prolongado de mudança mental. Uma tarefa importante da terapia é abrir os conteúdos da mente – as representações mentais escondidas na mente consciente e inconsciente. A terapia é um processo bastante doloroso, que inclui identificar as idéias mais importantes – conceitos, histórias, roteiros, teorias, modelos, práticas – que o paciente tem no momento, e identificar em que elas são produtivas e valiosas, merecendo ser mantidas, ou insidiosas e prejudiciais, merecendo ser abandonadas. Evidentemente, o sucesso de um encontro terapêutico depende de muitos fatores, incluindo o paciente ter um quadro realista ou irrealista de sua situação no mundo, e de ele ser capaz de enfrentar os eventos de seu passado que deixaram uma marca poderosa (talvez poderosa demais) na sua personalidade. Boa sorte também ajuda.

Para chegar à intervenção ótima, as histórias, temas ou roteiros específicos do paciente, assim como seus formatos, também são cruciais. Aqui, como para qualquer profissional hábil, o conhecimento de casos semelhantes prévios (e informativamente contrastantes) é valioso. O terapeuta precisa tentar compreender a situação dada tão clara e tranqüilamente quanto possível e ajudar o paciente a compartilhar também desse entendimento – e isso exige habilidades que vão muito além da simpatia que o amigo ou o estranho não-treinados podem oferecer.

Embora a mente do paciente assuma apropriadamente o palco central, a mente do terapeuta também precisa estar aberta à mudança. O terapeuta tem de passar a conhecer bem o paciente; isso envolve empatia, mas também a capacidade de mudar a própria mente – se o paciente revelar informações novas ou diferir de maneira não-antecipada de clientes anteriores. Em quase todo encontro terapêutico existe não apenas transferência de fortes sentimentos por parte do paciente, mas também *contratransferência* por parte do terapeuta; e essa contratransferência pode ser muito potente. Tanto o paciente quanto o terapeuta precisam estar conscientes desses fortes sentimentos, mas é especialmente importante que o terapeuta seja sensível a como a sua mente é invadida e afetada pelos encontros com o paciente.

O crucial na terapia consiste em examinar eventos que aconteceram (ou que a pessoa imagina que aconteceram) e os significados que o paciente atribui a eles. Como uma entidade reflexivamente interpretativa, a mente naturalmente oferecerá explicações e racionalizações. Os indivíduos geralmente terminam em terapia – e alguns nunca terminam! – porque os significados que atribuem a eventos são distorcidos, suas percepções são imperfeitas, seus sentimentos são inadequados e seus comportamentos, contraprodutivos. Correspondentemente, o âmago do encontro terapêutico é a construção de interpretações que desfazem hábitos destrutivos e ajudam o paciente a atingir seus objetivos. Inúmeras técnicas – variando da narração de histórias poderosas por pessoas com autoridade a processos de identificação que indivíduos convincentes exploram – são relevantes. A tarefa do terapeuta é calcular quais dessas técnicas, sozinhas e combinadas, serão mais efetivas no longo prazo para esse determinado paciente com seus sintomas específicos. Raramente essa é uma tarefa de persuasão direta; melhor dizendo, é um esforço para criar condições que permitam a mudança e mantenham viva a esperança.[3] Em uma extensão semelhante a ensinar álgebra para uma criança com problemas de aprendizagem, ou convencer um obstinado professor de faculdade a mudar seu curso de comportamento, essa tarefa é um empreendimento cheio de nuanças, quase uma arte.

Mudando a mente de um paciente

Com esse *background* em mente, considere a síntese de idéias à que Erikson chegou e que finalmente ofereceu ao jovem seminarista:

> Traçando retrospectivamente o tema principal do sonho, nós o reconhecemos em quatro períodos da vida do paciente – todos as quatro graduações prematuras que o deixaram com raiva e medo do que ele estava por abandonar, e não com a antecipação da maior liberdade e identidade mais genuína: o presente tratamento – e o medo do paciente de que por algum ato de terrível raiva (da sua parte, da minha ou de ambos) ele poderia me perder e, assim, sua chance de recuperar sua identidade pela confiança em mim; sua educação religiosa imediatamente precedente – e sua tentativa fracassada de encontrar pelas preces aquela "presença" que preencheria seu vazio interior; sua juventude anterior – e sua esperança de obter força, paz e identidade identificando-se com o avô; e, finalmente, sua infância – e seu desejo desesperado de manter vivo em si mesmo o rosto caridoso da mãe, a fim de superar o medo, a culpa e a raiva em relação às emoções dela. Essa redundância aponta para um certo tema que, uma vez descoberto, dá um significado adicional ao material associado. O tema é: "Sempre que começo a ter fé na força e no amor de alguém, algumas emoções doentias invadem o relacionamento e termino desconfiado, vazio e vítima de raiva e desespero".[4]

De uma perspectiva, essa aventura na interpretação parece muito floreada. Afinal de contas, o paciente disse apenas algumas palavras, foi só o breve relato de um único sonho, e alguns dos pontos da interpretação mal foram sugeridos. E, no entanto, nesse exemplo, a aposta de Erikson deu resultado. Uma descoberta foi feita no curso da hora terapêutica. Essa representação mental reorientadora foi possível não devido aos conteúdos do sonho em si, mas porque o sonho serviu para cristalizar um amontoado de temas que estavam turbilhonando no inconsciente do paciente e que emergiram no curso da associação livre. Na verdade, em vez de rejeitar essa interpretação, o seminarista percebeu que ela fazia sentido e que, perspicazmente, tramava os vários temas com os quais ele estava lutando. Erikson lembra: "E aconteceu que essa interpretação se mostrou convincente para nós dois e, a longo prazo, estratégica para todo o tratamento... O paciente saiu da sessão – para a qual viera com um sentimento de terrível desastre – com um largo sorriso e obviamente encorajado".[5]

Erikson teria sido o primeiro a admitir que tal sucesso nem sempre acontece facilmente, e que uma mudança mental comumente não se cristaliza com uma única interpretação. Mesmo que a sessão de terapia represente um ponto crítico para a mudança, ela certamente não acontece sem muita preparação e considerável reelaboração posterior. Como o *insight* malthusiano de Darwin sobre a seleção natural, a aparente descoberta é na verdade uma manifestação clara de um processo bem mais gradual. A decisão de Erikson de compartilhar sua síntese audaciosa pode refletir sua compreensão, talvez inconsciente ou pré-consciente, de que o paciente estava pronto para ouvir uma nova "história da sua vida" e a dar um novo passo.

Nesse exemplo de mudança mental, podemos ver em ação antigas histórias improdutivas, uma nova história mais promissora, um poderoso formato com o aspecto de um sonho, e uma variedade de inteligências e emoções sendo acionadas para levar uma pessoa jovem e sensível para um novo local e um novo entendimento. Observe, contudo, que "colocar em palavras" é apenas um meio de progresso terapêutico: os formatos e os processos podem variar. O terapeuta Leston Havens salienta: "Todo relato do que fazemos distorce a natureza orgânica de todas essas interações, assim como a curiosa mistura de deixar livre e cutucar que constitui a nossa tarefa. Conforme o tempo passa, essa tarefa me parece cada vez mais uma questão de deixar as coisas germinarem, de movimentos e sentimentos, e menos uma questão de palavras e idéias".[6]

Correspondentemente, podemos identificar pelo menos quatro dos sete Rs da mudança mental: o uso da *razão* na forma de análise é importante, é claro, como são os *recursos* de tempo e energia investidos pelo terapeuta e pelo paciente. O sonho foi uma informação importante, apesar de fragmentada, a ser acrescentada a outras informações sobre os pensamentos e os sentimentos do paciente. Capturar temas importantes em um sonho vago é um exemplo de uma *redescrição representacional*. Mas, finalmente, a *ressonância* é crucial: a interpretação de Erikson do sonho fez sentido para o seminarista em um nível visceral? Claramente fez, conforme evidenciado pelo contentamento bem-vindo do paciente no final da sessão terapêutica. Inversamente, a falta de ressonância pode arruinar uma tentativa de mudar a mente de alguém. Vamos considerar um encontro entre o presidente de uma universidade e um professor – um exemplo compelidor do que acontece quando uma pessoa obstinada tenta mudar a mente e o comportamento de outra pessoa igualmente obstinada.

O PRESIDENTE E O PROFESSOR

Em 2001, o economista Lawrence Summers, antigo secretário do Tesouro dos Estados Unidos, estava começando seu mandato como o vigésimo sétimo presidente da Harvard University. Um homem cheio de energia com 40 e tantos anos, Summers tinha muitos planos para a escola: melhorar o ensino na graduação, refrear a inflação nas notas, efetivar jovens membros do corpo docente e pôr em ordem a imensidão de novos programas de variáveis graus de sucesso que haviam brotado no *campus* durante os mandatos de seus predecessores imediatos, entre outras coisas.

Foi com esse espírito de criar mudanças que ele convocou uma reunião, em outubro de 2001, com Cornel West. Juntamente com o novelista Toni Morrison e com o crítico literário Henry Louis "Skip" Gates, West era um dos mais conhecidos intelectuais afro-americanos na nação. Autor de muitos livros de filosofia, política e eventos atuais, West fora trazido de Princeton a Harvard com considerável fanfarra no início dos anos de 1990. Lá, ele estabelecera uma reputação de palestrante carismático e de um indivíduo totalmente envolvido com questões políticas e sociais americanas que iam muito além do *campus*. Ele logo recebera a honra acadêmica mais elevada da universidade: fora nomeado como um dos aproximadamente 15 University Professors que podiam lecionar em qualquer departamento de Harvard. Nos meses que antecederam esse encontro no outono, West estivera doente e tirara uma licença.

Pelo que sei, West e Summers não se conheciam pessoalmente antes desse encontro. Mas uma coisa é certa: no final da reunião, West estava tão chateado pela forma como fora tratado por Summers que chegara a pensar em se demitir da universidade naquele momento. (Como estava com uma cirurgia marcada, ele decidiu adiar sua decisão até a primavera – momento em que realmente se demitiu e voltou para a Princeton University.)

O que acontecera no encontro vazou logo depois, tornando-se manchete em publicações nacionais.[7] A história correu mundo: em janeiro de 2002, viajei a Hong Kong e à Dinamarca e fui questionado em ambos os locais sobre o "que realmente acontecera" naquele dia de outubro em Cambridge. A "notícia" era que Summers fora muito contencioso com West, criticando-o, entre outras coisas, por seu fracasso nos últimos anos em realizar um trabalho sério e por suas atividades de longo alcance fora do *campus*, que incluíam envolvimento em duas campanhas presidenciais. O fato de West ter lançado um CD de "rap" também foi mencionado, conforme relatos.

A reação inicial da comunidade intelectual afro-americana, assim como de muitas outras também, foi a de criticar Summers. Embora ninguém no *campus* de Harvard seja tratado como sacrossanto, West chegou mais perto do que qualquer um de se tornar uma figura "intocável". Um intelectual afro-americano público e importante, West ficou magoado pelo que viu como um ataque aos seus comprometimentos de vida e à sua integridade acadêmica. Ele e outros começaram a falar sobre um êxodo em massa do departamento afro-americano – um departamento que (com o apoio do ex-presidente da universidade) fora construído vigorosamente pelo colega mais próximo de West, Henry Louis Gates. Na verdade, dentro de dois meses, um outro respeitado professor do departamento afro-americano, o filósofo Anthony Appiah, anunciou que estava indo para a Princeton University – a principal rival de Harvard no recrutamento de um corpo docente negro ilustre.

Por sua parte, Summers pediu desculpas privadamente a West e seus colegas por um "mal-entendido" e anunciou publicamente que era favorável a um departamento afro-americano forte e, mais amplamente, ao fortalecimento da diversidade no *campus*. (Cumprindo essa promessa, Summers aprovou várias nomeações no ano seguinte.) No entanto, após se queixar de que Summers não se manifestara após a realização de uma segunda cirurgia para tratar seu câncer de próstata (tanto o presidente quanto o diretor de Princeton o visitaram regularmente durante sua convalescença), West decidiu sair de Harvard.

A sinopse que acabei de fazer é parte do registro público, e totalmente fiel pelo que pude determinar. Provavelmente nunca saberemos toda a história, da perspectiva dos dois participantes; de modo consistente com a política da universidade, o escritório do presidente jamais publicou uma descrição do encontro. Por essa mesma razão, no entanto, o encontro Summers-West proporciona uma oportunidade de especular sobre as razões pelas quais o esforço para mudar mentes fracassou. Primeiro, colocarei palavras na boca dos dois participantes e depois falarei sobre como a comunicação poderia ter sido mais eficiente. Embora esse exemplo venha do mundo acadêmico, más comunicações semelhantes certamente ocorrem em múltiplas esferas, de conversas em família a reuniões de conselho.

O relato de West

Pouco conheço esse homem, e ele é novo no *campus*. De fato, ele esteve ausente da academia por 10 anos, ocupado em Washington com questões financeiras domésticas e internacionais. Ele parece desinformado e desinteressado em relação a questões de raça e diversidade, e claramente não vê com simpatia ações afirmativas. Sem nenhum aviso, sem ter lido qualquer um dos meus textos, ele me ataca. Ele me acusa de ter abandonado a vida acadêmica, embora eu tenha escrito livros sérios nos últimos anos e seja um dos intelectuais mais citados do mundo. Ele sugere que tenho sido relaxado no *campus*, mesmo que meu curso tenha mais de 600 alunos, eu jamais perca uma aula e inclusive tenha dirigido de Nova York a Cambridge para dar aula no dia 12 de setembro de 2001! Ele critica o meu envolvimento político, mas uma alta percentagem de intelectuais norte-americanos públicos está envolvida no apoio a candidatos; será que ele falaria assim se eu tivesse apoiado o vice-presidente Al Gore (como ele fez) ou o senador John Kerry? Ele questiona a minha licença de saúde, mas tenho um câncer de próstata e uma expectativa de vida incerta. Quem diabos ele pensa que é? Quem precisa passar por isso? No mínimo, eu esperaria que ele fosse cordial e deixasse qualquer suposto problema para outro dia. Afinal de contas, ambos somos figuras importantes nos Estados Unidos e precisamos primeiro nos conhecer. Eu gostaria de sair de Harvard – este não é um lugar tão feliz, de qualquer maneira – e nada me agradaria mais do que meus colegas Skip Gates, Anthony Appiah e outros que valorizo me acompanharem em um êxodo em massa para Princeton, onde os novos presidente e diretor "entendem".

O relato de Summers

Acabei de retornar ao *campus* e é importante para mim conhecer as principais figuras daqui. Afinal de contas, sou o líder desta instituição "nau capitânia" e o que faço neste local é amplamente observado. West é um dos University Professores de elite e, como tal, está sob a minha supervisão (os outros 1.200 professores menos exaltados respondem aos seus respectivos reitores). Não conheço o cara e certamente não tenho nenhum preconceito contra ele ou contra qualquer grupo. Mas acredito em ser direto, expressar minhas opiniões e deixar as coisas acontecerem. Ouvi algumas coisas sobre West que me deixaram muito preocupado e quero abrir o jogo com ele e ouvir o que tem a dizer em resposta. Sei que os livros dele são publicados na imprensa popular, mas já não têm reputação acadêmica. Será que isso é verdade? Sei que tirou uma licença médica, mas, em vez de convalescer, ele estava viajando pelo país, dando palestras políticas, lançando um CD de *rap*, etc. Se isso for verdade, soa dúbio para mim; se não, vamos ouvir os fatos. Ele é um cara que está em uma posição em que pode influenciar positivamente não só afro-americanos mais jovens como também a comunidade acadêmica mais ampla. Quero ver se consigo motivá-lo a fazer um trabalho melhor; todos nos agradecerão por isso. A última coisa que quero é "chutá-lo" daqui ou empurrar a ele e seus colegas para uma instituição rival.

Encontros podem dar errado, muito errado. A menos que adotemos uma visão cínica – isto é, que Summers queria chutar West (ou talvez todo o departamento) do *campus* ou que West estava simplesmente procurando um pretexto para justificar uma decisão já tomada de retornar a Princeton – foi isso o que realmente aconteceu. Em vez de ter uma conversa amigável com um novo colega, West se descobriu em meio a um turbilhão da mídia nacional – o que nem de longe queria. Em vez de incentivar um colega a refletir sobre a adoção de um novo padrão de comportamento, Summers teve de retroceder agitadamente.

Poderíamos especular que, apesar de Summers haver convocado o encontro para mudar a mente de West, o resultado do encontro foi provocar mudanças na mente de Summers. Ele pode ter pensado que era o chefe, mas acabou tendo de perceber (de maneira visceral!) que membros da Harvard Senior Faculty – todos efetivos, de modo geral muito satisfeitos consigo mesmos, às vezes arrogantes – estavam (pelo menos de certa maneira) em uma posição tão poderosa quanto ele mesmo. Ele achava que podia pressionar West, e talvez outros dos University Professors do departamento afro-americano, a adotar uma nova linha de comportamento; mas a sua capacidade de promover mudanças, pelo menos dessa maneira, era muito menor do que ele imaginara.

Em uma análise final, Summers e West foram ao encontro com modelos mentais inteiramente diferentes de seus papéis e aspirações. Não houve ressonância, e o choque resultante foi contraprodutivo. O meu objetivo não é julgar os méritos respectivos da posição de cada uma das partes, nem o desfecho da confusão Summers-West. Mas direi que West demonstrou ter uma pele muito fina. E acrescentarei que, com esse encontro, Summers esgotou alguns de seus recursos mais preciosos – a boa vontade que acompanha a assunção de uma posição de liderança em uma grande instituição. Por toda a cobertura de mídia desse evento, eu lembrava de uma vez em que ouvi falar sobre uma qualidade necessária para um presidente de universidade: o presidente precisa ser capaz de "ouvir carismaticamente". O indivíduo com uma adequada reserva de boa vontade, que pode fazer com que os colegas (e potenciais financiadores e potenciais adversários) sintam que ele se importa, tem uma probabilidade maior de promover as mudanças que deseja. De fato, conforme ilustrado pelo caso de James O. Freedman, de Dartmouth, mesmo aqueles com grandes qualidades como ouvinte talvez precisem tolerar uma razoável carnificina (para não dizer ataques pessoais) quando tentam provocar mudanças difíceis.

CRIANDO RESSONÂNCIA EM AMBIENTES ÍNTIMOS

Quando estamos lidando com uma grande audiência, especialmente uma heterogênea, não é possível personalizar a nossa abordagem. Mas quando estamos tentando mudar as mentes de um pequeno grupo ou de um único indivíduo-"alvo", podemos adotar um método mais personalizado. O segredo é a criação de ressonância.

Se um psicólogo social[8] tivesse sido consultado para aconselhar o presidente Summers a como proceder, que entendimentos ele poderia ter oferecido – quer para o encontro inicial quer para possíveis seguimentos? Para começar, é importante estabelecer vínculos comuns entre os protagonistas. Além de ambos serem professores e intelectuais, Summers poderia ter enfatizado que ele e West estavam aproximadamente com a mesma idade, haviam circulado pela academia e pela sociedade mais ampla, sentiam-se fortemente comprometidos com o serviço público, admiravam igualmente certos indivíduos (por exemplo, o chefe de departamento Henry Louis Gates) e compartilhavam objetivos comuns para a universidade (por exemplo, ter um corpo discente excelente e diverso, treinar futuros líderes). Nenhum deles evitara controvérsias em sua vida pública – outro vínculo potencial!

Um segundo conselho teria sido o de engajar West em um empreendimento comum. Quanto mais West sentisse que era capaz de buscar aquilo que mais queria, da maneira que queria, maior a probabilidade de ele adotar alguma iniciativa proposta por Summers. Vamos supor que Summers desejava que West adotasse uma postura mais firme nas notas: ele poderia ter perguntado a West como ele achava que os alunos deveriam ser avaliados por seu desempenho em sala de aula. Summers poderia ter apresentado alguns cenários contrastantes de desempenho em sala de aula e perguntado a West como ele teria lidado com tais situações. Se West parecesse interessado nessas questões, Summers poderia ter pedido a ele para vir a um segundo encontro ou para participar de (ou inclusive chefiar) uma força-tarefa na avaliação do trabalho dos alunos. Se, todavia, West mostrasse pouco interesse por esse tópico ou parecesse estar em um comprimento de onda muito diferente do de Summers, o presidente faria bem em deixar de lado a questão, pelo menos por um tempo.

De uma perspectiva sociopsicológica, outra consideração importante é que os dois participantes dêem e recebam. A partir do que sabemos sobre aquele encontro de outubro, Summers salientou algumas coisas e pediu que West reagisse. Teria sido mais prudente Summers ter começado por descobrir o que West queria fazer em Harvard e em seus empreendimentos mais amplos fora do *campus*. Em um encontro inicial, Summers poderia ter demonstrado interesse por essas questões ou ter perguntado educadamente sobre elas, mesmo que não estivesse muito interessado. Ao tentar conectar-se com alguém, quase sempre as seguintes táticas são sábias: fazer perguntas, ouvir atentamente as respostas e encaminhar a conversa apropriadamente. Então, quando a conversa mudasse para as preocupações de Summers, seria igualmente importante assegurar que ela não fosse unilateral. E se Summers apresentasse suas opiniões sobre o que deveria ser feito, elas deveriam ser acompanhadas pela disposição de considerar outras abordagens, entrar em um acordo, repensar sua posição. Em qualquer caso, ambos os participantes devem sentir que possuem algum controle sobre os eventos – que não estão sendo coagidos a uma posição ou modo de comportamento.

Finalmente, seria importante que Summers monitorasse o tom geral da conversa e mantivesse uma atmosfera aberta, alegre e otimista. Se o tom começasse a incluir silêncio e hostilidade, caberia a Summers consertar as coisas. Não é bom deixar que o tom de uma conversa se deteriore – e é pior ainda permitir que a conversa acabe em ressentimento.

Aqui entramos na arena da sensibilidade interpessoal. É crucial para qualquer interlocutor – e especialmente para aquele que está em uma posição de poder como Summers – ficar sintonizado com os sinais que indicam que ele está alienando um componente. Na verdade, Summers deveria ter se interrompido mais de uma vez durante a conversa, perguntado a West como ele estava se sentindo, e estar preparado para recuar ou alterar o curso se as coisas não estivessem indo bem. Particularmente em vista da recente doença de West, Summers poderia ter temperado os seus comentários. Duvido que tenha ocorrido tal "tomada de temperatura". E também não há nenhuma razão para pensar que West tentou se colocar no lugar de Summers, tentou compreender as motivações do presidente ao trazer as questões específicas que estava trazendo ou o mandato que poderia ter recebido da corporação que governava Harvard. Mas, pelo que sei, não estava na agenda de Cornel West mudar a mente de Lawrence Summers.

Diferenças individuais, é claro, são cruciais nesses encontros íntimos. Para que nossa abordagem seja efetiva com uma determinada pessoa, é vital descobrir o máximo possível sobre seus traços, disposições, roteiros e representações mentais prediletas. Parte desse retrato individualizado pode ser traçada antecipadamente com a devida diligência; parte deve ser montada "em pleno vôo" no curso de um encontro ou de uma série de encontros. (É essa última faceta de inteligência interpessoal que distinguia Bill Clinton.)

Vamos deixar de lado esse nosso exemplo. Ao avaliar um encontro em que muita coisa está em jogo, eu monitoraria os seguintes aspectos. Observe que, na maioria dos casos, existe um contínuo – por exemplo, variando de confiança na razão à confiança em reações emocionais. As pessoas podem ser colocadas ao longo do contínuo, e o aspirante a modificador de mentes precisa alterar sua abordagem de forma correspondente, para atingir a ressonância.

- *Argumentos, fatos, retórica*: Essa pessoa é movida principalmente por argumentos, com seus componentes lógicos? Que papel os fatos, informações e dados desempenham na hierarquia de considerações dessa pessoa? O que mais provavelmente vai capturar sua atenção e provocar mudanças: floreios retóricos ou proposições logicamente ordenadas?
- *Rotas centrais* versus *periféricas*: É mais provável que essa pessoa seja envolvida por uma discussão direta da questão? Ou seria melhor trazer nossas preocupações indiretamente – por meio de perguntas, exem-

plos, tom de voz, gestos, pausas significativas e silêncios em certos momentos?
- *Consistência*: Quanto a pessoa se preocupa com a consistência? Ela se importa se as crenças, atitudes e ações expostas são consistentes entre si? Se for o caso, como podemos ajudá-la a lidar com quaisquer inconsistências?
- *Postura em relação a conflitos*: Quanto essa pessoa se aflige com o toma-lá-dá-cá dos argumentos? Ela gosta de medir forças ou é preferível evitar intercâmbios mais "afiados"? Se formos longe demais, como fazemos para recuperar a calma e o equilíbrio?
- *Territórios emocionalmente carregados*: Quais são as questões e as idéias em relação às quais essa pessoa tem sentimentos mais intensos? Devemos tocar nelas ou evitá-las? Podemos mobilizar essa pessoa em torno de uma área de fortes sentimentos? Como evitar os campos minados que estão no caminho da mudança desejada? Essa pessoa é mais motivada pela atração do que ela gosta ou pelo medo daquilo que não gosta?
- *Roteiros-conteúdos atuais*: Em relação a qualquer tópico, os interlocutores terão certos roteiros ou representações mentais mais ou menos bem-consolidados. Se possível, é importante determinar antecipadamente quais são esses roteiros e quão enraizados estão. Essa informação pode ser obtida a partir dos escritos da pessoa, de conversas ou discussões com aqueles que a conhecem bem. Qualquer negociação necessariamente começará a partir desses roteiros profundamente arraigados – seja o nosso objetivo aproveitar esses roteiros, seja questioná-los.
- *Roteiros-formas atuais*: Os indivíduos diferem nos sistemas simbólicos, formatos ou inteligências em que habitualmente codificam suas representações mentais. Na maior extensão possível, é desejável determinar que "formas de representação" são preferidas pelo indivíduo e inserir novas preocupações nessas formas familiares. Assim, por exemplo, se uma pessoa prefere demonstrações gráficas, esses meios devem ser empregados sempre que possível. Se, por outro lado, a pessoa é influenciada pela corporificação humana de uma perspectiva desejada, o modificador de mentes deve tentar modelar ou corporificar as mudanças desejadas.

A consideração mais importante para aqueles que desejam provocar mudanças mentais, todavia, provavelmente é a seguinte: evite o egocentrismo – ficar preso à própria interpretação dos eventos. O propósito do encontro para a mudança mental não é articular o seu ponto de vista, e sim envolver a psique da outra pessoa. Em geral, quanto mais sabemos sobre os *roteiros* e as *forças* da outra pessoa, suas resistências e ressonâncias, e quanto mais pudermos envolvê-los inteiramente, mais provável que tenhamos sucesso em promover a mudança desejada – ou, pelo menos, manter aberta a possibilidade dessas mudanças.

Não sei o suficiente sobre Lawrence Summers ou Cornel West para "prepará-los" para o encontro. Mas sei o suficiente sobre mudança mental para dizer o seguinte: precisamos tratar um encontro com um "outro" que se importa com lógica, consistência, franqueza e argumentos verbais de forma muito diferente de um encontro com um "outro" que se preocupa com emoção, respeito, sutileza e formas não-verbais de comunicação. Os encontros em que essas preocupações estiverem em sincronia terão uma chance muito maior de correr bem do que os encontros em que a incompatibilidade for pronunciada.

Finalmente, precisamos confrontar a possibilidade de que alguns esforços para mudar mentes estão destinados a fracassar. Talvez, por exemplo, Summers e West tivessem representações mentais tão diferentes um do outro que nenhum encontro de suas mentes teria sido possível. Nessas situações, seria preferível trabalhar por meio de intermediários, em vez de se arriscar à probabilidade de choques.

UM ENCONTRO PRESIDENCIAL NO PAPEL

John Adams e Thomas Jefferson conheceram-se no calor da Revolução Americana – membros do Congresso Continental, colaboradores na Declaração de Independência (esboçada inicialmente, é claro, por Jefferson), ferozes partidários nos anos históricos que se seguiram.[9] Procedente de uma família politicamente engajada de Massachusetts, Adams era a figura sênior: um antigo convertido à causa Colonial, direto, pugnaz, autoconfiante. O virginiano Jefferson, sete anos mais jovem, era a pessoa mais diplomática – um pensador de grande saber e brilhante escritor que, embora igualmente ambicioso, não gostava de confrontações diretas e preferia trabalhar por trás das cenas. Tendo se tornado nos anos de 1770 colegas íntimos – na verdade, pelo testemunho deles mesmos, amigos – eles chegaram ao final do século profundamente separados por eventos pessoais e políticos. E, no entanto, superando milagrosamente décadas de afastamento, acabaram a vida novamente como amigos – aparentemente tendo sofrido, ambos, uma mudança mental em relação ao outro e talvez em relação a si mesmos.

Depois que a Revolução foi improvavelmente vencida, tanto Adams como Jefferson trabalharam no serviço diplomático na Europa – Adams em Londres, Jefferson em Paris. Esse foi o período de suas vidas em que foram mais próximos. Eles escreviam muitas cartas um ao outro, viajavam juntos, jardinavam juntos, trocavam fofocas e se consideravam íntimos. Segundo Abigail Adams, ninguém trabalhou tão bem com seu marido como Jefferson.[10] No entanto, mesmo nesse momento de relativa calma, havia sinais de tensão no relacionamento. Seus estilos pessoais e filosofias políticas diferentes estavam emergindo: Jefferson, o democrata puro, com um viés anárquico distinto, com maior crença na população em geral; Adams, desconfiado das multidões e, paradoxalmente, com maior necessidade de afeição humana. Escrevendo para um amigo, Jefferson descreveu Adams como uma "praga venenosa";[11] falou de sua vaidade e cegueira e o chamou de "um irritável e mau calculista do provável efeito dos motivos que governam o homem".[12]

Pelo final da década, a Constituição e a Carta dos Direitos haviam se tornado lei, George Washington fora escolhido como o primeiro presidente por aclamação, e as futuras trajetórias políticas de Adams, o vice-presidente, e Jefferson, o secretário de estado, eram nebulosas. Nenhum deles revelou oficialmente suas ambições presidenciais, embora o restante da nação supusesse que um ou outro – ou, eventualmente, ambos – sucederiam a Washington, já mais velho. Embora fosse teoricamente possível que os velhos amigos pudessem se unir por uma causa, eles se afastaram. Cada um passou a atacar o outro, cada vez mais. Em uma infeliz sucessão de incidentes, Jefferson se referiu publicamente a "heresias privadas que brotaram entre nós" e admitiu, em particular, que estava se referindo a John Adams. Ao saber desse ataque, o filho de Adams, John Quincy, pediu que Jefferson se explicasse. Jefferson enviou um pedido de desculpas conciliatório a Adams, em que dizia: "Que você e eu temos idéias diferentes sobre a melhor forma de governar está bem claro para nós dois, mas diferimos como os amigos fazem". Adams ficou um pouco mais abrandado, mas não perdeu a oportunidade de repreender Jefferson: "Você e eu nunca tivemos uma conversa séria, pelo que me lembro, sobre a natureza do governo".[13] E, em uma carta privada para o filho, em 3 de janeiro de 1794, Adams acusou Jefferson de ser "a besta mais sutil do campo intelectual e moral... ele é ambicioso como Oliver Cromwell... sua alma está envenenada pela ambição".[14]

Uma oportunidade final de renovar a amizade, ou pelo menos uma cordialidade tranqüila, ocorreu em 1796, quando Adams, o federalista, tornou-se presidente por pequena maioria, e Jefferson, como segundo colocado republicano, foi designado vice-presidente. Jefferson escreveu uma carta congratulatória emocionada para Adams, congregando forças com ele e prometendo seu apoio. Mas o brilhante amigo e conselheiro de Jefferson, seu colega virginiano James Madison, aconselhou-o a não mandar a carta. Ele explicou que, se Jefferson queria fundamentalmente seguir sua política antifederalista e forjar a sua própria campanha presidencial, ele não poderia ser conhecido como alguém que apoiara Adams.[15]

As tensões se exacerbaram durante a malfadada presidência do mandato de Adams. Por mais de um ano os dois homens não se falaram, e Jefferson tirou vantagem de cada oportunidade de aumentar a diferença de idéias e temperamentos de ambos. Adams também não ficou fora da rixa: ouvindo algumas das críticas de Jefferson, ele caracterizou sua mente como "corroída pela ambição, além de fraca, confusa, uniformizada e ignorante".[16]

Em 1801, quando Jefferson sucedeu a Adams como o terceiro presidente dos Estados Unidos, os dois homens praticamente não se falavam. No período de 1801 a 1812 – mais de 11 longos e decisivos anos – eles não trocaram uma única palavra escrita ou falada. (Interessantemente, Jefferson trocou cartas com a vivaz esposa de Adams, Abigail, mas essa altamente incômoda correspondência só aumentou a alienação entre esses dois titãs norte-americanos.)

Certamente ninguém esperava que, no início da segunda década do século XIX, Thomas Jefferson, então com quase 70 anos, e John Adams, avançado nos 70, se reconciliassem. O contato entre os dois, agora estadistas idosos, provavelmente não teria sido retomado sem a perspicaz intervenção de Benjamin Rush, conhecido médico e amigo de ambos. Em 1809, Rush contou a Adams um sonho em que os dois ex-presidentes tinham se tornado íntimos ("amigos rivais", nas suas palavras) novamente, e esse inesperado catalisador acabou estimulando Adams, no primeiro dia de 1812, a escrever uma carta breve, mas conciliatória, a Jefferson. Acontece que Jefferson entendeu mal a carta – tomando literalmente, de forma não-característica, uma expressão sobre um tecido simples fiado em casa que tinha um sentido metafórico. Felizmente, sua interpretação errônea não interrompeu a correspondência – e talvez a tenha humanizado.[17]

O restante, como dizem, é história epistolar. Nos 15 anos restantes até a morte de ambos – providencialmente, no mesmo dia, 4 de julho de 1826, o qüinquagésimo aniversário da assinatura da Declaração de Independência! – trocaram 158 cartas. Começando com uma discussão modesta de seus interesses não-profissionais diversos, ao longo de sua correspondência eles passaram a trocar idéias, seriamente, sobre tópicos em que discordavam (a natureza da aristocracia, os riscos relativos do monarquismo *versus* o domínio da plebe) e sobre tópicos em relação aos quais descobriram que concordavam. Conforme Adams comentou em uma das primeiras cartas: "Você e eu não podemos morrer antes de nos explicarmos um com o outro".[18] Evidentemente, ambos percebiam que também estavam escrevendo para a história. Mas apenas um cínico poderia ignorar as dimensões humanas e pessoais desse intercâmbio.

Acredito que a amizade foi genuinamente restaurada e que as mentes dos dois homens foram genuinamente modificadas a partir daí. E acredito que essa mudança ocorreu porque ambos foram capazes de aceitar e até valorizar suas diferenças, assim como seus elos comuns. Adams continuou sendo Adams – brigão, fofoqueiro, dispersivo; Jefferson continuou sendo Jefferson – engenhoso, sutil, menos propenso a dar com a língua nos dentes. Nenhum deixou de acreditar no que acreditava, mesmo que soubesse que o outro pensava diferentemente em relação a algo específico. Ao mesmo tempo, entretanto, cada um deixava que o outro moderasse ou modulasse sua posição, sem transformar o intercâmbio em um campo de batalha. E, sem dúvida, o amadurecimento trazido pela idade e a consciência de que ambos agora eram figuras históricas permitiram que algumas das tensões mais virulentas fossem enterradas ou, pelo menos, amenizadas. Ambos acharam prudente pôr a culpa dos seus comentários anteriores mais acerbos em condições externas ou em outros indivíduos maliciosos e dar primazia à força de sua antiga amizade, forjada no início da guerra revolucionária e fortalecida por seus esforços conjuntos na diplomacia estrangeira e na fundação de uma nação nos anos imediatamente posteriores à guerra.

No entanto, a amizade não poderia ter sido reativada se os dois homens não tivessem sido capazes de aliviar as tensões. Durante o primeiro ano de sua presidência, Jefferson escrevera desagradavelmente sobre Adams, chamando-o de pensador retrógrado que se opunha a todas as formas de progresso.[19] Quando essa carta veio à luz, Adams exigiu a prova. Percebendo que se enganara, Jefferson disse que na verdade não estava falando do próprio Adams, e sim dos homens que tinham fingido apoiar Adams mas acabaram se revelando seus inimigos. O orgulhoso Adams passou a salientar outras más caracterizações de sua presidência. Segundo o historiador Joseph Ellis: "Esse foi o momento definidor na correspondência... o diálogo deixou de ser um quadro de natureza morta de patriarcas posando e se tornou uma discussão entre versões concorrentes do legado revolucionário".[20] Finalmente, Jefferson conseguiu colocar as perspectivas há tanto tempo diferentes em um contexto mais amplo:

> Os mesmos partidos políticos que agora agitam os Estados Unidos existiram o tempo todo... nós nos dividimos em dois partidos... Aqui, você e eu nos separamos pela primeira vez e, como permanecemos mais tempo do que a maioria no teatro público, e os nossos nomes eram mais familiares para os nossos conterrâneos, o partido que o considerou pensando com eles colocou o seu nome como o chefe: o outro, pela mesma razão, selecionou o meu... nós dois sofremos, conforme você expressou tão bem, por ser sujeitos passivos da discussão pública... e pela mesma questão que agora divide o nosso país: que cada um assume uma posição em favor dos muitos, ou dos poucos, de acordo com a sua constituição e as circunstâncias em que é colocado.[21]

Mesmo que esse intercâmbio histórico tenha ocorrido há dois séculos, muito antes que a moderna tecnologia pudesse registrá-lo, a capacidade de ambos os homens de pôr seus pensamentos no papel nos permite mapear o curso da amizade, alienação e retomada da amizade. E nós podemos ver nesse registro como os múltiplos intercâmbios da última década e meia envolveram uma modificação na postura de ambos os ex-presidentes – uma modificação que foi essencial para que a amizade fosse reforjada. Em comparação com a confrontação Summers-West, conforme eu a imaginei, cada homem estava buscando um território comum: entre considerações racionais e afetivas; entre confrontação direta e debate indireto; entre o pessoal e o político. Cada um, deliberadamente, indicava eventos do passado em que estiveram do mesmo lado e interpretações de eventos presentes em que concordavam; eles não perseveravam em questões (como o destino da escravidão) sobre as quais tinham concordado em discordar. Jefferson admitiu que estivera errado em algumas questões (como a Revolução Francesa) e se desculpou por alguns dos ataques mais duros a Adams por parte de seus capangas políticos; é preciso um grande homem para admitir tais erros. Adams gostou das desculpas, dizendo que aquela carta fora "uma das mais consoladoras que já recebi" e, por sua vez, defendeu Jefferson das acusações de que ele plagiara parte do texto da Declaração de um documento mais antigo.[22] Houve um genuíno dar-e-receber – sem nenhuma tentativa de ambas as partes de dominar o intercâmbio. Eles foram capazes de brincar um com o outro a respeito da língua, de clássicos da literatura, de qual deles fora mais vilipendiado; eles se compadeciam mutuamente pelos padecimentos e dores que se acumulavam com o envelhecimento. Felizmente, ambos gostavam de escrever e eram bons nisso, de modo que o formato do intercâmbio era satisfatório, realmente revigorante e gratificante para os dois. Cada um se sentia atraído pela psique do outro, e ambas as psiques aproximavam-se uma da outra – uma mútua mudança de mentes. No final, além da razão, além dos eventos do mundo real, foi o mútuo estabelecimento de ressonância o que manteve a amizade. Conforme Adams explicou para Josiah Quincy, seu primo por casamento:

> Não acredito que o Sr. Jefferson tenha me odiado algum dia. Pelo contrário, acredito que ele sempre gostou de mim...então ele quis ser presidente dos Estados Unidos e eu estava no seu caminho. De modo que ele fez tudo o que pôde para me tirar do caminho. Mas se eu for brigar com ele por isso, teria de brigar com todos os homens com os quais me desentendi na vida. Essa é a natureza humana... O Sr. Jefferson e eu ficamos velhos e nos retiramos da vida pública. Assim, estamos de volta aos nossos antigos termos de boa-vontade.[23]

A MUDANÇA DE MENTES MAIS ÍNTIMAS

Muitos outros esforços de mudança mental podem ser observados em ambientes íntimos, variando de um colega no trabalho que quer mudar a rotina diária da pessoa que trabalha no escritório ao lado a um vizinho que desaprova os hábitos noturnos da pessoa que mora do outro lado da rua. Concentrar-me-ei aqui em duas variedades comuns de mudança mental íntima: dentro da família e entre amantes.

Tudo em família

Para a maioria de nós, a principal – e também a primordial – forma de mudança mental consiste em intercâmbios que ocorrem dentro da família. No início, essa relação é assimétrica. Os pais (ou guardiões) têm a vantagem do conhecimento e do poder e tentam influenciar as crenças e ações da criança. Ausente o uso direto da força bruta, os adultos são auxiliados por um processo que os psicólogos chamam de *identificação*.[24] A criança percebe semelhanças entre ela e um adulto importante, deseja se tornar como essa pessoa mais velha desejável e, então, modela o seu comportamento correspondentemente. Se o adulto expressar um ponto de vista enérgico sobre um assunto, a criança provavelmente também adotará essa perspectiva. Poderíamos dizer que as palavras e ações do modelo oferecem múltiplas representações que ressoam na criança. Adultos hábeis ou manipuladores conseguem explorar o fenômeno de identificação a fim de promover mudanças de mente e de comportamento que consideram importantes.

Mas, por volta dos 10 anos, os iguais, e não os pais, começam a assumir uma importância primária no que se refere a mudanças mentais, especialmente nos Estados Unidos.[25] Crianças pequenas sintonizam profundamente com o que os seus pares dizem e fazem, e tendem a imitá-los. Isso é particularmente verdade quando os iguais representam um *status* desejado em termos de poder, força, popularidade e/ou recursos aos quais eles têm acesso. O lócus de ressonância começa a mudar.

Nos anos de pré-adolescência e adolescência, então, os jovens já desenvolveram perspectivas sólidas, e essas perspectivas não necessariamente se alinham às dos pais ou de outros adultos da comunidade. Além disso, esses jovens estão bastante preparados para afirmar suas opiniões com firmeza e defender sua posição – retórica e fisicamente – em confrontações com os adultos. Mentes outrora jovens estão desafiando diretamente outras mentes, mais velhas.

Nesse ponto – desde que ambos resistam ao impulso de explodir –, os participantes precisam estar preparados para negociar uma mudança gradual de um relacionamento de autoridade/submissão para um relacionamento de igualdade aproximada. Na sociedade moderna, quando os filhos atingem a idade de 25 ou 30 anos, os pais têm pequeno poder de persuasão, se é que têm. O desafio, nesses anos intervenientes, é encontrar maneiras de se valer da autoridade e do conhecimento superior dos pais conforme apropriado, e simultaneamente reconhecer os interesses, conhecimentos e objetivos legítimos do adolescente. Razão, pesquisa e eventos reais ficam mais convincentes, enquanto alavancas como recursos e redescrições representacionais podem se tornar menos efetivos.

No final, prevalece uma justiça sumária. Os filhos crescem, saem de casa, estabelecem uma vida própria, com valores próprios. Por um tempo, as gerações seguem seus caminhos. No entanto, surgem situações difíceis – como crises – e o valor de ambas as gerações é testado. Muitos leitores conhecem em primeira mão o papel desafiador da geração sanduíche – presos entre as exigências conflitantes dos filhos que estão crescendo e dos pais que estão envelhecendo. E, no final da vida, os filhos (agora eles próprios na meia-idade) descobrem-se em uma posição em que precisam agir como os agentes mentais de seus pais, cujos poderes já não são suficientes para as demandas do cotidiano. Quando não é mais possível mudar mentes voluntariamente, talvez seja necessária uma "tomada de poder" geral.

Amantes

O amor é a mais forte das emoções humanas – na verdade, o ódio (seu oposto) é seu único rival. O amor de uma mãe por seus filhos, o amor de um mártir por sua causa, o amor de dois adolescentes um pelo outro – esse é o material de inspiradores poemas líricos, dramas arrebatadores, poderosas descrições gráficas e filmadas. Experienciando o ponto alto do amor, o indivíduo fica mais propenso a mudanças extremas de mente e sentimento. Não existe motivador maior. Os atos mais admirados na vida humana foram inspirados pelo amor.

Tome, por exemplo, a história de Andrei Sakharov, o elogiado físico soviético, e Elena Bonner.[26] Embora Sakharov tenha inventado a bomba de hidrogênio, na década de 1970 ele mudou de idéia sobre o uso de armas nucleares – em grande parte devido à culpa que sentia pelos devastadores problemas de saúde enfrentados pelas pessoas que viviam perto dos locais onde a bomba fora testada. Foi o novo amor (e depois esposa) de Sakharov, Elena, que o exortou a ir a público com o novo ponto de vista. Sakharov começou a publicar manuscritos críticos, freqüentar encontros de protesto e desafiar diretamente as autoridades da hierarquia científica e política. Em sua ingenuidade, ele foi primeiro atacado, depois afastado e, finalmente, submetido à prisão domiciliar por sete anos na remota cidade de Gorky. O amor e o apoio de Elena Bonner mudaram essencialmente a mente do marido em relação ao que ele estava disposto a fazer publicamente, e a quanto flagelo e perseguição ele conseguia tolerar. Mas o amor também pode ser uma armadilha. Uma sedutora espiã pode convencer o amante a trair o seu país; o líder carismático de uma organização terrorista pode convencer seus membros a cometer atos covardes; um pai amoroso pode agir tolamente de forma destrutiva porque seu filho foi humilhado. Qualquer pessoa que esteja no empreendimento de mudar mentes precisa estar atenta aos efeitos do amor – pois eles podem tanto provocar as mudanças desejadas de uma forma surpreendentemente rápida quanto solapar um comprometimento com uma velocidade devastadora.

As paixões da juventude e do amor jovem dão lugar aos vínculos menos incandescentes, mas mais profundos, do amor vitalício – como o que existe entre marido e mulher. Muitas vezes, indivíduos com mentes muito diferentes se apaixonam – de fato, às vezes são justamente os opostos cintilantes que acendem a atração. Com o tempo, essas visões contrastantes tornam-se conhecidas por ambos. Se as diferenças persistirem, podem trazer problemas para o relacionamento – especialmente quando os amantes estão profundamente comprometidos com sua posição e se envolvem em atividades públicas que enfatizam essas diferenças. (A esse respeito, o casamento aparentemente feliz entre o estrategista democrático James Carville e a estudiosa republicana Mary Matalin é intrigante.) Nesses casos, provavelmente, é aconselhável definir certos territórios como fora dos limites ou restringir as conversas (ou discussões) a determinadas circunstâncias e regras combinadas. Mais freqüentemente, todavia, o amor consegue construir pontes entre essas perspectivas contrastantes. Ambos os participantes moderam suas posições, acabam entrando em um acordo sobre suas convicções e descobrem que passam a concordar cada vez mais sobre as questões – sejam elas políticas, religiosas, sociais, artísticas, culturais ou culinárias. As mesmas tensões surgem com respeito à forma de criar os filhos e, mais uma vez, o amor geralmente solda ou abafa abordagens contrastantes.

Leo Tolstoi capturou bem as mentalidades convergentes de dois amantes em *Anna Karenina*. Quando se comunicavam um com o outro, Kitty e Levin não precisavam falar sentenças inteiras. Ao invés, eles usavam as letras iniciais das palavras. Assim, Levin escrevia "Q V R N P S, Q D A O N?", e Kitty compreendia corretamente que ele tinha perguntado: "Quando você respondeu 'não pode ser', quis dizer agora ou nunca?". Eles continuaram conversando por meio dessa abreviatura. Tolstoi explica: "Levin estava acostumado a expressar seu pensamento de forma completa sem se preocupar em colocá-lo em palavras exatas: ele sabia que nos momentos em que a esposa estava tomada pelo amor, como aquele momento, ela compreenderia o que ele queria dizer a partir de uma mera sugestão – e ela compreendia".[27]

Freqüentemente diz-se que, conforme envelhecem, os casais começam a ficar parecidos. Seja isso verdadeiro ou não, parece claro que, com o passar do tempo, os casais passam a ver o mundo de maneira semelhante – essencialmente, a mudar a mente um do outro quase no mesmo grau. Sem dúvida, esses amantes utilizam todas as alavancas que conseguem agarrar. Embora inicialmente possa ser a aparência física e a vitalidade espiritual o que atrai um amante para o outro, no final são suas mentes modificadas de uma mesma forma o que faz o relacionamento durar.

NOTAS

1. Erik H. Erikson, *The Nature of Clinical Evidence*, 1964, citado em Robert Coles, *The Erik Erikson Reader* (Nova York: Norton, 2000), 162-187.
2. Erik H. Erikson, *The Nature of Clinical Evidence*; Lawrence Friedman, *Identity's Architect* (Nova York: Scribner's, 1999); Leston Havens, *Coming to Life* (Cambridge: Harvard University Press, 1993); Peter Kramer, *Should You Leave?* (Nova York: Scribner, 1997); Robert Lindner, *The Fifty Minute Hour: A Collection of True Psychoanalytic Tales* (Nova York: Rinehart, 1955); Anthony Storr, *The Art of Psychotherapy* (Londres: Routledge e Kegan Paul, 1972/1990).
3. Storr, *Art of Psychotherapy*. Agradeço muito ao meu falecido amigo Anthony Storr por tantos *insights* sobre psicoterapia efetiva.
4. Erikson, *Nature of Clinical Evidence*, 179.
5. Ibid., 170, 182.
6. Leston Havens, *Coming to Life* (Cambridge: Harvard University Press, 1993), 204-205.

7. Para uma amostra, veja John McWhorter, "The Mau-mauing of Harvard", *City Journal* (primavera de 2002): 67-73; Shelby Steele, "White Guild-Black Power", *Wall Street Journal*, 2002; Sam Tanenhaus, "The Ivy League's Angry Star", *Vanity Fair*, Junho de 2002, 201-223; M. Van der Werf, "Lawrence Summers and His Though Questions", *Chronicle of Higher Education*, 26 de abril de 2002, A29; R. Wilson e S. Smallwood, "Battle of Wills at Harvard", *Chronicle of Higher Education*, 18 de Janeiro de 2002, 8; Karen Zernicke e P. Belluck, "Harvard President Brings Elbows to the Table", *New York Sunday Times*, 6 de Janeiro de 2002, 20.
8. Elliot Aronson, T.D. Wilson e R.M. Eckert, *Social Psychology*, 3ª ed. (Nova York: Longman, 1999); Robert Cialdini, *Influence: Science and Possibility* (Boston: Allyn and Bacon, 2001); Roger Fisher e William Ury, *Getting to Yes* (Boston: Houghton Mifflin, 1981); Philip Zimbardo e Michael R. Leippe, *The Psychology of Attitude Change and Social Influence* (Philadelphia: Temple University Press, 1991).
9. Sobre essa questão, eu me baseei principalmente em quatro livros recentes: Joseph Ellis, *American Sphinx: The Character of Thomas Jefferson* (Nova York: Knopf, 1997); Joseph Ellis, *Founding Brothers* (Nova York: Knopf, 2000); Francis Jennings, *The Creation of America Through Revolution to Empire* (Nova York: Cambridge University Press, 2000); David McCulloch, *John Adams* (Nova York: Simon and Schuster, 2001).
10. McCulloch, *John Adams*, 312-313.
11. Ibid., 317.
12. Ibid., 361.
13. Ibid., 431.
14. Ibid., 448.
15. Ibid., 465.
16. Ibid., 488.
17. Ellis, *Founding Brothers*, 220-222.
18. Ibid., 223.
19. Ibid., 228.
20. Ibid., 230.
21. Ibid., 231.
22. Ibid., 238, 242.
23. McCulloch, *John Adams*, 632.
24. Sigmund Freud, *New Introductory Lectures* (Nova York: Norton, 1933/1964); Jerome Kagan, "The Concept of Identification", *Psychological Review* 65 (1958); 296-305.
25. Judith Rich Harris, *The Nurture Assumption* (Nova York: Free Press, 1998).
26. Para detalhes sobre o relacionamento entre Sakharov e Bonner, veja Richard Lourie, *Sakharov: A Biography* (Waltham, MA: Brandeis University Press, 2002); Andrei Sakharov, *Memoirs*, trad. Richard Lourie (Nova York: Knopf, 1990).
27. *Anna Karenina*, parte VI, cap. 3, citado em Lev Vygotsky, *Thought and Language*, trad. A. Kozulin (Cambridge: MIT Press, 1986), 238.

9

Mudando a Própria Mente

No início deste livro, descrevi como o autor Nicholson Baker veio a mudar de idéia em relação à mobília que escolheria para o seu apartamento. Quando antes ele estava convencido de que queria uma mobília exótica, consistindo – imaginem só – em escavadeiras, certo dia deu-se conta de que rejeitara a idéia. E mais, ele não conseguia identificar o momento exato em que mudara de idéia ou como isso acontecera; acontecera gradualmente, ao longo do tempo, presumivelmente em resultado de algumas pequenas mudanças em suas percepções e representações mentais.

Na verdade, de todas as mudanças mentais que analisamos até o momento neste livro, de líderes se dirigindo às suas nações a terapeutas interpretando os sonhos de um frágil paciente, o terreno de como as mudanças acontecem em nossa própria mente talvez seja o mais intrigante. A nossa mente muda ou porque nós queremos mudá-la ou porque acontece algo em nossa vida mental que justifica uma mudança. Conforme Baker também nos lembra, a mudança pode ocorrer em qualquer esfera: nossas crenças políticas, nossas crenças científicas, nosso credo pessoal, nossa visão de nós mesmos. Às vezes, a mudança mental é tranqüila e congenial, mas pode ser especialmente pungente quando altera o nosso espaço de vida de maneira fundamental.

Todas as sete alavancas de mudança podem desempenhar um papel em nossa própria mente. Mas, por uma questão de simplicidade, vamos começar com um exemplo de uma mudança dramática que resultou principalmente de um de nossos Rs – um evento do mundo real – e de como a mente de um líder de 55 anos de idade mudou fundamentalmente após o 11 de setembro de 2001.

PRESIDENTE GEORGE W. BUSH:
UMA MUDANÇA MENTAL EM WASHINGTON

Um *playboy* sem direção ou ambição discernível em seus anos iniciais, George W. Bush foi aos poucos se destacando nas fileiras empresariais e políticas durante a década de 1990 e logo voltou seu olhar para a presidência. Após a derrota do pai nas mãos de Bill Clinton em sua tentativa de reeleição em 1992, o Bush mais jovem estava determinado a não cometer os mesmos erros – não na campanha para se eleger e nem, se fosse eleito, durante seu mandato. Depois de uma eleição que foi extraordinariamente apertada e cujas conseqüências deixaram muitas cicatrizes na nação, Bush assumiu como presidente em janeiro de 2001.

Mesmo os seus maiores admiradores concordariam que Bush estava mais bem preparado para as armadilhas da presidência do que para as difíceis decisões – especialmente as internacionais – que logo teria de enfrentar. Entrevistas e conferências de imprensa revelaram que Bush estava mal-informado sobre muitas questões. Refletindo sobre um encontro com Bush em junho de 2001, o representante Peter King, de Nova York, comentou: "Ele estava simplesmente cumprindo o papel que se esperava dele. Tinha dois ou três assuntos na cabeça e isso era tudo". O senador Bob Graham, da Flórida, ecoou: "Ele não estava particularmente envolvido. Tinha essa tendência e capacidade de se concentrar em coisas que identificara como prioridades e de excluir as questões que não passavam nesse teste. Para alguns, isso poderia parecer falta de curiosidade".[1] E um republicano resoluto, o senador Chuck Nagel, de Nebraska, comentou que "Bush assumiu o cargo com um dos mais fracos currículos em política externa...e, imediatamente, se meteu em becos sem saída".[2]

Indagado sobre seus objetivos domésticos, Bush tinha pouco a dizer. Ele falava principalmente sobre a necessidade de impostos mais baixos e redução dos gastos do governo na frente doméstica. Ele era mais conhecido como alguém que tinha melhorado as oportunidades educacionais para os jovens carentes no Texas e pretendia conseguir os mesmos avanços em escala nacional. Do lado das relações exteriores, ele se cercou de conselheiros que tinham servido na administração de seu pai. Criticando as inconsistências percebidas na política estrangeira de Clinton, a equipe de Bush queria um perfil mais discreto nas relações exteriores: um exército forte, evitar confusão em terras que não fossem cruciais para a segurança dos Estados Unidos, desprezo pela "construção nacional" e uma *Realpolitik* que dava pouco valor aos direitos humanos e, ao contrário, buscava relações com China, Rússia, Japão e Europa ancoradas em auto-interesse econômico. Representando o maior rompimento de relações de administrações recentes de ambos os partidos, a política estrangeira de Bush era determinadamente unilateral: Bush demonstrava pouco desejo de trabalhar com outros países e, claramente, desprezou os acordos de Kyoto sobre o uso de energia e o tratado antibalístico com a

União Soviética. Durante a primavera e o verão de 2001, a maioria dos analistas – quer apoiadores quer críticos – concordaria com a descrição que acabei de fazer, embora eles talvez empregassem verbos e adjetivos com valores diferentes.

Esse panorama mudou decisivamente no período que se seguiu ao infame 11 de setembro de 2001, dia em que terroristas do grupo Al Qaeda atiraram jatos jumbo contra as torres gêmeas do World Trade Center, no centro de Manhattan, e no Pentágono, na parte externa de Washington. De modo geral, os pensamos nas pessoas jovens como capazes de mudar facilmente suas mentes, e nas pessoas velhas como muito arraigadas à sua forma de pensar. Em setembro de 2001, Bush estava com 55 anos – por muitos cálculos (embora não os meus!) velho, não jovem. Apesar de ter demonstrado considerável desenvolvimento em maturidade pessoal desde seus 20 ou 30 anos, Bush não parecia inclinado a dominar os detalhes ou refletir sobre as tendências mais amplas do cenário internacional. Também não revelara grande potencial para mudar sua mente sobre questões políticas importantes – ficávamos com o sentimento de que ele se satisfazia em seguir os conselhos de seu círculo mais íntimo e, quando em dúvida, consultar seu pai bem-informado e inerentemente moderado.

No entanto, nos meses seguintes à manhã de 11 de setembro, ficou evidente para os observadores que Bush mudara. Ao voltar para a Casa Branca mais tarde naquele dia, ele era um homem com uma nova e autêntica missão: ele agora era o presidente dos Estados Unidos que faria o que fosse necessário para extirpar os grupos terroristas e para impedir que esses atos fossem repetidos. Conforme disse aos seus associados naquele dia: "Nós estamos em guerra. É para isso que nos pagam, rapazes".[3] Ele tinha um foco. Ele estava decidido. Informou-se sobre a política externa. Desenvolveu relacionamentos pessoais com líderes cujos nomes até então nem sabia. Seus críticos voltaram atrás em suas avaliações anteriores. Nas palavras do senador Graham: "Fiquei impressionado com o quanto ele sabia os detalhes"; nas palavras do deputado King: "Se ele souber sobre o que está falando, for com calma, demonstrar que se importa e estiver disposto a lutar por isso, ficará mais fácil apoiá-lo".[4] O unilateralista se transformou no multilateralista, o isolacionista se tornou um internacionalista. O líder que não quisera confusão com outros países estava disposto a se envolver no Afeganistão, na Índia, no Paquistão e no Oriente Médio, manter tropas nos Bálcãs e, mais notavelmente, entrar em uma guerra para valer com o Iraque. Bush também mudou de idéia sobre outras questões em que tinha uma posição definida: a necessidade de reforma corporativa, por exemplo, e a conveniência de estabelecer um gabinete para a segurança da pátria.

Bush dedicou suas energias à construção do mesmo tipo de coalizão interna que seu pai montara para a guerra do Golfo, 10 anos antes; deu prosseguimento à guerra bem-sucedida para remover o Talibã do poder no Afeganistão; continuou a perseguir o Al Qaeda com todos os meios financeiros, militares e investigativos; e liderou uma guerra multinacional contra o Iraque – apesar de essa guerra acabar sendo criticada por muitas nações importantes e por grande parte da população mundial – e depois recorreu às Nações Unidas nos perigosos meses após a guerra. Tendo deixado para trás seu unilateralismo, Bush trabalhou assiduamente para manter laços com os líderes de todas as nações que estavam dispostas a se unir ao ataque contra o terrorismo e a isolar o que ele chamou de "eixo do mal" – países como o Irã, Iraque, Síria e Coréia do Norte, que eram vistos como rumando para armamentos biológicos ou nucleares e apoiando ou abrigando terroristas itinerantes. A partir de todos os relatos, Bush passara a ter um novo senso de propósito, uma base de conhecimento que não se manifestara antes; em vez de simplesmente criar estratégias para vencer eleições, ele agora tentava utilizar as alavancas do governo para atingir objetivos políticos específicos. Conforme um observador disse: "Eventos mudam intenções, mas não ideologias. Exatamente como Bill Clinton tomou posse determinado a manter o seu foco doméstico, o Sr. Bush também prometeu menor envolvimento e maior humildade nas relações exteriores. No entanto, o efeito mais dramático do ano foi o tremendo aumento do envolvimento norte-americano no exterior. Enviamos tropas e forças secretas para novos países, abraçamos novos aliados, colocamos bases militares em novas regiões, engajamo-nos em novos conflitos".[5] Outro observador: "Agora está claro que o presidente Bush, que se temia fosse um isolacionista, tem uma agenda para reformular o mundo que rivaliza em ambição, escopo e idealismo com as de Harry Truman e Woodrow Wilson".[6]

Algumas pessoas mudam suas mentes porque querem, outras porque precisam. Não é nenhum desrespeito para com o presidente Bush dizer que sua mudança mental não foi por iniciativa própria. Parafraseando um velho ditado shakespeariano: "George Bush não nasceu um Modificador de Mentes; a Mudança Mental foi imposta a ele". O que não poderíamos ter antecipado foi que Bush estaria à altura da ocasião.

Evidentemente, não podemos saber detalhes do que se passou na mente de Bush. Ele não é, por natureza, uma pessoa introspectiva e, de qualquer maneira, é improvável que fosse compartilhar essa introspecção com qualquer jornalista, para não mencionar psicólogos que não moram na vizinhança. Mas sinto que piso em terreno sólido ao declarar que Bush deve ter tido muitas conversas não só com outras pessoas, mas também consigo mesmo. O presidente dos Estados Unidos, a nação mais poderosa na memória humana, ocupa um lugar diferente do de qualquer outro indivíduo. Ele está livre para consultar quem quiser. Mas, no final, e especialmente quando as diferenças de opinião persistem, a proverbial responsabilidade acaba em sua mesa.

Pode parecer para os outros que uma pessoa mudou sua forma de pensar, enquanto ela mesma sente que continua constante. A crença na consistência e a necessidade de acreditar que somos consistentes, pode ser um motivo poderoso para a constância percebida, especialmente quando a pessoa está na vida pública. Os políticos norte-americano detestam proclamar mudanças mentais, para não serem vistos como fracos ou inconsistentes. Conforme David Brooks comenta, "Bush fará o que for necessário para prevalecer, e os membros seniores de sua administração são capazes de olhar honestamente para os próprios erros. Só que você nunca verá qualquer um deles admitir publicamente que os cometeu".[7] Mas sugiro que Bush mudou sua mente sobre o propósito de sua presidência. E também especulo que ele mudou sua mente sobre outras coisas: sua missão na vida; o relacionamento dos Estados Unidos com outros países; a necessidade de se envolver em locais problemáticos pelo mundo, incluindo aqueles sobre os quais ele pouco sabia e em que suas chances de sucesso eram poucas; a importância de comunicar a missão nacional tanto ao seu próprio povo como aos estrangeiros; os perigos impostos pelo terrorismo; a necessidade de consenso bipartidário em certas questões vitais; e a importância de instituições governamentais poderosas, bem-administradas e inteligentemente integradas, variando de uma nova segurança para a pátria às antigas agências de inteligência e imigração. Na verdade, conforme relatado no *Business Week*, "Ao longo dos últimos 12 meses, a América testemunhou o maior aumento anual dos gastos do governo em defesa nacional desde 1982, em termos da percentagem do orçamento governamental para a defesa. E testemunhou mais regulamentos, mais fiscalização legislativa e mais intervenções governamentais do que em qualquer época desde os anos de 1970".[8] É difícil imaginar como essas tendências poderiam ter acontecido se Bush não tivesse mudado de idéia sobre questões cruciais.

Sejam quais forem suas limitações, George W. Bush parece ter desenvolvido desde cedo o que eu chamo de *inteligência interpessoal* – a parte do nosso equipamento intelectual encarregada de entender e motivar as outras pessoas. Ele gosta de pessoas e se orgulha de conhecê-las. Na escola, ele pode ter sido um aluno medíocre, mas destacou-se por sua habilidade em fazer amigos e estudar os outros. (De fato, eu especularia que genuínas dificuldades de aprendizagem em leitura e outros empreendimentos lingüísticos provavelmente levaram o jovem e gregário Bush a desenvolver suas habilidades pessoais.) Ele continuou afiando essas habilidades durante a faculdade de administração, seus anos de *playboy* e ao longo de seu envolvimento em empreendimentos comerciais de sucesso variado. Mesmo aqueles que o julgavam pouco capaz intelectualmente gostavam de Bush pessoalmente, e ficavam impressionados com sua habilidade em se relacionar com os outros e deixar as pessoas à vontade. Como outras pessoas interpessoalmente hábeis (um grupo que incluiria a maior parte dos presidentes dos Estados Unidos), Bush também confiava em sua capacidade de se relacionar com líderes estrangeiros e convencê-los a trabalharem juntos. Nas suas palavras: "Muitos desses líderes estão vindo aqui para fazer visitas. Eu acho que é importante para eles me olharem nos olhos. Muitos desses líderes possuem o mesmo tipo de capacidade inerente que acho que possuo – eles são capazes de ler as pessoas".[9]

Tudo isso para dizer que a inteligência interpessoal de Bush o serviu bem por muitos anos em diversos ambientes. Mas sugiro que, depois de 11 de setembro, ele começou a aprofundar também a sua inteligência *intrapessoal* – uma mudança mental necessária em seu avanço em um terreno político e militar inexplorado. É difícil compreender e escrever a respeito da inteligência intrapessoal. Em sua essência, a inteligência intrapessoal envolve os seguintes elementos: um bom conhecimento funcional de si mesmo, de quem se é, das próprias forças e fraquezas, dos próprios objetivos e da melhor maneira de alcançá-los; como aproveitar os próprios sucessos e como aprender a partir das próprias reações aos acontecimentos, seja qual for o seu resultado – em resumo, possuir uma representação razoavelmente acurada de si mesmo como ser humano, sozinho e com outros, e ser capaz de monitorar e, se necessário, promover mudanças nessa representação mental. Embora observe do lado de fora e discorde de muitas de suas políticas, eu diria que Bush exibiu um impressionante desenvolvimento em inteligência intrapessoal durante seus anos na presidência.

No capítulo anterior, focalizei as mudanças que ocorrem por injunção de alguém muito próximo – um associado no trabalho, um amigo, um dos pais, um igual, um terapeuta, um amante. Podemos mudar a mente daquelas pessoas que estão próximas, e elas também podem mudar a nossa. Porém, seja qual for a causa ou o estímulo, a responsabilidade pela nossa mudança mental cabe a nós. Em momentos de mudanças mentais tão grandes, a capacidade de uma pessoa de estar ciente do que se passa na própria mente é crucial.

Sugiro que Bush – não sendo, por natureza, uma pessoa introspectiva – passou a conhecer a própria mente e sua capacidade de mudança, de uma maneira que nem ele nem ninguém poderia ter antecipado antes dos eventos tão reais de 11 de setembro de 2001. Ele mudou grande parte dos conteúdos de sua mente – suas crenças sobre o sistema mundial – e algumas das formas – a maneira pela qual ele absorvia informações, as reunia e tomava as próprias decisões. Bush destaca-se como um intrigante exemplo de como um evento poderoso pode estimular um processo de "atingir o ponto de mudança". Enquanto escrevo, nos meses finais de 2003, desconfio que os futuros eventos de sua presidência continuarão influenciando a sua estrutura e formas mentais.

Mudanças mentais provavelmente são mais dramáticas nas esferas que têm mais significado para as pessoas – as esferas carregadas de valor da política, academia e religião. Ao observar o que muda e o que permanece constante nesses domínios "carregados", podemos compreender melhor como a mente dos indivíduos pode ser alterada. Vamos passar a outro exemplo da política, em que três dos nossos Rs – razão, ressonância e eventos do mundo real – desempenharam um papel importante na dramática mudança mental de um homem.

UMA MUDANÇA DE IDEOLOGIA:
O CASO DE WHITTAKER CHAMBERS

Desde que Karl Marx começou a escrever sobre os defeitos do capitalismo e a fascinação de uma utopia destituída de propriedade privada e, finalmente, sobre a mão pesada do estado, muitos indivíduos – especialmente os jovens – foram atraídos pelas visões idealistas do socialismo e do comunismo. Ninguém foi mais seduzido do que Whittaker Chambers. Nascido em Long Island em 1901 e criado em uma família disfuncional, Chambers sentiu-se atraído pela visão moral do comunismo enquanto estudava na Universidade de Columbia na década de 1920 e durante uma viagem subseqüente à Europa. Na Rússia, ocorrera a primeira revolução política comunista genuinamente bem-sucedida e um estado bolchevique leninista estava sendo firmemente estabelecido. Para pôr mais lenha na fogueira de Chambers, seu adorado irmão cometeu suicídio mais ou menos na época de sua visita à Europa. Nas palavras de Chambers: "Eu senti que qualquer sociedade que pudesse resultar na morte de um rapaz como o meu irmão estava errada, e entrei em guerra com ela. Esse foi o início do meu fanatismo".[10] Em particular, Chambers estava atraído pelos ideais comunistas de ajudar as pessoas destituídas, aliviar crises econômicas e evitar a guerra.

Talentoso jornalista, Chambers começou a escrever em jornais de esquerda e acabou se filiando ao partido comunista. A princípio, seu envolvimento com o partido era limitado, mas ele foi gradualmente se infiltrando em atividades secretas de espionagem. Passou vários anos escrevendo publicamente de uma perspectiva comunista e tentando, sub-repticiamente, eliciar planos políticos secretos dos Estados Unidos e compartilhá-los com líderes do partido em seu país e em Moscou. Durante essa época, o "ideal comunista" sofreu várias mudanças. Após a morte precoce de Lênin, Joseph Stalin subiu ao poder determinado a construir o primeiro estado comunista. Ele introduziu planos econômicos destinados a acabar com os vestígios do capitalismo e criar uma sociedade exemplar em questões de agricultura, indústria e exército. Stalin presidiu o surgimento de fazendas coletivas, nacionalizou indústrias e grandes obras públicas como o metrô de Moscou; ele inicialmente encorajou, ou pelo menos tolerou, artistas de vanguarda, como o escritor Maxim Gorky e o compositor Dimitri Shostakovich. Mas essas aspirações aparentemente elogiáveis não duraram muito tempo. Uma personalidade extremamente paranóide, Stalin estava determinado a liquidar todos os possíveis rivais, dando um jeito de eliminá-los por meio de uma série de "julgamentos sensacionais" na década de 1930. No ato final de cinismo, Stalin uniu-se ao seu arqui-rival político, Adolf Hitler, criando um pacto de não-agressão em agosto de 1939, logo antes do início da Segunda Guerra Mundial.

Finalmente, Chambers não conseguiu mais engolir as ações cada vez menos justificáveis da União Soviética. (Em retrospecto, o regime comunista de Stalin foi um dos mais sangrentos da história; estima-se que as políticas de Stalin resultaram na morte de milhões de russos.) Assim, em 1937, com algum risco para a sua segurança e da família, Chambers saiu do partido comunista. Na década seguinte, entrou para a equipe da revista *Time* e se tornou um de seus mais estimados escritores e editores – com um ponto de vista (obviamente) ímpar sobre o papel do comunismo na Segunda Guerra Mundial e suas conseqüências.

Se fosse apenas por esses detalhes biográficos, poucos conheceriam o nome de Whittaker Chambers atualmente. Mas Chambers tornou-se parte da história norte-americana, pois em seu *best-seller* de 1952, *Witness*, ele descreveu – com ironia e precisão sem paralelo – como a sua mente mudou durante o período de 1920 a 1950.[11]

Chambers relata quatro estados mentais sucessivos:

1. a atração pelo comunismo e a decisão de se filiar ao partido comunista em meados da década de 1920;
2. a dolorosa decisão, no final da década de 1930, de sair do partido;
3. a ambivalência inicial de revelar às agências investigativas a natureza das atividades de espionagem próprias e alheias;
4. a decisão final de ir a público e trazer fama e opróbrio para a sua família, ao revelar tudo o que sabia sobre a terrível história do comunismo nos Estados Unidos.

Na opinião de Chambers, o mundo da primeira metade do século XX testemunhou uma luta de vida ou morte entre duas interpretações rivais da natureza humana. A princípio, Chambers se convenceu dos males do capitalismo e viu o comunismo como o único caminho humano para o mundo. Ao adotar esse ponto de vista, ele voluntariamente decidiu evitar julgamentos duros sobre o comunismo – em um sentido, ele assumiu a postura do fundamentalista, do verdadeiro crente. Mas sórdidos episódios, um após o outro – pessoais e públicos, locais e internacionais – desfizeram essas defesas. Chambers viu muitos serem assassinados no estrangeiro e alguns perseguidos ou assassinados em sua pátria. Ele leu sobre controle da mente em outros países e o viu em ação, pela primeira vez, em sua própria prisão política comunista. Como uma pessoa que possuía uma mente que gostava de exercitar, Chambers finalmente decidiu que já não poderia viver consigo mesmo se continuasse um comunista dedicado. Com grande medo e tremendo, começou a ler obras que criticavam o comunismo e a verbalizar suas dúvidas para alguns associados próximos. Tendo atingido um ponto de mudança, tomou a decisão final. Nas suas palavras: "Em 1937, como Lázaro, comecei o retorno impossível. Eu comecei a romper com o comunismo e a subir das profundezas, onde estivera enterrado por seis anos, voltando ao mundo do homem livre".[12]

Chambers gradualmente ficou convencido de que sua dicotomização inicial do mundo em forças do mal e do bem fora correta, mas que os valores que atribuía ao capitalismo democrático e ao comunismo estavam completamente errados. A tensão genuína era entre aqueles que acreditavam em Deus, em uma ordem superior, no amor humano e na qualidade sagrada do ser humano, e aqueles que só acreditavam no homem e em um mundo regido por considerações de poder. A princípio, Chambers achou que deveria alertar as autoridades da segurança dos Estados Unidos contando a elas o que sabia. Porém, quando suas tentativas foram ignoradas, ele ficou contente em encerrar esse capítulo da sua vida e em se tornar um jornalista bem-pago e o pai de uma família em processo de crescimento.

Como se sabe, Chambers tornou-se uma celebridade em agosto de 1948. Ele revelou que Alger Hiss, conhecido previamente como um dedicado funcionário público do Departamento do Estado e do mundo das fundações, fora membro do partido comunista na mesma época que Chambers; logo depois, Chambers revelou que Hiss fora espião. (Ao fazer essas declarações sem julgamento, eu as faço com o conhecimento de que muitas pessoas deploraram as ações de Chambers e algumas ainda acreditam na inocência de Hiss; mas, na minha opinião, tanto os registros legais quanto históricos validam as acusações de Chambers.) Chambers não tinha dúvida de que expor Hiss era o certo. E ele o fez, apesar de algumas considerações perturbadoras (que poderíamos chamar de "resistências"): ele seria visto como um mexeriqueiro e, por alguns, como um traidor; ele colocaria a esposa e os filhos sob uma sombra permanente; ele estava desistindo de uma série de recursos que comandara como escritor sênior em uma prestigiosa revista nacional e ele acreditava que o comunismo, e não a democracia, acabaria prevalecendo. No entanto, Chambers concluiu que era certo fazer sacrifícios pessoais por um bem maior. Conforme disse: "Eu sei que estou trocando o lado vencedor pelo perdedor... Melhor morrer no lado perdedor do que viver sob o comunismo... Eu sou um homem que, muito relutantemente, passo a passo, está se destruindo para que essa nação e a fé pela qual ela vive possam continuar existindo".[13]

Podemos criticar Chambers por muitas coisas, mas não por falta de coragem. Ele também se destaca na história recente dos Estados Unidos como alguém que mudou sua mente em questões da maior importância pessoal e pública e tentou descrever essas mudanças de mente o mais acuradamente possível. E, embora certos fatos do caso certamente sejam idiossincráticos do perturbado jovem de Long Island, a história maior que ele conta assemelha-se à de outros que refletiram sobre os fracassos do comunismo.

Intelectuais como Arthur Koestler, André Malraux, Ignazio Silone e Richard Wright também escreveram sobre sua atração inicial pelo comunismo e seu gradual desencanto.[14] Ao articular suas trajetórias geralmente dolorosas, esses escritores indicam o que é necessário para que uma pessoa reflexiva (e geralmente dogmática) converta-se a um ponto de vista, o defenda veemente e publicamente, chegue à relutante conclusão de que estava errada e declare publicamente os erros de suas idéias anteriores. Talvez não seja fácil para um não-intelectual apreciar o quanto um membro desse grupo valoriza estar certo, ser capaz de defender articuladamente a sua posição e permanecer consistente; as idéias são o eixo central para qualquer intelectual. Os intelectuais são particularmente suscetíveis às tensões da dissonância cognitiva. Quando alguma ocorrência se opõe à sua teoria, eles se sentem altamente motivados a reinterpretar os eventos para eliminar a inconsistência.

Um exemplo: quando Stalin chocou o mundo concordando com um pacto de não-agressão com Hitler, seus defensores argumentaram que Stalin estava fazendo isso para ganhar tempo, para ter maior influência sobre Hitler, ou que Stalin *tinha* de assinar o pacto porque estava lidando com forças contra-revolucionárias dentro de seu país que haviam fugido ao controle. Os intelectuais chegaram a extremos para negar o que parecia óbvio para muitas pessoas "comuns": que Stalin estava simplesmente operando com base em considerações de poder, que ele era um tirano assassino desusado (igual, a esse respeito, a Hitler ou Genghis Khan) e que seu comprometimento ideológico com os ideais socialistas era uma hipocrisia. O que chama a atenção de observadores como eu, olhando retrospectivamente, é a quantidade de evidências necessárias para convencer esses indivíduos de que a história ou a teoria comunista estava errada, e como eles hesitaram em admitir publicamente que estavam comprometidos com uma causa fatalmente imperfeita. É raro encontrar uma declaração direta de erro: ansiamos por declarações como a do comunista norte-americano Junius Scales: "Stalin – meu reverenciado símbolo da infalibilidade do comunismo, o construtor do socialismo em um país, a rocha de Stalingrado, o homem sábio e bondoso com um profundo senso de humor, cuja morte eu chorara há três anos – Stalin fora um monstro assassino, sedento de poder!"[15]

É justo dizer que o partido comunista não facilitava o alimentar dúvidas. O novelista italiano Ignazio Silone lembra como foi doloroso separar-se de suas fileiras:

> A verdade é que você não se liberta do partido comunista da maneira pela qual se liberta do partido liberal, principalmente porque seus laços com o partido estão em proporção com os sacrifícios que eles exigem... é uma instituição totalitária, no sentido mais pleno da palavra, e requer a total lealdade daqueles que se submetem a ele... o comunista sincero que, por algum milagre, retém suas faculdades inatas... antes de ser capaz de dar um passo final na direção da total submissão ao partido ou da total liberdade ao renunciar ao partido, precisa sofrer os tormentos do inferno em seu íntimo... nós nos curamos do comunismo exatamente como nos curamos de uma neurose.[16]

Comentaristas recentes sugeriram outra razão para a intoxicação intelectual com o comunismo.[17] Nessa visão mais cínica, os intelectuais sempre foram apaixonados pelo poder. Eles superestimam sua capacidade de enxergar as "verdadeiras forças" que agem na sociedade e se sentem indevidamente lisonjeados quando recebem atenção dos poderosos. Alguns também se sentem fascinados pelo terror e pela violência, e ignoram as terríveis conseqüências humanas disso. Essa tendência foi recentemente corporificada pelo compositor alemão contemporâneo Karlheinz Stockhausen. Ignorando a miséria humana causada pelo bombardeio das torres gêmeas, Stockhausen proclamou o ataque como "a maior obra de arte na história do mundo".[18] Stockhausen foi capaz de ignorar a natureza e as conseqüências do ato e chamar a atenção para ele como se tivesse sido simplesmente uma criação da imaginação.

Há uma antiga piada sobre mudar mentes. Inicialmente, o crítico rejeita a idéia nova como absurda. Algum tempo depois, ele a trata como se ela fosse a sabedoria convencional. Finalmente, ele declara que sempre pensou assim. Os intelectuais que realmente mudaram de idéia sobre o comunismo raramente o fizeram com elegância. Em vez de declarar que foram tolos, ingênuos ou oportunistas, é mais provável que ponham a culpa alhures ou neguem que sua mudança mental foi tão dramática quanto parece para quem está de fora. Se possível, eles tentam caracterizar a mudança mental como refletindo uma consistência subjacente mais profunda: dizem que sua crítica ao capitalismo sempre esteve correta e que Stalin inicialmente era uma pessoa maravilhosa, que foi surpreendido pela ascensão do fascismo; que da próxima vez que um líder comunista tiver uma oportunidade, ele aprenderá com os erros de Stalin e reformulará correspondentemente o estado. É claro, após o descrédito que sofreram todos os regimes comunistas, variando de Cuba à Coréia do Norte e à Europa Oriental, fica mais difícil manter essa posição. Mas alguns marxistas na Europa ainda pensam assim.

Essa tendência entre os intelectuais é o que torna notável a confissão pública de Chambers. Nos termos das nossas sete alavancas de mudança, poderíamos dizer que essa mudança dramática deveu-se aos seus poderes de *razão* diante de *eventos do mundo real* (isto é, a União Soviética de Stalin) e à ausência de ressonância desses eventos com os ideais que Chambers defendia. Para outros que finalmente enxergaram a luz, é possível que o acúmulo de informações, a oportunidade de assegurar *recursos* adicionais ou encontrar as evidências contrárias em muitas *formas representacionais* – de trabalhos de ficção ao sofrimento pessoal – também tenham desempenhado um papel na rejeição do comunismo.

Na esfera política, a maioria das mudanças mentais é mais gradual e menos memorável. Aqueles que simpatizavam um pouco com o comunismo passaram a simpatizar menos; os que tinham fé na democratização de novas nações gradualmente perderam essa fé; aqueles que eram céticos em relação aos aspectos benignos das forças de mercado passaram a vê-los mais benevolentemente (ou vice-versa). Winston Churchill declarou, em um comentário que ficou famoso: "Na juventude, todo aquele que não é socialista é um idiota; na meia-idade, todo aquele que ainda é socialista é um tolo". Quando essas mudanças mentais esperadas ocorrem gradualmente, é menos provável que sejam notadas pela própria pessoa ou por aqueles que a cercam e, assim, há menor necessidade de uma confrontação direta da mudança produzida.

Mudanças na direção oposta – um conservador que anuncia que agora está se tornando mais liberal – tendem a atrair notoriedade. Mas essas mudanças às vezes não convencem. Em 2002, o jornalista norte-americano David Brock,[19] outrora um fanático de direita, admitiu que distorcera fatos em seu jornalismo anterior (sobre ícones de esquerda como a professora de direito Anita Hill e Bill Clinton), anunciou sua simpatia por causas mais liberais e tentou reparar os erros que cometera. Seu anúncio público atraiu atenção, mas notavelmente pouca simpatia quer de seus antigos amigos da direita quer de seus supostos novos associados da esquerda. Os seres humanos odeiam admitir erros em qualquer esfera, especialmente na política. Nós buscamos, em vão, por réplicas de Fiorello La Guardia, o prefeito de Nova York que proclamou, candidamente: "Quando eu cometo um erro, é dos bons!".

Como que respondendo ao seu predecessor, o ex-prefeito Rudolph Giuliani distinguiu entre dois tipos de mudança mental relatados por políticos: "A noção de que mudar de idéia sobre uma questão é 'indecisão' é falsa. Por meio de tentativa e erro percebemos que uma idéia que tínhamos estava errada... Uma coisa é mudar de idéia conforme você evolui intelectualmente. Outra, bem diferente, é mudar de idéia porque a obediência política ou uma imprensa ruim sugerem um curso mais popular".[20]

DAMASCO, LUTHER E AS MUDANÇAS DE FÉ DO FUNDAMENTALISTA

Talvez a mudança mental mais famosa de todos os tempos seja a sofrida pelo rabino Saul de Tarso durante o primeiro século d.C. Tendo perseguido o cristianismo e, na verdade, embarcado em uma jornada para Damasco para suprimir essa seita nova e problemática, Saul ficou temporariamente cego. Ele ouviu uma voz trovejando: "Por que me persegues?". Em sua chegada a Damasco, Saul (agora Paulo) recuperou a visão e se converteu ao cristianismo. Ele estudou a vida de Cristo e se tornou um líder – um apóstolo – do cristianismo: teve um papel central no trabalho missionário, construiu igrejas, formulou a doutrina e escreveu epístolas que explicavam a fé. Paulo percebera os seus erros, sofrera uma conversão dramática e foi capaz de utilizar suas experiências pessoais como uma base a partir da qual se comunicar com outros que poderiam ser persuadidos a mudar sua fé religiosa. Em nossos termos, poderíamos dizer que um *evento real* no mundo de Paulo desencadeou essa mudança dramática em sua mente – uma mudança que ressoou nele e por fim ressoaria em milhões de outros.

Mudanças de fé são experiências intensamente pessoais. Em geral, seguimos o credo dos nossos pais, e a extensão da nossa religiosidade é um produto conjunto da religiosidade da nossa família e da nossa predisposição a ser, nas palavras de Eric Hoffer, um "verdadeiro crente".[21] Há pouco incentivo para mudar de religião quando tudo ao nosso redor faz parte da mesma religião, quando as questões de fé têm uma importância comparável para nossos iguais, e quando as coisas estão indo razoavelmente bem em nossa vida.

Mudanças mentais na esfera religiosa, como a sofrida no início da era moderna por Martin Luther, têm portanto um peso imenso. Luther era um monge alemão dedicado que, como os jovens idealistas, tentava viver de acordo com os preceitos da fé católica estabelecida. Mas, em torno dele, Luther detectava sinais de que a Igreja em si era profundamente imperfeita. Os padres estavam interessados em se engrandecer, não em ajudar os pobres e os fiéis. Roma era um centro de poder e intriga, não um reservatório de espiritualidade. Os católicos comuns sentiam-se alienados da linguagem remota, das práticas degradadas de fé, da frouxidão do clero e da desenfreada venda de privilégios e expiação. Luther encontrou sua salvação pessoal no retorno às escrituras e às mensagens de Cristo de fé e amor. Ele não foi o primeiro herético a colocar seu desprazer em palavras e, em poucos anos, em ações. Mas ele se destacou em termos da franqueza com que rompeu com a Igreja, atacou o papado e tentou estabelecer uma igreja reformada na Alemanha. Seu protesto teve um sucesso sem precedentes e, em poucas décadas, milhões de cristãos tinham abraçado a igreja rival. Como no caso de Saul, eventos do mundo real provocaram Luther, e ele foi capaz de descrever sua revelação – observe o significativo "re" – de uma maneira que ressoou em cristãos comuns no século XVI e nos séculos seguintes.

De todas as mudanças mentais religiosas, as mais dramáticas hoje em dia envolvem o fundamentalismo. Existem tendências fundamentalistas em todas as religiões, é claro, mas as que recebem maior atenção na América contemporânea são os ramos fundamentalistas do protestantismo. Os fundamentalistas cristãos aderem a uma versão literal das escrituras. Por meio de um estudo perpétuo de textos bíblicos, afirmam esses fiéis, é possível compreender o que aconteceu no passado, levar uma vida apropriada no presente e predizer eventos futuros. Os fundamentalistas vivem em comunidades fechadas em que apóiam mutuamente as interpretações que cada um faz dos eventos, desenvolvem argumentos contra os não-crentes e tentam, tanto quanto possível, evitar os costumes e as tentações do mundo moderno, secularizado.

A partir de estudos sociocientíficos, sabemos bastante sobre as pessoas atraídas para o fundamentalismo e sobre as condições em que o indivíduo pode abandonar uma seita fundamentalista.[22] Muitos, se não a maioria, dos convertidos vêm de famílias infelizes: fatores comuns incluem lares desfeitos, histórias de abuso de drogas e violência, e incerteza sobre a identidade dos pais. Conforme descrito pelo sociólogo Chana Ullman, "o período de dois anos precedente à conversão é, para a maioria dos convertidos, dominado pelo desespero, dúvida sobre o próprio valor, medo de rejeição, tentativas fracassadas de lidar com a raiva, sentimentos de vazio e distanciamento dos outros".[23] Candidatos à conversão experienciam menos recompensas, ficam deprimidos pelos eventos do mundo real e resistem às idéias e ideais de seus vizinhos. Em meio ao desespero, esses indivíduos encontram uma comunidade que os recebe calorosamente, de braços abertos e os apóia. Sem precisar responder a muitas perguntas, a alma perdida é absorvida pela comunidade e tratada como uma parte integral dela. Em troca, ela só precisa fazer uma coisa: aceitar sem críticas os ensinamentos centrais da seita. Considere o testemunho do ex-fundamentalista David Coffin:

> O importante a lembrar é que os cristãos fundamentalistas irão a qualquer sarjeta, bar imundo ou ao infernal pesadelo de uma vida familiar estilhaçada para oferecer uma alternativa viável com regras estritas, categorias "preto-e-branco" de ver a vida, uma comunidade apoiadora, amizade e interação. Onde mais um total estranho vindo das ruas seria recebido com jantares de deliciosa comida caseira, cantos alegres e pessoas se apertando as mãos e se abraçando? Comparado com uma vida de bebida em excesso e um emprego que o provedor odeia, o cristianismo fundamentalista oferece uma oportunidade para essa pessoa ter dignidade, honra e bênçãos.[24]

Eu descreveria a postura mental do fundamentalista da seguinte maneira: um adepto decide voluntariamente que não mudará mais de idéia de forma significativa. Todos os esforços da comunidade fundamentalista são dirigidos para sustentar o atual sistema de crenças e rejeitar noções estranhas à doutrina. Diria, inclusive, que o fundamentalista suspende voluntariamente a sua imaginação, pois conforme nos lembra a decisão de Chambers de abrir livros anticomunistas, no momento em que imaginamos que os acontecimentos ou as crenças poderiam ser diferentes, estamos nos arriscando à heresia. David Hartman, o filósofo religioso baseado em Israel, diz o seguinte: "Uma estrutura monolítica não cria uma mente crítica... Quando existe uma única verdade auto-evidente, nada jamais é desafiado e nunca é gerada uma centelha de criatividade".[25]

É difícil escapar de um ambiente assim, que tudo encerra. No entanto, uma grande proporção da seita – talvez cerca de metade das pessoas criadas em comunidades fundamentalistas – rompe com essa maneira de pensar. De longe, o maior número daqueles que partem é de adolescentes. Diferentemente das crianças pequenas, que estão presas à realidade concreta que as cerca, os adolescentes tornam-se capazes de pensar em termos de diferentes sistemas explanatórios, retirados da política, ciência e religião, e muitos deles percebem que aquilo que acreditavam ser a palavra de Deus é apenas uma entre muitas maneiras de dar sentido ao mundo. Além disso, é uma maneira de pensar que os impede de ter acesso a alguns dos aspectos mais animados, vibrantes e significativos da experiência e a muitos dos outros adolescentes mais brilhantes.

Quase todos precisamos ter algumas crenças vitais. Diferimos uns dos outros na coerência que essas crenças devem ter e em nossa disposição para modificá-las. O apelo de um sólido conjunto de crenças compartilhado por todos os que nos cercam está claro; mas, especialmente em uma sociedade pluralista, os custos envolvidos em eliminar todas as outras perspectivas são patentes. Na batalha pela fé, então, testemunhamos os impulsos conflitantes da *razão*, da *resistência*, da *ressonância* e das *realidades* da experiência cotidiana. Muito possivelmente, descrições convincentes de uma vida desejável exercem enorme influência sobre a possibilidade de a pessoa absorver e aderir a uma estrutura mental fundamentalista.

MUDANÇAS MENTAIS NA ESFERA ACADÊMICA

Até este ponto do capítulo examinamos como as mudanças mentais na esfera política refletem, tipicamente, uma análise do que acontece no mundo. A rápida queda do comunismo, por exemplo, fez com que muitos indivíduos questionassem a viabilidade dessa forma de governo. Também vimos de que modo mudanças mentais na esfera religiosa refletem a vida emocional da pessoa, assim como sua relação com Deus e, na expressão evocativa do teólogo Paul Tillich, com as "preocupações máximas". Aquilo que ela sente em seu íntimo convence uma pessoa a retornar à sua fé, outra, a mudar para uma nova fé e uma terceira, a se tornar agnóstica ou atéia.

Entretanto, quando falamos sobre mudanças mentais na esfera acadêmica, entra em ação outro conjunto de forças. Os acadêmicos estão no negócio de desenvolver sistemas de idéias que expliquem o mundo: os cientistas tentam explicar o mundo físico e biológico; os humanistas, o mundo da experiência humana; os filósofos oferecem explicações, ou pelo menos reflexões, sobre os mistérios da vida, da morte e a natureza da realidade e da experiência.

Diferentemente de outras esferas discutidas neste capítulo, então, nas quais a mudança mental chega como uma surpresa – e normalmente após considerável luta –, os acadêmicos, abertos a novas idéias, esperam mudar suas mentes de modo razoável. (Na verdade, conforme observamos no Capítulo 6, o negócio dos artistas, cientistas, acadêmicos e outros líderes "indiretos" *é* mudar a mente dos outros.) Evidências novas alteram crenças. Após os experimentos de Albert Michelson e Edward Morley e do trabalho teórico de Albert Einstein, os físicos deixaram de acreditar na existência do éter. O filósofo alemão Immanuel Kant leu o filósofo escocês David Hume sobre a natureza da explicação causal e foi "despertado" de sua "modorra dogmática". Tendências não-antecipadas no mercado de trabalho desafiam o modelo da economista e a fazem mudar seus parâmetros. No entanto, ao mesmo tempo, os acadêmicos – baseando-se no passado e vivendo principalmente em suas próprias mentes – valorizam imensamente a consistência e a continuidade. Como no caso da política norte-americana contemporânea, muitos consideram um sinal de fraqueza acadêmica anunciar que mudaram de idéia significativamente. E, conforme notamos em intelectuais (que não são necessariamente acadêmicos, ou vice-versa), muitos indivíduos não gostam de mudar de idéia publicamente – veja os dois exemplos a seguir.

Sigmund Freud certa vez proferiu uma palestra na qual expressou suas idéias sobre um assunto. Após a palestra, um aluno aproximou-se do mestre e, timidamente, falou que ele dissera o contrário do que escrevera alguns anos antes. Profundamente cético, Freud exigiu evidências. O aluno encontrou o texto em questão e o mostrou a Freud. Freud leu o texto, olhou diretamente para o aluno e respondeu, rispidamente: "*Aquilo* estava certo *na época*". O lingüista Noam Chomsky é famoso por introduzir uma teoria revisada da lingüística a cada cinco ou dez anos, confundindo assim os seus alunos, que promulgavam a teoria prévia como se fosse a última palavra do mestre. Mas Chomsky insiste – e suponho que ele acredita – que existem profundas continuidades em sua teoria e que as mudanças representam apenas um reflexo superficial do mesmo programa científico básico, seguido fielmente durante o último meio século.

Portanto, é consideravelmente interessante quando um acadêmico sofre uma grande mudança de perspectiva e a reconhece como tal. Um dos exemplos mais notáveis desse fenômeno é a mudança nos escritos do filósofo anglo-austríaco Ludwig Wittgenstein. A maior obra que Wittgenstein produziu nos primeiros anos de sua vida foi o *Tractatus Logico-Philosophicus*. Nesse trabalho, apresentou uma visão severa da natureza do conhecimento: o conhecimento baseia-se em uma crença em fatos, acuradamente descritos em linguagem e lógica; quando os indivíduos não sabem falar sobre alguma coisa, recomenda-se que fiquem em silêncio. Existe uma relação explícita entre os objetos do mundo, as palavras da linguagem e os pensamentos da mente da pessoa.

Entretanto, em anos subseqüentes, Wittgenstein rejeitou essa abordagem. Ele passou a ver a linguagem como uma série de práticas executadas em uma comunidade. Em vez de contar com a ciência, a matemática e a lógica como a firme fundação do conhecimento, Wittgenstein passou a acreditar que os enigmas da vida estão presentes em nosso uso da linguagem. Se compreendermos com certa acuidade nossos usos da linguagem, seremos capazes de dissolver (em vez de resolver) problemas filosóficos. Essa diferença foi tão notável, que o Wittgenstein anterior (como passou a ser chamado) tinha um grupo de seguidores diferente do Wittgenstein posterior. O Wittgenstein anterior continuava focalizando a linguagem como um retrato do mundo como ele é; o Wittgenstein Posterior via a linguagem como criando os mundos cognitivos em que estamos enredados.

De maneira interessante, embora a mudança em seu pensamento estivesse óbvia para todos (incluindo Wittgenstein), ele não se estendeu sobre o assunto. Ele se limitou a breves comentários como este: "Há quatro anos, tive ocasião de reler o meu primeiro livro e explicar suas idéias para alguém. Subitamente, pareceu-me que deveria publicar junto as antigas e as novas idéias, para que as últimas pudessem ser vistas sob a luz certa pela comparação com o *background* da minha antiga maneira de pensar. Pois desde que comecei a me ocupar com a filosofia novamente, 16 anos atrás [isto é, em 1929), fui forçado a reconhecer graves erros no que escrevi naquele primeiro livro".[27]

Nos termos dos nossos sete Rs, a mudança mental de Wittgenstein ocorreu por meio da *razão* – sua análise lógica do seu trabalho anterior –, mas sem grandes explicações sobre como ela aconteceu. Na verdade, por mais rara que seja uma mudança mental anunciada, é ainda mais raro um acadêmico detalhar explicitamente a mudança mental e as razões que a instigaram.[28] O filósofo e antropólogo francês Lucien Lévy-Bruhl fez exatamente isso, após uma mudança mental que resultou de outra das nossas sete alavancas: a pesquisa.

Lévy-Bruhl tornou-se famoso por uma série de livros nos anos iniciais do século passado.[29] Nesses influentes textos, ele expôs as profundas diferenças entre a mente dos seres humanos primitivos e a mente dos seres humanos modernos, avançados. O antigo Lévy-Bruhl (como o chamarei) afirmava que os primitivos não eram capazes de pensar logicamente e manifestavam um estranho fenômeno denominado "participação", em que um objeto poderia se tornar parte de outro – por exemplo, um animal poderia ser tanto ele mesmo como uma parte do espírito humano. Lévy-Bruhl foi pesadamente criticado por fazer tais declarações definitivas, especialmente por antropólogos que observaram que ele jamais conhecera um homem primitivo e afirmaram que ele interpretara mal os dados sobre os quais baseara suas interpretações.

Diante de uma crítica tão mordaz, a maioria dos acadêmicos faria alguma das seguintes coisas: passaria para um tópico totalmente novo; não arredaria pé; introduziria mudanças sutis na argumentação, sem reconhecer explicitamente a validade da crítica. Para seu crédito, Lévy-Bruhl rejeitou tais ações costumeiras. Ao invés, em escritos subseqüentes, discutiu abertamente os pontos em que fora longe demais e superinterpretara os dados; ele realmente admitiu que aprendera com seus críticos e assumiu uma posição bem mais matizada. Notavelmente, em uma série de cadernos que manteve nos últimos anos de vida, discutiu explicitamente suas ambivalências, mudanças de idéia e erros de interpretação e argumento.[30] Considere quatro desses comentários "de recuo":

- Seria realmente um avanço se, em vez de pressupor esses "hábitos mentais" nos homens primitivos, nós abandonássemos a idéia, pelo menos temporariamente, a fim de examinar os fatos.[31]
- Renunciei à idéia de participação. Sei muito mais e analiso muito melhor do que há 30 anos.[32]
- Não me expressarei mais dessa maneira. Acima de tudo, não colocarei mais no mesmo nível, por assim dizer, as duas características fundamentais da mentalidade primitiva, pré-lógica e mística. Agora parece que existe uma única característica fundamental.[33]
- O passo que acabei de dar, e espero que seja decisivo, consiste, resumidamente, em abandonar um problema malproposto, que resultou em

algumas inextricáveis dificuldades e no meu confinamento a uma pergunta cujos termos são sugeridos apenas pelos fatos.[34]

Claramente, Lévy-Bruhl foi muito mais franco do que a maioria dos acadêmicos ao falar sobre sua mudança mental e suas bases na razão e na pesquisa. Mas, no entanto, vale a pena observar que essas discussões não apareceram em suas últimas publicações pré-morte, e sim em cadernos que foram publicados alguns anos após a sua morte. Nunca saberemos se, em textos publicados, ele teria sido tão franco com o restante do mundo quanto foi consigo mesmo.

Em capítulos anteriores, falei sobre mudanças de paradigma que ocorrem de tempos em tempos na ciência. A maioria dos acadêmicos nasce e morre dentro de um paradigma. Alguns, como Darwin e Einstein, criam um novo paradigma que passa a ser aceito, mais ou menos rapidamente, pelas pessoas mais jovens no domínio. Os casos em que um indivíduo desenvolve um paradigma e depois o abandona por outro bem diferente são surpreendentemente raros. Wittgenstein qualifica-se como um deles, Lévy-Bruhl como outro. Conforme sugerido pelo caso de Whittaker Chambers, dois pontos de mudança diferentes parecem estar em ação: um deles envolve a mudança mental da pessoa; o outro, a disposição em anunciar publicamente essa mudança mental e viver com as conseqüências.

MUDANÇAS "COMUNS" EM GENTE "COMUM"

Um outro tipo de mudança mental merece ser explorado aqui. Embora haja menos possibilidades de aparecer em jornais ou ser registrado em livros e em enciclopédias, o restante de nós, gente comum, também muda de idéia. Em virtude de uma ou mais das nossas sete alavancas aqui expostas, mudamos de idéia sobre política, religião e outras esferas com as quais nos importamos. Permita-me usar a mim mesmo como exemplo. Sim, sou acadêmico, e logo mencionarei as mudanças mentais que experienciei em minhas atividades acadêmicas. Mas vou começar com um breve sumário de como, em meu papel de cidadão comum, mudei minha mente de maneiras fundamentais.

Nascido em Scranton, Pensilvânia, em plena Segunda Guerra Mundial, cresci em uma época de revistas mensais de notícias publicadas de acordo com as inclinações do editor Henry Luce. Como outros da minha geração, fui submetido a um constante fluxo de triunfalismo norte-americano e propaganda sobre a guerra fria. Correspondentemente, via os Estados Unidos como o expoente da liberdade no mundo e, como um espécime branco do sexo masculino, supunha que todos os membros do meu grupo continuariam detendo o poder indefinidamente. (Como filho de refugiados judeus da Alemanha nazista, também me sentia mais marginal do que a maioria e nutria maior simpatia pelos grupos destituídos e marginalizados.) Mas os choques da guerra do Vietnã e os escândalos de Watergate abalaram profundamente a minha fé nas instituições do governo dos Estados Unidos. A guerra do Vietnã convenceu-me de que a política externa dos Estados Unidos podia ser profundamente falha. Ao mesmo tempo, apesar de não ter me envolvido muito nos protestos dos anos de 1960, minhas idéias sobre o *status* e as possibilidades das mulheres, negros e outras minorias também mudaram notavelmente. O fracasso parcial da Grande Sociedade de Lyndon Johnson convenceu-me de que os problemas das zonas urbanas de miséria dos Estados Unidos eram muito mais intratáveis do que eu pensara. Os assassinatos de John F. Kennedy, Robert Kennedy e Martin Luther King Jr. – e as reações a esses assassinatos – convenceram-me de que o ódio na sociedade norte-americana era muito mais global e profundamente enraizado do que eu imaginara. Finalmente, quaisquer pensamentos restantes que eu tivesse sobre o *status* sem paralelo dos Estados Unidos no mundo foram destruídos para sempre pelo ataque em 2001 às torres gêmeas e pelas reações subseqüentes no mundo inteiro.

Cada uma dessas mudanças mentais é significativa. E se eu comparar as minhas crenças em 1950, 1975 e 2000, as diferenças são grandes. Mas é importante que eu diga que tais diferenças ocorreram gradualmente, em geral quase imperceptivelmente, de um mês ou ano para o seguinte. Não tive nenhuma experiência como Paulo teve na estrada para Damasco. Nem senti necessidade de retirar meu apoio à Rússia stalinista, como fez Ignazio Silone, ou admitir uma mudança intelectual, como ocorreu na transição do Wittgenstein anterior para a sua encarnação posterior. Lembre o que Nicholson Baker disse: o que caracteriza a mudança mental em circunstâncias comuns é que ela ocorre em grande parte sob a superfície; a menos que tenhamos uma memória incrível ou um diário bem-documentado, poderemos nos surpreender ao descobrir que já tivemos um ponto de vista contrário. Ademais, quando as nossas mudanças mentais ocorrem junto com mudanças que acontecem simultaneamente na mente de milhões de outros contemporâneos, elas provavelmente nem serão notadas – elas se fundem na "sabedoria convencional" ou *Zeitgeist* que se desenvolve gradualmente.

Mas o que posso dizer sobre as áreas às quais dediquei a maior atenção? E o meu trabalho como psicólogo que estuda a mente humana há quase 40 anos? Certamente posso apontar mudanças de ênfase ao longo dos anos. Antigamente, eu pensava em todas as artes como semelhantes umas às outras, e na criatividade como ocorrendo igualmente em várias formas de arte. Atualmente, enfatizo as diferenças entre as formas de arte e vejo a criatividade como possuindo características distintivas em cada arte, ciência e profissão específica. Antigamente, eu defendia uma abordagem progressiva à educação infantil inicial, em que o brincar e o explorar eram essenciais e precisavam ocorrer antes do desenvolvimento de habilidades. Mas depois de passar um bom tempo na China durante a década de 1980, decidi que não era tão importante assim que a educação começasse com uma sólida imersão no brincar e no explorar; é igualmente válido começar, ao estilo chinês, pela aquisição de habilidades. Compreendi que o importante é a *oscilação* entre períodos de exploração relativamente livre, por um lado, e o cuidadoso cultivo de disciplina e habilidade, por outro. Além disso, antigamente, eu pensava que deveria haver uma abordagem melhor à educação nos Estados Unidos. Depois de passar uma década na reforma escolar, todavia, cheguei à conclusão de que essa aspiração é uma ilusão. Os norte-americanos diferem demais uns dos outros em filosofia educacional para concordarem com "um sistema melhor": na verdade, como seria possível agradar a Jesse Jackson, Jesse Helms e Jesse Ventura com um único currículo? É muito melhor oferecer opções, embora pessoalmente acredite que o número de opções deveria ser limitado.

Com relação a idéias acadêmicas específicas, as minhas mudanças mentais foram menos dramáticas. Por exemplo, embora eu agora veja os defeitos em Freud e Piaget, nunca senti necessidade de romper abertamente com seus legados. Como alguém que tem pensado intensivamente sobre as inteligências múltiplas, estou mais consciente das deficiências dessa teoria do que a maioria; no entanto, estou longe de declarar que a minha teoria foi refutada ou que adotei uma nova visão do intelecto humano, holística, unitária ou geneticamente determinada. Eu não gostei do comportamentalismo desde o início, e sempre gostei da visão cognitiva; e, apesar de agora ser capaz de defender certas coisas no comportamentalismo e criticar outras no cognitivismo, dificilmente estaria disposto a reverter às ortodoxias de 1950.

O que nos leva, finalmente, a questões de temperamento e *themata*. Devemos o conceito de *themata* a Gerald Holton, físico e historiador da ciência na Universidade de Harvard.[35] Mesmo que os paradigmas na ciência possam mudar, Holton insiste que motivos subjacentes profundos tendem a caracterizar a abordagem de cada pessoa (e às vezes de um campo) às questões ao longo do tempo. Nas suas palavras, *themata* são "pressuposições, noções, termos, julgamentos metodológicos e decisões fundamentais... que não decorrem diretamente de, nem são solucionáveis em, observações objetivas, por um lado, ou raciocínio lógico, matemático e outros raciocínios analíticos formais, por outro".[36] Um tema se refere à suposição de que o mundo é contínuo; um tema contrastante ou antitema afirma que o mundo é descontínuo. Outros temas centram-se na pergunta sobre se tudo é explicável, se tudo pode ser expresso em termos matemáticos, se todo o conhecimento pode ser reduzido às unidades mais simples, ou se é melhor pensar em pelo menos alguns conhecimentos como emergentes, e assim por diante.

Utilizando a mim mesmo como exemplo novamente, sou uma pessoa que tende a ver validade em diversas posições e, quando possível, busca harmonizá-las ou sintetizá-las. O meu temperamento é conciliador, ao invés de confrontador, minha disposição acadêmica é sintética, ao invés de analítica. Adoro examinar a mesma questão de múltiplas perspectivas, através das lentes proporcionadas por variadas disciplinas acadêmicas. É difícil para mim me imaginar como intransigente em qualquer coisa – em política, em religião, na academia ou na esfera pessoal – ou me ver totalmente engajado, durante décadas, na análise de uma questão ou conceito específico. Mais cedo ou mais tarde, eu recuaria um passo e tentaria colocar a questão em um contexto mais amplo, mais sintético... ou simplesmente passaria para outro enigma ou problema. Sou sensível às resistências em ambos os lados de uma questão. Entretanto, não me satisfaço em criar a tipologia ou taxonomia e deixá-la lá. Eu também sinto um impulso unificador e sintetizador, que me estimula a tentar conectar essas partes componentes em um todo mais coerente. No esquema Holton de coisas, eu seria um divisor ou analista que, fundamentalmente, quer ser um englobador; na linguagem mais poética que o filósofo Isaiah Berlin tomou emprestada do poeta grego do século VII, Archilochus, sou uma "raposa" que aspira a ser um "porco-espinho".[37] E, na linguagem deste livro, as posições que mais ressoam em mim são as que apresentam tanto análise como integração.

Mudar mentes em questões de conseqüência nunca é fácil; proclamar que mudamos de idéia é ainda mais difícil. Quando ocorre uma mudança mental, é mais provável que esteja ligada a questões prontamente articuladas e categorizáveis: "Eu era democrata, mas, a partir de agora, votarei nos republicanos" ou "Eu finalmente me convenci de que o comportamentalismo nunca irá explicar a aquisição da linguagem, então vou passar para o lado de Chomsky". É difícil reconhecer os temas aos quais somos filiados de modo profundo e muitas vezes inconsciente e, assim, é ainda mais difícil para o indivíduo mudar suas suposições fundamentais sobre a natureza da experiência. Nos termos da minha análise, o que ressoa em nossa psique é o que mais prezamos e mais dificilmente abandonaremos.

Na verdade, só aqueles cujo traço definidor é a instabilidade ou a fluidez acham fácil mudar de idéia e anunciar que fizeram isso. Mas, nesse caso, não levamos a sério essas mudanças mentais, pois elas revelam mais sobre a pessoa do que sobre suas idéias. Pessoas como Whittaker Chambers, Ludwig Wittgenstein ou Lucien Lévy-Bruhl destacam-se porque parecem ser sérias, persistentes, apaixonadas por um ponto de vista – no entanto, acabam adotando outro ponto de vista, surpreendentemente diferente do original. Quando as mudanças mentais têm uma importância imensa, quando as resistências se dissolvem e um novo conjunto de ressonâncias assume o controle, todos nós percebemos.

NOTAS

1. Ambos citados em Steve Thomma, "Growing on the Job", *Miami Herald*, 12 de dezembro de 2001.
2. Citado em David Shribman, "From Change of Mind, Bush Gains Major Turning Point", *Boston Globe*, 7 de junho de 2002, A38.
3. Howard Fineman e Martha Brant, "This Is Our Life Now", *Newsweek*, dezembro de 2001, 22.
4. Thomma, "Growing on the Job".

5. Jessica Matthews, Carnegie Endowment Policy Brief # 18, 2002.
6. Alan Murray, "Bush Agenda Seeks to Remake World Without Much Help", *Wall Street Journal*, 5 de junho de 2003, A4. Veja também David Sanger, "Middle East Mediator: Big New Test for Bush", *New York Times*, 5 de junho de 2003, A14; Richard Norton Smith, "Whose Side Is Bush On?", *New York Times*, 7 de maio de 2003, A29.
7. David Brooks, "Whatever It Takes", *New York Times*, 9 de setembro de 2003, A31.
8. *Business Week*, 16 de setembro de 2002.
9. Fineman e Brant, *"This Is Our Life Now"*.
10. Sam Tanenhaus, *Whittaker Chambers* (Nova York: Random House, 1977), 55.
11. Whittaker Chambers, *Witness* (Nova York: Random House, 1952).
12. Ibid., 25.
13. *Tanenhaus*, Whittaker Chambers, 220, 408.
14. Richard Crossman, The God that Failed (Nova York: Harper, 1950).
15. Citado em Ari Goldman, "Junius Scales, Communist Sent to a Soviet Prison, Dies at 82" (Obituário), *New York Times*, 7 de agosto de 2002, C23.
16. Ignazio Silone, *Emergency Exit* (Nova York: Harper and Row, 1965), 89.
17. Veja, por exemplo, Martin Malia, *Russia Under Western Eyes* (Cambridge: Harvard University Press, 2000); Juluis Muravchik, *Heaven on Earth: The Rise and Fall Of Socialism* (San Francisco: Encounter Books, 2002).
18. Karlheinz Stockhausen, citado em "The Difficult Mr. Stockhausen", *Art Journal*, 30 de setembro de 2001.
19. David Brock, *Blinded by the Right: The Conscience of an Ex-Conservative* (Nova York: Crown Publishers, 2002).
20. Rudolph Giuliani, *"Global Agenda"* (palestra no Fórum Econômico Mundial, Davos, Suíça, Janeiro de 2003), 50.
21. Eric Hoffer, *The True Believer* (Nova York: Harper, 1951).
22. Nancy Ammerman, *Bible Believers: Fundamentalists in the Modern World* (New Brunswick, NJ: Rutgers University Press, 1987); Ellen Babinski, *Leaving the Fold: Testimonies of Former Fundamentalists* (Amherst, New York: Prometheus Books, 1995); James D. Hunter, *American Evangelicism: Conservative Religion and the Quandary of Modernity* (New Brunswick, NJ: Rutgers University Press, 1983); Chandra Ullman, *The Transformed Self: The Psychology of Religious Conversion* (Nova York: Plenum, 1989).
23. Ullman, *Transformed Self*, 19.
24. Citado em Babinski, *Leaving the Fold*, 84.
25. Citado em Thomas Friedman, "Cuckoo in Carolina", *New York Times*, 28 de agosto de 2002, A19.
26. Paul Tillich, *The Essential Tillich*, ed. F. Forrester (Chicago: University of Chicago Press, 1999).
27. Ludwig Wittgenstein, *Philosophical Investigations* (Nova York: MacMillan, 1953), x.
28. Em um exemplo recente, o professor Mark Taylor renunciou ao desconstrucionismo, uma doutrina que apoiara por 20 anos. "Não é todo dia que um professor faz uma apologia pública aos seus alunos por induzi-los ao erro intelectualmente", comentou Joshua Glenn em "The Examined Life", *Boston Globe*, Setembro de 2003.

29. Lucien Lévy-Bruhl, *How Natives Think* (Londres: George Allen and Unwin, 1910/1926); Primitive Mentality (Londres: George Allen and Unwin, 1923).
30. Lucien Lévy-Bruhl, *The Notebooks on Primitive Mentality* (Nova York: Harper and Row, 1945/1979).
31. Ibid., 30.
32. Ibid., 60.
33. Ibid., 37.
34. Ibid., 90.
35. Gerald Holton, *Thematic Origins of Scientific Thought* (Cambridge: Harvard University Press, 1988).
36. Ibid., 41.
37. Isaiah Berlin, *The Hedgehog and the Fox: An Essay on Tolstoy's View of History* (Londres: Weidenfeld and Nicolson, 1953/1966).

10
Epílogo: o Futuro da Mudança de Mentes

De todas as espécies da Terra, nós, os seres humanos, somos os únicos que se especializam em mudanças mentais voluntárias: mudamos as mentes alheias, mudamos a nossa própria mente. Criamos, inclusive, várias tecnologias que nos permitem ampliar o alcance da mudança mental: poderosos artefatos mecânicos como implementos para a escrita, televisões e computadores, além de instrumentos humanos igualmente poderosos como as estratégias de ensino, os currículos e os testes que associamos às escolas. Nas próximas décadas, a mudança de mentes vai continuar e, com toda probabilidade, se acelerar. Acredito que novas formas de mudança mental surgirão em três áreas – que chamarei de *wetware*, *dryware* e *goodware*.

WETWARE

Chegamos a este mundo com muitos reflexos e tendências, mas o conhecimento que começamos a construir baseia-se nas experiências que vivemos. Cada organismo precisa construir o seu entendimento do mundo a partir do zero. Se todos os rostos que encontrarmos tiverem apenas um olho, veremos o mundo como ciclópico; se a única língua que escutarmos for o esperanto, é essa língua que falaremos; se todas as superfícies forem ásperas (ou macias ou um tabuleiro híbrido de aspereza e maciez), é essa a textura que aprenderemos a sentir. E já que todo esse conhecimento recentemente adquirido é armazenado no cérebro, as áreas corticais e subcorticais responsáveis por essas percepções se tornariam as nossas janelas para o mundo.

Às vezes, é claro, surgem defeitos no desenvolvimento do cérebro. Por exemplo, uma pequena percentagem da população – digamos, 5 a 10% – apresentará genuína dificuldade para aprender a ler textos alfabéticos. Poderíamos hipotetizar que esses indivíduos apresentam um déficit subjacente – talvez em processar os sons da linguagem suficientemente rápido (para poder discernir confiavelmente as diferenças entre *pata* e *bata* no curso da fala comum) ou em conectar sons isolados (*pah*) a determinados rabiscos (*p*, em vez de *q,d* ou *b*). Há 50 anos esses indivíduos teriam sido considerados burros; há 100 anos, eles poderiam ter sido expulsos da escola. Atualmente, porém, percebemos que o problema da dislexia é geralmente um distúrbio específico (em vez de geral), refletindo uma dificuldade de fazer certas conexões neurais que (felizmente) não traz problemas para uma grande maioria da população.

Diante de uma situação como essa, quais são as opções? Até recentemente, a educação de indivíduos com problemas de leitura era em grande parte uma arte. Algumas professoras são capazes de perceber os problemas das crianças e de criar uma série de experiências reabilitadoras. Com o advento das técnicas de neuroimagem, todavia, o tratamento da dislexia está se transformando em uma ciência: será possível identificar, em idades cada vez mais iniciais, aquelas crianças "em risco" de apresentar dificuldades de leitura. Padrões distintos de anormalidade neural indicarão *quais* tipos de intervenção provavelmente serão apropriados e em que idade. Então, depois de ser iniciada essa intervenção, as mesmas técnicas de imagem poderão detectar o seu efeito sobre a organização neural e se as habilidades necessárias de leitura estão, correspondentemente, sendo desenvolvidas.

O resultado dessa intervenção estratégica sobre o nosso cérebro – ou sobre o nosso "*wetware*" – é, evidentemente, uma "mudança mental" no sentido mais literal. Quando tratamos o cérebro como uma caixa-preta, as intervenções necessariamente operam apenas no nível comportamental: elas podem funcionar ou falhar, mas o empreendimento continua sendo um trabalho de adivinhação. Quando começamos a compreender com maiores detalhes o que realmente está acontecendo no cérebro, podemos atacar o problema mais diretamente. Podemos especificar as estruturas que estão em risco; podemos tentar apoiá-las ou desenvolver rotas alternativas e podemos observar o que está acontecendo no cérebro conforme a leitura melhora ou continua igual. O vínculo entre a mudança cerebral e a mudança mental torna-se uma questão de conhecimento, em vez de especulação, oração, sorte ou arte idiossincrática.

Melhorar a capacidade de leitura é uma intervenção que afeta uma habilidade importante. Se a leitura de alguém melhora extraordinariamente, essa pessoa terá acesso a um recurso poderoso para encontrar, e talvez dominar, os conceitos, as histórias e as teorias da sua cultura. Acho que é prematuro pensar sobre intervenções que afetem diretamente as representações neurais de histórias e teorias. As primeiras tentativas bem-sucedidas de mudar os *conteúdos* da mente por meio de intervenções neurológicas provavelmente envolverão conceitos, especialmente aqueles que certo grupo de indivíduos tem dificuldade para dominar. Talvez, por exemplo, essas intervenções ajudem pessoas autistas a compreender conceitos que têm a ver com interações sociais humanas.

Nessa especulação, avançamos do presente para o futuro. Antecipo três abordagens diferentes à mudança de mentes que envolvem diretamente o *wetware*. Uma é o *treinamento comportamental*, que afeta o cérebro e poderá ser observada diretamente pelas imagens. A segunda é a franca *intervenção neural*. Talvez, no futuro, as mudanças no cérebro sejam produzidas diretamente – ou por meio de transplantes neurais ou pelo uso de uma terapia de drogas ou hormônios que efetue alterações especificáveis em conexões neurais. Vamos supor que determinamos que um certo grupo de indivíduos disléxicos tem dificuldade para desenvolver redes neurais nas regiões corticais modais cruzadas que comumente conectam sinais auditivos e visuais arbitrários. Essa parte do cérebro poderia ser fortalecida. A terceira abordagem é a manipulação de genes. Poderíamos descobrir que os indivíduos disléxicos apresentam mutações em genes situados nos cromossomos 1, 2, 6 e/ou 15.[1] Em vez dos métodos indiretos de manipulação comportamental ou neural, poderíamos tentar uma terapia nos genes imperfeitos – ou reparando-os ou substituindo-os.

Não me sinto muito à vontade ao propor experimentos cerebrais e genéticos diretos para corrigir defeitos cognitivos. Mas tenho poucas dúvidas de que esses melhoramentos neurais – como atualmente são chamados – serão tentados.[2] Além disso, se tais intervenções tiverem sucesso e não apresentarem efeitos colaterais notáveis, a maioria das pessoas – incluindo, talvez, eu mesmo – acabará adotando-as. O perigo, evidentemente, é a ladeira escorregadia. Se, amanhã, aceitarmos essas intervenções para corrigir problemas de leitura, será que tentaremos aumentar o QI ou a inteligência interpessoal da mesma maneira? E, aproximando-nos do assunto deste livro, será que tentaremos controle mental e mudança mental, cortesia de nosso maior conhecimento de como o cérebro e a mente funcionam? A neurocientista Martha Farah lembra-nos de quão rapidamente a variedade de ferramentas se expandiu: "Há 20 anos, teria parecido implausível que os neurocientistas pudessem ter índices inclusive experimentais de verdade *versus* mentira, memórias falsas *versus* verídicas, probabilidade de futuros crimes violentos, estilos de raciocínio moral, intenção de cooperar, e até mesmo conteúdos específicos (visualizar casas *versus* rostos). O que teremos dentro de 20 ou 50 anos?"

Enquanto uma coorte de acadêmicos preocupados com a mente humana aborda o entendimento estudando cérebros e genes, outra prossegue com igual gosto estudando sistemas de informação e inteligência artificial: o *"dryware"*, nas minhas palavras.

DRYWARE

Graças aos brilhantes esforços de matemáticos como Alan Turing, Norbert Wiener e Claude Shannon, que estabeleceram nos anos de 1930 as leis básicas da computação e do processamento da informação, os computadores de alta velocidade são ubíquos em nossa vida nos dias de hoje. Eles nos ajudam em todos os tipos de tarefas, do imposto de renda às reservas das passagens de avião para nossas viagens e à orientação de mísseis. Pensadores especulativos, como os peritos em computação Ray Kurzweil e Hans Moravec, vêem tanto o *software* de programação quanto o *hardware* robótico como aumentando em inteligência com cada ano que passa.[4] Eles acreditam que os artefatos superarão os humanos em inteligência em algum momento deste século e que ainda é uma pergunta sem resposta se tais artefatos trabalharão para nós, se nós trabalharemos para eles ou se os seres humanos se tornarão cada vez mais irrelevantes.

Mas mesmo aqueles que adotam uma visão deflacionária dos computadores – como o perito em realidade virtual Jaron Lanier, que acredita que os sistemas de computação foram indevidamente "superestimados"[5] – precisam reconhecer que tais sistemas se tornarão cada vez mais interligados à nossa vida mental e mais capazes de produzir mudanças mentais. Grande parte de nossas interações ocorre atualmente com sistemas de computação com os quais "conversamos" para executar várias tarefas. Crianças pequenas brincam com brinquedos capazes de reagir de maneira emocionalmente convincente aos comportamentos delas. Entidades "vivas" também oferecem conselhos aos adultos, e muitos adultos obtêm um alívio palpável ao conversar com computadores que estão seguindo postulados relativamente simples.[6] As barulhentas máquinas pedagógicas de 50 anos atrás foram substituídas por atraentes *softwares* educativos. Podemos aprender muito navegando pela Internet, mergulhando na hipermídia e em hipertextos, assim como participando da aprendizagem à distância como parte da formação escolar ou profissional.

Aperte a tecla ^{n}*fast-forward* para avançar alguns anos no futuro, e a fusão da cognição humana e dos artefatos provavelmente será mais global. Na medida em que as máquinas se tornarem mais capazes de produzir e compreender a linguagem natural, uma parte muito maior das nossas necessidades e desejos será satisfeita sem a necessidade da interface humana. Tim Berners-Lee, o inventor da *World Wide Web*, acredita que dentro de poucos anos novos sistemas computacionais serão capazes de compreender idéias, de realizar um processamento semântico completo.[7] Diremos a uma *Web* Semântica exatamente o que queremos saber; como uma bibliotecária competente, a *Web* providenciará a resposta e explicará por que ela corresponde ao que foi solicitado. A amazon.com é mais eficiente para sugerir livros adequados ao gosto da minha mulher, com base em seus padrões anteriores de procura e compra, do que qualquer outra pessoa, com exceção de uma amiga íntima. É igualmente provável que as nossas necessidades psíquicas de amor, apoio e motivação sejam crescentemente satisfeitas, também, por artefatos bem-planejados e inteligentemente programados, desde próteses que ajudem pessoas deficientes a se movimentar pelo mundo físico a artefatos que auxiliem pessoas com problemas emocionais. Talvez, em algum tempo futuro, um seminarista perturbado seja "tratado" por um programa chamado EHErikson ou uma negociação difícil seja facilitada por um programa chamado PresProf.

Podemos, inclusive, estender o uso da inteligência artificial às inteligências múltiplas – em que programas inteligentes ajudem cada vez mais as pessoas nas áreas de inteligência em que elas são mais fracas. Por exemplo, eu não sou bom em resolver tarefas espaciais. Peça-me para dobrar e redobrar folhas de papel na minha mente e logo ficarei com dor de cabeça. Conhecendo essa fraqueza, porém, usarei um *software* que representa publicamente as operações espaciais que tenho dificuldade em executar na privacidade da minha mente. Com um pouco de prática, acabarei me tornando tão "inteligente" como um hábil imaginador mental. Está claro, então, que o conhecimento do meu "perfil de IM" será útil para qualquer entidade que queira interagir com a minha mente. Se tal entidade hipotética estiver tentando me ensinar alguma coisa ou me vender algo, ela pode dar informações adequadas aos atuais conteúdos e aos formatos preferidos de minhas representações mentais. Inversamente, se eu estiver tentando comunicar informações para essa entidade, ela será capaz de tirar informações de mim de uma maneira com a qual eu me sinta à vontade, e sua mente – se você me permitir essa atribuição – será correspondentemente afetada pelos conteúdos que estarei transmitindo. E, na extensão em que esses artefatos se preocuparem com a vida emocional e motivacional, eles terão de falar às nossas inteligências pessoais – independentemente de terem uma aparência impressionante ou de parecerem membros plausíveis da "nossa" espécie. (Em uma recente visita ao futurista Media World da Sony, em Tóquio, percebi que os robôs mais novos parecem e se comportam cada vez mais como animais de estimação, se não como crianças pequenas.)

Estou novamente avançando na direção da ciência futura, se não da ficção científica. Admitindo esse ponto, a inteligência artificial já está engajada em mudar nossas mentes e, sem dúvida, o fará em um grau muito maior no futuro. Eu realmente espero que o empreendimento do *dryware* – algum tipo de inteligência artificial – se misture bem mais ao nosso atual *wetware*. Estão sendo criadas interfaces entre *hardware* baseado em silício e tecidos neurais de primatas.[8] Essa transformação ocorrerá mesmo que os críticos estejam certos em suas afirmações essenciais de que a inteligência das máquinas não é do mesmo tipo ou variedade que a inteligência humana, e que permanecerá – pelo menos no futuro previsível – fundamentalmente diferente da inteligência humana e subserviente a ela. De fato, está claro que todo o universo pode ser pensado como um sistema de informação: a informação programada pelo computador e a informação genética são apenas dois exemplos do mesmo gênero. Assim como a ciência computacional e a neurociência se combinaram na neurociência computacional, agora temos algoritmos genéticos, vida artificial e outros compostos que abarcam o golfo entre "*bits*" e "moléculas".[9] Sem dúvida, esse esmaecimento de fronteiras entre o "úmido" (*wet*) e o "seco" (*dry*) continuará, e as mudanças mentais necessariamente acarretarão o reordenamento de todo tipo de informações na psique humana.

Tudo isso traz a pergunta sobre o julgamento de valor: mudar mentes por meio desse esmaecimento de fronteiras é uma coisa "boa" ou "má"?

GOODWARE

Evidentemente, nem a ciência nem a tecnologia são boas ou más em si mesmas. O entendimento de Einstein da relação entre massa e energia pode ser aproveitado para criarmos usinas de energia nuclear ou armas termonucleares. Um lápis pode ser usado para escrever lindos sonetos, para furar o olho de um inimigo intencionalmente ou para fincar a pele acidentalmente. Programas de computador podem calcular o remédio necessário para salvar a vida de crianças em uma terra distante ou para orientar um míssil para que ele atinja um hospital cheio de crianças incapacitadas.

Correspondentemente, os tipos de mudança mental discutidos neste livro podem ter os fins mais variados. Muito do que eu discuti é neutro em termos de valor. Um líder como Napoleão pode inspirar sua nação a fazer guerra; um líder como Nelson Mandela pode provocar uma mudança extraordinária no regime político por meios pacíficos. O treinamento religioso pode induzir jovens islâmicos (ou cristãos ou judeus) a darem início a uma guerra santa contra os infiéis ou a levar uma vida pacífica em uma sociedade pluralista. E mesmo a mudança mental íntima em uma família, na terapia ou em relações amorosas pode acontecer de maneira construtiva ou destrutiva para aqueles que fazem parte do círculo ou para os próprios indivíduos.

Pensadores influentes no Ocidente fizeram um trabalho excelente ao separar a excelência na técnica da distinção na moralidade. Percebemos que uma pessoa pode ser muito habilidosa sem o mínimo critério moral; que alguém pode ser ético sem possuir a competência necessária; e que muitos de nós não se destacam nem em termos de excelência nem de responsabilidade social. Passamos a compreender que a maioria dos especialistas representa um amálgama de conduta ética e não-ética: como pesar a coragem e o heroísmo de Mao Zedong contra o covarde comportamento do tirano envelhecido? Ou, para usar exemplos mais locais, como equilibrar a balança ética se formos julgar figuras políticas complexas da década de 1960 como Lyndon Johnson ou Malcolm X?

Olhando para o futuro, podemos nos perguntar se será possível mudar mentes de modo que a excelência e a ética estejam mais estreitamente associadas. Recentemente, Mihaly Csikszentmihalyi, William Damon e eu estudamos o que chamamos de trabalho qualificado – um trabalho que é simultaneamente excelente em termos técnicos e busca resultados éticos, morais e responsáveis. Existem Trabalhadores Qualificados em todas as profissões e domínios. Entre os indivíduos mais recentes que admiro estão a editora Katharine Graham, o violoncelista Pablo Casals, a escritora ecologista Rachel Carson, o cientista Jonas Salk, o jogador Jackie Robinson e a figura pública dos Estados Unidos John Gardner (não é parente!), aos quais meus colegas e eu dedicamos o nosso livro de 2001 – *Trabalho qualificado: quando a excelência e a ética se encontram*.[10] Embora o quociente ético de qualquer indivíduo possa ser contestado, existe claramente uma diferença entre os indivíduos que tentam ser responsáveis na dimensão ética e aqueles para os quais só importa o sucesso monetário ou mundano.

Como se tornar um trabalhador qualificado, e como permanecer assim diante de várias tentações? Nossos estudos sugerem alguns fatores, incluindo o desenvolvimento de um sólido código moral na infância (geralmente pela formação religiosa), o meio da formação inicial da pessoa (por exemplo, clubes na escola, faculdade) e o tipo de apoio dos iguais e dos mentores recebido no primeiro emprego. Porém, mesmo no caso desses fatores iniciais apoiadores, o indivíduo pode escorregar. As tentações estão em toda parte; ambientes profissionais novos ou alterados podem honrar um trabalho ruim ou comprometido; as condições de um domínio podem mudar tão cataclismicamente que deixa de ficar claro o que é, e não é, trabalho qualificado. De forma correspondente, é importante que os profissionais recebam doses periódicas de "vacinas", como experiências intensas que sublinhem a continuada necessidade de um trabalho qualificado e demonstrem como ele pode ser executado.

Como podemos determinar se somos ou não trabalhadores qualificados? Nós propomos um processo triplo, convenientemente designado por três Ms: missão, modelo e teste do espelho (*mirror test*).

Em primeiro lugar, é importante reconhecer e confirmar a *missão* da nossa profissão. Por que escolhemos essa profissão, qual é a sua contribuição para a sociedade, como concebemos pessoalmente o nosso domínio profissional? Eu sou professor, por exemplo. Acredito que a missão de ensinar tem três facetas:

1. apresentar aos alunos o melhor pensamento do passado;
2. preparar suas mentes para um futuro incerto, em que o conhecimento será obtido ou transformado de maneiras difíceis de antecipar; e
3. modelar aspectos de civilidade no tratamento dos indivíduos e materiais do trabalho.

Para mim, não é suficiente memorizar um juramento ou missão criados por outra pessoa. Preciso examinar essa missão de tempos em tempos, personalizá-la, revisá-la, se necessário, e monitorar criticamente se estou cumprindo os aspectos da missão.

A seguir, precisamos procurar e reconhecer *modelos*. Alguns desses modelos serão admiráveis: indivíduos que respeitamos e aos quais recorremos em busca de orientação no nosso trabalho. Também aprendemos a partir de modelos de papel negativos – que chamamos de antimentores ou atormentadores. Esses indivíduos servem como histórias admonitórias – faça eu o que fizer, não quero ser como o Xc#!vYz@!

Finalmente, existe o *teste do espelho*. Todo profissional precisa se olhar regularmente no espelho e fazer algumas perguntas pessoais: "Sou um trabalhador qualificado? Estou orgulhoso do trabalho que faço? Se não estou, o que posso fazer para me tornar um trabalhador qualificado?" O espelho será inútil, evidentemente, se mentirmos para nós mesmos; é por isso que ajuda verificar a autopercepção (nos meus termos, a inteligência intrapessoal) à luz de avaliações de indivíduos cuja opinião merece a nossa confiança. O teste pessoal do espelho pode ser complementado com um teste mais amplo: "Estou orgulhoso da maneira pela qual meus colegas de profissão estão executando seu trabalho? A minha profissão é atualmente marcada pelo trabalho qualificado?" Se existe um golfo entre os testes do espelho pessoal e profissional, isso é um chamado de clarim, um sinal de que nem tudo anda bem. Para ajudar uma profissão que não anda bem, identificamos um papel especial de "curador": a tarefa auto-imposta dessas figuras seniores é ajudar a manter um trabalho de qualidade em todo o domínio. Como salientou, perspicazmente, o dramaturgo Jean-Baptiste Molière: "Nós somos responsáveis não apenas pelo que fazemos, mas também pelo que não fazemos".

Deixe-me explicar a ligação entre trabalho qualificado e mudança mental. No mundo contemporâneo, muitos de nós consideram o trabalho como uma área de excelência profissional. E alguns de nós acreditam que a moralidade não tem lugar no local de trabalho, embora certamente tenhamos a opção de ser caridosos pessoalmente, nos fins de semana ou em nosso testamento, enquanto esperamos ganhar o céu. O conceito de Trabalho Qualificado desafia diretamente essa bifurcação da experiência. Meus colegas e eu afirmamos que uma sociedade precisa de trabalhadores qualificados, especialmente em uma época na qual as coisas estão mudando rapidamente, o nosso senso de espaço e tempo está sendo radicalmente alterado pela tecnologia e as forças do mercado são tremendamente influentes, com poucas forças contrárias de igual poder.

A realização de um trabalho qualificado, então, envolve duas ordens de mudança mental. Primeiro, ela requer a crença de que o trabalho qualificado é uma parte importante da vida, um fenômeno vital demais para ser deixado ao acaso ou aos outros. Enfatizar esse ponto é uma tarefa para líderes diretos, como presidentes e CEOs, assim como para aspirantes a líderes indiretos, como meus colegas acadêmicos e eu. Segundo, ela requer a criação de experiências que provavelmente aumentarão a incidência do trabalho qualificado. O trio de recomendações mencionado – sistemas de crença éticos desde o início, apoio dos iguais e dos mentores na formação e no primeiro local de trabalho, periódicas "doses de vacinação" – representam esforços para criar e manter uma frente e um centro de trabalho qualificado. E os três monitoramentos práticos – missão, modelo e espelho – são maneiras convenientes de avaliar como estamos nos saindo como trabalhadores.

Se existe tal trabalho qualificado, também existe, infelizmente, o fenômeno do trabalho ruim ou comprometido. Todos os dias lemos nos jornais ou vemos na televisão retratos de indivíduos que mancham os valores maiores de uma profissão: jornalistas que distorcem ou inclusive inventam fatos, cientistas que ignoram dados discrepantes a fim de publicarem primeiro, médicos que só atendem aqueles que podem pagar altos honorários, e assim por diante. Nesses casos, a nossa esperança é conseguir mudar as mentes (e práticas!) desses maus profissionais e influenciar aqueles que testemunham e podem se sentir tentados por essas práticas inadequadas.

Não devemos supor que a mudança mental é sempre desejável. Nem sempre é "bom" mudar mentes; nem sempre é "ruim" permanecer no mesmo lugar mental. Em cada caso, o indivíduo com capacidade e oportunidade de mudar as mentes dos outros precisa perguntar se esse é o curso certo a seguir. E, embora não existam fórmulas, as três medidas que sugeri – missão, modelos e teste do espelho – podem nos ajudar a determinar em que casos mudar mentes levará ao trabalho qualificado e em que casos corremos o risco de encorajar um trabalho de má qualidade ou comprometido.

MUDANÇA MENTAL, PELA ÚLTIMA VEZ

A esta altura, espero que a curiosidade que o motivou a ler este livro esteja satisfeita. Conforme a nossa investigação chega ao fim, permita-me revisar o esqueleto do argumento que desenvolvi; eu o incentivo a rechear esse resumo não só lembrando os exemplos que usei, mas também pensando em exemplos vividos por você – e a refletir se a sua mente foi alterada pelo que leu.

Em termos genéricos, a mudança mental necessariamente acarreta a alteração de representações mentais. Todos desenvolvemos representações mentais prontamente, desde o início da vida. Muitas dessas representações são úteis, algumas possuem um encanto notável, outras são enganadoras ou completamente erradas. As representações mentais têm um *conteúdo*: pensamos nesses conteúdos como idéias, conceitos, habilidades, histórias ou teorias completas (explicações do mundo). Tais conteúdos podem ser expressos em palavras – e, em um livro, esse meio é costumeiramente utilizado. Porém, quase todos os conteúdos podem ser expressos em uma variedade de *formas*, meios, sistemas simbólicos: esses sistemas podem ser exibidos publicamente como marcas em uma página e também podem ser internalizados em uma "linguagem da mente" ou em uma "inteligência" específica.

Encontramos também um paradoxo de mudança mental. A mudança mental ocorre o tempo todo, especialmente entre os jovens, e esse é um processo que não poderemos parar, até morrer. No entanto, certas idéias desenvolvem-se muito cedo na vida e se mostram surpreendentemente refratárias à mudança. O truque na "psicocirurgia" (isto é, mudança mental) é aceitar as mudanças que acontecerão de qualquer maneira, reconhecer que outras mudanças específicas serão impossíveis e concentrar os esforços naquelas mudanças mentais que são importantes, que não acontecerão naturalmente, mas podem ser atingidas com suficiente esforço e motivação.

Com essa visão genérica da mudança mental como *background*, relacionei algumas dimensões cruciais. Elas podem servir como uma lista de verificação quando estivermos considerando candidatos para a mudança mental:

Conteúdo presente e conteúdo desejado

Devemos começar determinando qual é o conteúdo presente (atual) – seja ele uma idéia, um conceito, uma história, uma teoria, uma habilidade – e qual é o conteúdo desejado. Depois de identificar o conteúdo desejado, precisam ser especificados os vários contraconteúdos concorrentes. Quanto mais explicitamente os expusermos, mais provável a possibilidade de chegarmos a uma estratégia adequada para mudar mentes no exemplo específico. Tanto os conteúdos quanto os contraconteúdos podem ser apresentados em vários formatos.

Tamanho da audiência

O desafio da mudança mental depende do tamanho da audiência: é bem diferente lidar com audiências grandes e com audiências pequenas. Grandes audiências são afetadas principalmente por histórias convincentes, transmitidas por indivíduos que corporificam suas histórias na vida que levam; audiências íntimas podem se beneficiar de abordagens mais individualmente contextualizadas. De especial interesse são as mudanças que ocorrem em nossa própria mente, envolvendo aquele tipo de diálogo mais íntimo consigo mesmo.

Tipo de audiência

Quando estamos lidando com uma audiência grande e heterogênea, estamos lidando com a mente não-instruída. Não podemos tomar a perícia como certa. Histórias simples funcionam melhor. Por outro lado, quando estamos lidando com indivíduos que compartilham conhecimentos e experiências, podemos esperar uma mente instruída e relativamente homogênea com relação às outras mentes do grupo. As histórias ou teorias relacionadas a esses grupos podem ser mais sofisticadas, e os argumentos contrários podem e devem ser tratados diretamente.

Caráter direto da mudança

Líderes políticos, empresariais e educacionais provocam mudanças por meio das mensagens que transmitem diretamente às suas respectivas audiências. Indivíduos criativos e inovadores provocam mudanças indiretamente, por meio dos produtos simbólicos – trabalhos de arte, invenções, teorias científicas – que criam. Em geral, mudanças mentais decorrentes de criações indiretas demoram mais para acontecer, mas seus efeitos têm o potencial de durar por muito mais tempo. Em geral, lembramos os criadores artísticos das civilizações antigas muito mais claramente do que lembramos os líderes políticos.

Alavancas de mudança e pontos cruciais para a mudança

Classicamente, a mudança ocorre por meio de compulsão, manipulação, persuasão ou por alguma combinação disso. Neste livro, dirigi a atenção para tentativas deliberadas e abertas de mudança mental. Também enfatizei as formas clássicas de persuasão: conversas, ensino, terapia e criação e disseminação de novas idéias e produtos. Precisamos reconhecer, no entanto, que esses agentes de baixa tecnologia poderão ser suplantados, no futuro, por novas formas de intervenção: algumas serão biológicas, envolvendo transformação de genes ou tecido cerebral; algumas serão computacionais, envolvendo o uso de novos *softwares* e novos *hardwares*, sendo que e algumas representarão amálgamas crescentemente intrincados das esferas biológica e computacional.

Talvez o maior desafio seja determinar se o conteúdo desejado foi de fato transmitido e se realmente está consolidado. Infelizmente, não existem fórmulas para essa etapa: cada caso de mudança mental é distinto. Convém lembrar que a maioria das mudanças mentais é gradual, ocorrendo ao longo de períodos de tempo significativos, que a consciência da mudança mental via de regra é fugaz, e que ela pode ocorrer antes de termos consciência disso, que os indivíduos têm uma tendência pronunciada a escorregar de volta para maneiras anteriores de pensar, mas que, quando uma mudança mental está verdadeiramente consolidada, ela provavelmente se tornará tão arraigada quanto a sua predecessora.

Cada exemplo de mudança mental tem facetas únicas. Mas, de modo geral, essa mudança mental tende a acontecer quando empregamos as sete alavancas de mudança mental: especificamente, quando a razão (freqüentemente reforçada pela *pesquisa*), o reforço por meio de múltiplas formas de *representação*, *eventos do mundo real*, *ressonância* e *recursos* todos empurram em uma direção – e as *resistências* podem ser identificadas e satisfatoriamente anuladas. Inversamente, é improvável que a mudança mental ocorra – ou se consolide – quando as resistências são fortes e a maioria dos outros pontos de alavancagem não estão em ação.

A dimensão ética

Conforme Niccolò Machiavelli salientou, dramaticamente, a habilidade de provocar mudança não precisa (de fato, argumentou ele, não *deve*) ter uma dimensão moral. Na verdade, a maioria dos processos apresentados neste livro pode ser executada para fins amorais, para fins imorais ou para fins marcantemente morais.

Dada a complexidade de forças no mundo, é tentador erguer as mãos para o alto e declarar que as possibilidades de mudança mental positiva e deliberada são modestas. Isso pode ser verdade. Mas a menos que estejamos dispostos a nos tornar deterministas rematados – e ninguém leva a sua vida dessa maneira – precisamos continuar acreditando que a vontade é livre e os indivíduos podem fazer diferença. A mente humana é uma criação humana, e todas as criações humanas podem ser modificadas. Não precisamos refletir passivamente a nossa herança biológica ou as nossas tradições culturais e históricas. Podemos mudar nossa mente e a mente das pessoas que nos rodeiam. A perspectiva cognitiva oferece uma maneira de pensar e uma série de instrumentos. Cabe a nós escolher utilizá-los e decidir utilizá-los de maneira egoísta e destrutiva ou de maneira generosa e capaz de melhorar a vida.

NOTAS

1. Albert Galaburda, ed., From Reading to Neurons (Cambridge: MIT Press, 1989). Veja Sally Shaywitz, em Barbara Guyers e Sally Shaywitz, The Pretenders: Gifted People Who Have Difficulty Learning (Homewood, IL: High Tide Press, 2002).
2. Para uma excelente discussão do melhoramento neural, veja Martha Farah, "Emerging Ethical Issues in Neuroscience", *Nature Neuroscience*, 5, n. 11 (2003): 1123-1129.
3. Ibid., 1128.
4. Ray Kurzweil, The Age of Spiritual Machines: When Computers Exceed Human Intelligence (Nova York: Viking, 1999); Hans Moravec, Mindchildren (Cambridge: Harvard University Press, 1988).
5. Jaron Lanier, "The Complexity Ceiling", em *The Next Fifty Years*, ed. John Brockman (Nova York: Vintage, 2002).
6. Sherry Turkle, Life on the Screen (Nova York: Simon & Schuster, 1995).
7. Tim Berners-Lee, "Next Up: Web of Data Time: Berners-Lee Wants His Newest Creation do Reach Its Full Potential", *Boston Globe*, 20 de junho de 2002, C1.

8. "Spare Parts for the Brain", *Economist Technology Quarterly*, 21 de junho de 2003.
9. *Economist*, 22 de setembro de 2001.
10. Howard Gardner, Mihaly Csikszentmihalyi e William Damon, Good Work: When Excellence and Ethics Meet (Nova York: Basic Books, 2001). Veja também Wendy Fischman, Becca Solomon, Deb Greenspan e Howard Gardner, Making Good: How Young People Cope with Moral Dilemmas at Work (Cambridge: Harvard University Press, 2004).

Apêndice

UMA ESTRUTURA PARA ANALISAR CASOS DE MUDANÇA MENTAL

Neste roteiro, aplico a estrutura analítica apresentada nos três primeiros capítulos aos principais casos discutidos no restante do livro. O roteiro pode ser lido independentemente, mas será mais bem compreendido em conjunção com o texto relacionado.

Legenda

Tipo de idéia: Conceito/história/teoria/habilidade (veja o Capítulo 1)
Conteúdo desejado: A mudança mental que está sendo buscada
Contraconteúdo: A(s) idéia(s) que se opõe(m) ao conteúdo desejado
Tipo de audiência/arena: Grande/pequena; diversa (heterogênea)/uniforme (homogênea)
Formato: Inteligências, meios, sistemas simbólicos pelos quais o conteúdo é transmitido
Alavancas de mudança/fatores relacionados ao ponto crucial de mudança: As mais apropriadas das sete alavancas, e considerações que determinam se foi atingido o ponto crucial para a mudança, em que a balança começa a pender para o outro lado

CAPÍTULO 1

A mobília de Nicholson Baker

Idéia: Conceito/imagem
Conteúdo: Novas maneiras de mobiliar um apartamento para as pessoas se sentarem

Contraconteúdo: Arranjos usuais de mobília para sentar
Audiência: O *self*
Formato: Experimentos imaginários, modelos, devaneios
Alavancas/ponto de mudança: Desconhecidas, "alguma coisa aconteceu"

O Princípio de 80/20

Idéia: Conceito
Conteúdo: Investimento desigual de recursos, talvez desequilibrado
Contraconteúdo: Investimento igual de recursos
Audiência: Variada (*self*/organização/público em geral)
Formato: Lingüístico, gráfico, humorístico, outros sistemas simbólicos
Alavancas/ponto de mudança: Razão, pesquisa, redescrição representacional, superar resistência

CAPÍTULO 2

Teoria das inteligências múltiplas

Idéia: Teoria
Conteúdo: Várias inteligências relativamente autônomas
Contraconteúdo: Visão-padrão da inteligência, adequadamente capturada por testes de QI
Audiência: Variada (acadêmicos/público)
Formato: Teoria científica expressa em linguagem e outros sistemas simbólicos; exemplos convincentes
Alavancas/ponto de mudança: Pesquisa, redescrição representacional, superar resistências, ressonância com observações pessoais, experiência

CAPÍTULO 3

Mudanças mentais que ocorrem naturalmente nas crianças

Idéia:Conceitos/teorias intuitivas
Conteúdo: Entendimento mais sofisticado dos mundos físico, biológico e humano
Contraconteúdo: Teorias intuitivas iniciais
Audiência: A própria criança
Formato: Explicações dadas a si mesma, aos outros, em vários meios e sistemas simbólicos
Alavancas/ponto de mudança: Experiências no mundo real (experimentar no mundo para superar as resistências corporificadas nas teorias anteriores),

redescrição representacional, ressonância (com experiências de outras crianças mais velhas e adultos admirados)

CAPÍTULO 4

Margaret Thatcher reorienta a Grã-Bretanha

Idéia: História
Conteúdo: A Grã-Bretanha perdeu o caminho, precisa voltar a ser empreendedora
Contraconteúdo: Consenso pós-Segunda Guerra Mundial: vida longa para um estado parcialmente socializado
Audiência: Grande, diversa
Formato: Lingüístico, ocasionalmente gráfico, corporificação na própria vida
Alavancas/ponto de mudança: Recursos a distribuir, retórica (mobilizar a razão, a pesquisa e a ressonância), eventos do mundo real, superar resistências baseadas no consenso pós-guerra

A revolução fracassada de Newt Gingrich

Idéia: História
Conteúdo: O governo como um problema, deixar o mercado regular tudo
Contraconteúdo: O governo tem o seu lugar, o mercado precisa ser regulado
Audiência: Grande/diversa
Formato: Lingüístico, vídeos, corporificação (não-corporificação) na própria vida
Alavancas/ponto de mudança: No lado positivo: razão, recursos; no lado negativo: falta de ressonância (devido à incapacidade de corporificar), subestimação das resistências, evento do mundo real (efetividade da oposição de Clinton), retórica excessivamente inflamada

A resistência pacífica de Mahatma Gandhi

Idéia: Conceito (satyagraha)/história/prática
Conteúdo: Envolvimento não-violento, resistência pacífica
Contraconteúdo: Os conflitos só podem ser resolvidos de maneira confrontadora e agressiva
Audiência: Grande/diversa
Formato: Exemplo pessoal convincente, lingüístico, uso da mídia de notícias
Alavancas/ponto de mudança: Pesquisa com vários métodos, até estarem bem-sintonizados; ressonância com a experiência da população, tradições existentes há muito tempo e habilidades corporificadas; redescrição representacional

(corporificação, encontros dramáticos); eventos do mundo real (depressão, guerras mundiais, declínio do colonialismo)

CAPÍTULO 5

A nova visão de James O. Freeman do Dartmouth College

Idéia: História
Conteúdo: Um Dartmouth mais intelectual, tolerante, pacífico
Contraconteúdo: O Dartmouth dos velhos tempos, atlético, machista, politicamente conservador
Audiência: Tamanho moderado/relativamente uniforme
Formato: Linguagem escrita e oral, exemplo pessoal, novas visões e demonstrações
Alavancas/ponto de mudança: Ressonância (baseada na corporificação, redescrição representacional e retórica), uso de recursos, pesquisa, razão, superar resistências

A tentativa fracassada de Robert Shapiro de lançar uma revolução nos alimentos geneticamente modificados

Idéia: História
Conteúdo: Uma nova visão agrícola, apresentando alimentos geneticamente modificados
Contraconteúdo: Não vamos interferir na natureza; qualquer experimentação precisa ser cautelosa e publicamente debatida
Audiência: Homogênea dentro da corporação; grande e diversa no caso do público em geral
Formato: Linguagem, demonstração
Alavancas/ponto de mudança: No lado positivo: razão (confiança excessiva na razão), pesquisa, recursos; no lado negativo: falta de ressonância, subestimar resistências, organizar recursos de oponentes, retórica excessiva

CAPÍTULO 6

A revolução evolutiva de Charles Darwin

Idéia: Teoria
Conteúdo: A origem das espécies por meio da seleção natural no decorrer de um longo período de tempo

Contraconteúdo: Explicações religiosas, teorias intuitivas de criacionismo
Audiência: Inicialmente, pequena e uniforme; finalmente, maior e mais diversa
Formato: Argumentos lingüísticos em forma de livro, evidências confirmatórias em fósseis, flora, fauna
Alavancas/ponto de mudança: Razão, pesquisa, redescrição representacional, superar resistências

Criadores da era moderna (por exemplo, Picasso, Stravinsky, T.S. Eliot, Martha Graham, Virginia Woolf)

Idéia: Práticas
Conteúdo: Deposição do realismo e do romantismo; nova sensibilidade modernista
Contraconteúdo: Continuar abraçando a arte representacional, a música harmônica clássica, a escrita realista
Audiência: Inicialmente, pequena e uniforme; finalmente, maior e mais diversa
Formato: Diferentes meios e sistemas simbólicos artísticos
Alavancas/ponto de mudança: Redescrições representacionais novas e efetivas; ressonância com tendências atuais e eventos do mundo real; superação de resistências e também utilizá-las de forma judiciosa

Jay Winsten introduz o motorista designado

Idéia: Conceito/práticas
Conteúdo: Não se deve dirigir depois de beber
Contraconteúdo: É seguro, fizemos isso antes, sabemos o que estamos fazendo
Audiência: Grande, diversa
Formato: Tramas na televisão, anúncios do serviço público, corporificações convincentes
Alavancas/ponto de mudança: Ressonância (com personagens, mensagem), recursos significativos, redescrição representacional (por meio da mídia), superação de resistências

CAPÍTULO 7

Novos entendimentos disciplinares

Idéia: Conceitos/teorias/habilidades disciplinares
Conteúdo: Maneiras disciplinares (e interdisciplinares) de pensar, em geral profundamente não-intuitivas

Contraconteúdo: O senso comum e o contra-senso comum; confiança na intuição; memorização de informações factuais
Audiência: Tamanho moderado, variada, mente não-instruída
Formato: Lições em sala de aula, textos (principalmente lingüísticos); prática do pensar de novas maneiras; possível uso de outros sistemas simbólicos como pontos de entrada
Alavancas/ponto de mudança: Redescrições representacionais, razão e pesquisa; entender o poder das resistências e revelar sua inadequação

Mudanças na BP

Idéia: Conceitos/práticas
Conteúdo: Uma organização não-hierárquica de aprendizagem, que seja empreendedora, competitiva e cooperativa
Contraconteúdo: Emprego vitalício confortável; não sacuda o barco
Audiência: Tamanho moderado, relativamente uniforme
Formato: Mensagens transmitidas lingüisticamente, graficamente e por meio de exemplos pessoais
Alavancas/ponto de mudança: Razão, pesquisa, recursos e recompensas, eventos do mundo real (competição), redescrições representacionais

CAPÍTULO 8

Erik Erikson trata um seminarista

Idéia: Imagem/história/prática
Conteúdo: Uma identidade viável integrada que permita à pessoa seguir com a sua vida
Contraconteúdo: Continuar se sentindo perturbada por haver pouco entendimento dos vários temas da sua vida e, portanto, pouca esperança de mudar as condições de vida
Audiência: O *self* (o seminarista); o terapeuta (como o capacitador)
Formato: Análise de sonhos; encontro psicoterapêutico e interpretações concomitantes
Alavancas/ponto de mudança: Ressonância (da interpretação com os sentimentos), redescrições representacionais (sonhos), recursos (tempo, em vez de dinheiro), razões (oferecidas pelo terapeuta)

Lawrence Summers confronta Cornel West

Idéia: Conceito/história/prática
Conteúdo: Um professor universitário que focaliza o ensino acadêmico e centra-se no *campus*
Contraconteúdo: Um intelectual público que está em contato com o mundo mais amplo das pessoas e das idéias
Audiência: Uma pessoa
Formato: Conversa pessoal
Alavancas/ponto de mudança: No lado positivo: razão, recursos; no lado negativo: falta de ressonância, eventos do mundo real (incluindo ofertas e recursos concorrentes disponíveis para a outra parte), subestimação da resistência pessoal

Jefferson e Adams se reconciliam

Idéia: História/prática
Conteúdo: Uma amizade recuperada, baseada no reconhecimento de laços e na capacidade de modular diferenças
Contraconteúdo: Anos de antagonismo político que invadiram o lado pessoal
Audiência: Duas pessoas
Formato: Cartas escritas
Alavancas/ponto de mudança: Ressonância recuperada, eventos do mundo real (final das presidências, processo de envelhecimento), superação de resistências por meio de uma comunicação hábil, altamente motivada

CAPÍTULO 9

O presidente George W. Bush mudou a política externa

Idéia: Conceitos (incluindo autoconceito)/histórias
Conteúdo: Foco em negócios externos, estar bem-informado, tomar decisões difíceis, buscar aliados internacionalmente
Contraconteúdo: Isolamento; confiança no pai e em conselheiros
Audiência: O *self*
Formato: Reuniões de instrução, reuniões com a equipe e líderes, reflexo em sistemas simbólicos pessoais
Alavancas/ponto de mudança: Eventos do mundo real, recursos (tentar algo novo)

Whittaker Chambers rejeita o comunismo

Idéia: Histórias/teoria (forma de sociedade); autoconceito
Conteúdo: A verdade pura e simples, crítica, sobre os males do comunismo, mesmo com o risco de se prejudicar
Contraconteúdo: (1) Ter abraçado o comunismo no passado; (2) deixar o passado simplesmente desaparecer
Audiência: Inicialmente, o *self*; finalmente, grande e variada
Formato: Leituras, escritos, argumentos orais, reflexão
Alavancas/ponto de mudança: Eventos do mundo real, ressonância, razão e pesquisa

Tornar-se um fundamentalista

Idéia: Autoconceito/história/teoria/prática (tipo de vida)/*self*
Conteúdo: Uma abordagem global e coerente de vida, baseada na interpretação literal da Bíblia e na participação em uma comunidade religiosa apoiadora
Contraconteúdo: Manter os atuais ambiente social e sistema de crenças
Audiência: O *self*
Formato: Ler textos; reuniões e intercâmbios com grupos de apoio; reflexão pessoal
Alavancas/ponto de mudança: Ressonância (com o grupo de apoio); redescrição representacional, pesquisa

Rejeitar o fundamentalismo

Idéia: Autoconceito/história/teoria/prática
Conteúdo: Oportunidade de refletir sozinho sobre as questões, viver com a incerteza
Contraconteúdo: Um sistema fechado poderoso e confortável, do qual é difícil escapar
Audiência: O *self*
Formato: Argumentar consigo mesmo, expor-se a novas fontes de informação
Alavancas/ponto de mudança: Razão, pesquisa, redescrição representacional e ressonância (com as realidades do mundo mais amplo)

Lucien Lévy-Bruhl renuncia à sua visão da mente primitiva

Idéia: Teoria/conceito
Conteúdo: A mente primitiva não era genuinamente diferente da mente moderna; disposição para mudar de idéia publicamente

Contraconteúdo: A mente primitiva era fundamentalmente diferente; os acadêmicos devem ser consistentes acima de tudo
Audiência: Inicialmente, o *self*; finalmente, uma audiência acadêmica mais ampla
Formato: Ler e corresponder-se; refletir privadamente e fazer anotações em cadernos
Alavancas/pontos de mudança: Pesquisa, razão.

Índice

A

abordagem cognitiva, 19-20, 192
   à mudança mental, 68-69
   abordagens competidoras, 52-55
   bases da, 55
   limitações da, 35, 56
   vantagens da, 51-53, 56-58
abordagem histórico-cultural, 53-55
abordagem sociobiológica, 52-54
acadêmicos
   função dos, 187
   mudança mental entre os, 187-190
Adams, Abigail, 163-164
Adams, John
   background de, 162-164
   carreira de, 163-164
   personalidade de, 163-164
   relacionamento com Jefferson, 163-164, 166-167
Adams, John Quincy, 163-164
afasia, 36-37
Agassiz Louis, 120, 131-132
Al Qaeda, 174-176
Alemanha, sucesso pós-guerra da, 54-55
amazon.com, 200
America's Promise, 130
American Motors, 142-143
amor, 168-169
   desenvolvimento do, 170
   e mudança mental, 168-170
análise de símbolos
   exemplos de, 43-44
   inteligência lingüística na, 41-42
   inteligência lógico-matemática na, 41-43
Anna Karenina, 170
Appiah, Anthony, 156-158
Apple Computer, 113-114

aquisição da linguagem, 137-138
   escrita, 137-139
Archilochus, 192-193
arenas de mudança, 71-74
Ariès, Philippe, 59
Aristóteles, 138-139
Arquimedes, 138-139
artes
   e mudança mental, 123-125
   importância das, 126-127
   método de mudança mental nas, 124-126
AT&T, 113-114
Auden, W.H., 122
audiência, para mudança mental, 131-132
   características da, 131-132, 207
   tamanho da, 205-207

B

Baker, Nicholson, 17-19, 38-39, 69-70, 173, 191
Balanchine, George, 124-126
Bausch, Pina, 124-125
Beatles, 72
Bergman, Ingmar, 126
Berlin, Isaiah, 192-193
Berlioz, Hector, 123-124
Berners-Lee, Tim, 200
Blair, Tony, 71, 79-80, 97-98, 113
bombardeios em Brighton, 83
Bonner, Elena, 168-170
BP (British Petroleum)
   fraquezas da, 142-143
   história da, 142-143
   mudança mental na, 144-146
   renascimento da, 143-145
Bradley, Bill, 46-47
Branch, Taylor, 85-86

Braque, Georges, 123-124
Brecht, Bertolt, 124-125
Brock, David, 184
Brontë irmãs, 123-124
Brooks, David, 176
Browne, John, 16, 71, 143-144
Bruner, Jerome, 35
Bush, George H.W., 112, 173-176
Bush, George W., 88-89, 97-98, 113
   background de, 173-175
   gabinete de, 174-175
   inteligência interpessoal de, 177-178
   inteligência intrapessoal de, 177-178
   mudança mental interna de, 174-178

C

campanha "Esmague-a!", 129-130
Carson, Rachel, 202-203
Carver, Raymond, 126
Carville, James, 170
Casals, Pablo, 202-203
cérebro, lateralização do, 35-37
Chambers, John, 115
   estratégia de crescimento de, 108
   estratégia de redução de despesas de, 109-110
Chambers, Ray, 130
Chambers, Whittaker, 17, 72-73, 186, 189-190, 192-193
   abjuração do comunismo por, 180-183
   background de, 179
   comunismo de, 179-180
   e Alger Hiss, 181-182
Charles, Príncipe de Gales, 111-112
Chatham, William, Earl of, 71
Chomsky, Noam, 188
Churchill, Winston, 78-79, 91, 93-94, 131-132
   sobre o socialismo, 183
ciência
   e mudança mental, 117-118, 122
   tarefa da, 187
Cisco Corporation
   reveses da, 108-109
   sucessos da, 108
classicismo, 123-124
Clinton, Bill, 173-175, 184
   background de, 87
   foco de, 175-176
   fraquezas de, 87
   habilidades interpessoais de, 85-88, 160-161
   métodos de, 87-90, 103-105, 112-113
   mudança mental de, 104, 107
Clinton, Hillary, 112-113
Coffin, David, 185-186

Cole, Bill, 101-103, 107
comportamentalismo, 19-20, 192
   fraquezas do, 35
   sobre mudança mental, 66-68
computadores
   futuro dos, 200-201
   história dos, 199-200
   solução de problemas pelos, 19-20
comunismo
   atrações do, 179
   derrocada do, 180, 181
   desencanto intelectual com o, 181-182
   encanto intelectual com o, 182-183
   queda do, 90, 187
conceitos
   definidos, 31-32
   prevalentes, 33-34
Connor, Bull, 101-102
construtivismo social, 127-128
conteúdo, 72-73, 80-81
   concepções errôneas de, 140
   e mudança mental, 205-206
contraconteúdo, 72-73, 80-81
contratransferência, 153-154
Copérnico, Nicolau, 120-121
criacionismo, 118-119
   apelo do, 118-119, 139-140
criatividade, facetas da, 131-133
Csikszentmihalyi Mihaly, 132-133, 202
cubismo, 123-124
Cunningham, Merce, 124-126

D

Damascenas, mudanças mentais, 69-70, 184-186
Damon, William, 202
dança, mudança mental na, 124-126
Dartmouth College
   atitudes dos ex-alunos, 100-102
   corpo docente, 100-101
   história, 98-99
   virada, 99-100, 102-107, 113-114
Dartmouth Review, 98-99, 106-107
   derrota do, 104-105
   métodos do, 99-103
Darwin, Charles, 124-125, 129-130, 140-141
   background intelectual de, 117-119, 155
   criatividade de, 131-132
   influência de, 16-17, 72, 80, 117, 122-123, 189-190
   mudança mental de, 118-121
   personalidade de, 120-122
Darwin, Emma, 118-119
Darwin, Erasmus, 117-118
Day, Dorothy, 100-101

de Gaulle, Charles, 93-94, 131-132
de Klerk, F.W., 91-92
Debussy, Claude, 124-125
Delacroix, Eugène, 123-124
Deming, W. Edwards, 54-55
democracia
　características da, 77
　histórias e, 89-90
Derain, André, 36-37
Derrida, Jacques, 127
desconstrucionismo, 127-128
desenvolvimento de disciplinas do, 138-140
desenvolvimento de um pensamento individual, 139-141
　concepções errôneas, 140
desenvolvimento infantil
　desenvolvimento da visão de mundo no, 62-67
　história do, 59
　mudança mental no, 60-62
　paradoxos do, 59-62
Disciplined Mind, The, 141
dissonância cognitiva, 64-65
dryware
　descrito, 199-200
　futuro do, 200-201

E

educação
　aprendizagem fora-do-contexto na, 137
　busca pessoal da, 146-148
　como agente de mudança, 72
　e ensino do pensamento, 138-141
　e letramento, 137-139
　história da, 135-137
　socialização dos alunos para a, 137-138
　vitalícia, 146-148
Einstein, Albert, 39-40, 46-47, 72, 117, 120-121, 124-125, 129-130, 138-139
　criatividade de, 131-132
　influência de, 121-123, 187, 189-190, 202
"eixo do mal", 175-176
Eliot, T.S., 123-126
Ellis, Joseph, 166
entrada cooperativa ou social na redescrição representacional, 141-142
entrada estética na redescrição representacional, 141-142
entrada existencial na redescrição representacional, 141-142
entrada prática na redescrição representacional, 141-142
Erikson, Erik, como psicoterapeuta, 151-156
escolas. *Veja* educação

espiritualidade, 50
　inteligência e, 50-52
Eventos do mundo real, na mudança mental, 29-30
　no caso da BP, 145-146
　no caso de Dartmouth, 107
　no caso de Thatcher, 84-85
Exército Repúblicano Irlandês, 84-85

F

família, mudança mental na, 167-169
Farah, Martha, 199-200
fatores de mudança, 26
fé, mudança mental baseada na, 184-186
Feldman, David Henry, 139-140
Fellini, Frederico, 51
filosofia, tarefa da, 187
física
　desenvolvimento da, 138-139, 187
　prática da, 140
Ford Motor Company, 43
formato, do conteúdo, 72-73
Frank, Anne, 141
Freedman, James O., 71, 159-160
　background de, 98-99, 106-107
　condições enfrentadas por, 98-100
　estratégia de, 99-101
　mudança mental de, 102-103, 107
　realizações de, 99-103
　tentativa de difamar, 102
Freedman, Sheba, 101-103, 107
Freud, Sigmund, 61-63, 120-121, 192
　controvérsias acerca de, 129-130
　criatividade de, 131-132
　desafios modernos a, 122-123
　importância de, 121-122
　mudança mental de, 122-123, 188
　teorias psicológicas de, 122
fundamentalismo, 184-185
　mudança mental na direção do e para longe do, 185-186
　postura mental do, 186

G

Gainsborough, Thomas, 123-124
Galileu, 121-122, 138-140
Gandhi, Mohandas (Mahatma), 71, 90, 93-94, 97-98
　background de, 91
　mensagem e métodos de, 91, 105-103
Gardner, John, 202-203
Gates, Henry Louis, 156-160
General Electric, 113-114

General Motors, 43, 53-54, 113-114
Gerenciamento de Qualidade Total, 54-55
Geschwind, Norman, 35-40
Gilligan, Carol, 122-125, 129-130
Gingrich, Newt, 84-86, 89-90
    fraquezas de, 87-88
    influência de, 87-88
    métodos de, 87-88
Giuliani, Rudolph, 184
Glass, Philip, 127
Goleman, Daniel, 49-50
Goodman, Nelson, 35-36, 62-63
goodware. Veja Trabalho Qualificado
GoodWork: When Excellence and Ethics Meet, 202-203
Gorbachev, Mikhail, 84-85
Gore, Al, 157-158
Gorky, Maxim, 179
Gorman, Sean, 100-101
Graham, Bob, 173-176
Graham, Katharine, 202-203
Graham, Martha, 39-40, 72, 124-126
    controvérsias acerca de, 129-130
Great Society, 190-191
Gruber, Howard, 117-118
Guernica, 39-40, 117-118
Guerra Civil Espanhola, 117-118, 124-125
Guerra do Golfo, 175-176
Guerra do Vietnã, 190-191

H

H.M.S. Beagle, 117-118
habilidades
    como conteúdo da mente, 32-33
    prevalentes, 33-34
Halberstam, David, 43
Harris, Judith Rich, 122-125, 129-130
Hartman, David, 186
Harvard, Departamento de Estudos Afro-Americanos, 156-160
Havens, Leston, 155
Haydn, Franz Joseph, 123-124
Hayek, Friedrich von, 81-82
Heisenberg, Werner, 120-121
Hemingway, Ernest, 117-118, 124-125
Heródoto, 138-139
Hill, Anita, 184
Hiss, Alger, 181-182
história
    desenvolvimento da, 138-139
    prática da, 140
histórias
    características ótimas das, 80-81, 88-90, 105-103

    definidas, 31-32
    dialética entre, 80-81
    e contra-histórias, 80-81
    prevalentes, 33-34
    temas persistentes nas, 113-115
    transmissão de, 106-107
Hitler, Adolf, 93-94, 180-182
Hoffer, Eric, 184-185
Holton, Gerald, 192-193
Hugo, Victor, 192-193
humanismo, tarefa do, 187
Hume, David, 187
Humphreys Doris, 124-125
Huxley, Thomas, 118-122, 132-133

I

IBM, 113-114
Idealism and Liberal Education (Freedman), 101-102
idéias, tipos de, 31-34, 69-70
identificação, 167-168
Ilhas Falklands conflito das, 83-85
imaginação, tipos de, 38-40
In a Different Voice, 122-123
incapacidades de aprendizagem, 197-198
    educação e, 197-198
    educação futura e, 198-199
indústria automobilística
    aplicação da inteligência simbólica à, 43
    perspectiva histórico-cultural da, 53-55
    perspectiva sociobiológica da, 52-54
indústria ponto-com
    colapso da, 108-110
    máquinas da, 115
influência da televisão, 89-90
instinto, de liderança, 113
integridade
    importância da, 113-114
inteligência artificial, 200-201
inteligência corporal-cinestésica, 45-47
inteligência emocional, 49-50
inteligência espacial, 44-46
inteligência existencial, 50-51
    evidências da, 51-52
inteligência interpessoal, 49-50
inteligência intrapessoal, 49-50
inteligência lingüística, 41-42
inteligência lógico-matemática, 41-43
inteligência musical, 44-45
inteligência naturalista, 46-50
inteligência(s)
    "não-canônica", 44-50
    analítico-simbólica, 40-44
    definidas, 40-41

existencial, 50-52
    para a liderança efetiva, 112-113
    pessoais, 49-50
    visões tradicionais da, 38-40
inteligências múltiplas, 40-42
    tipos de, 41-42, 51-52
inteligências não-canônicas
    corporal-cinestésica, 45-47
    espacial, 44-46
    musical, 44-45
    naturalista, 46-50
inteligências pessoais, 49-50
    interpessoal, 49-50
    intrapessoal, 49-50
intervenção neural, 198-199

J

Japão, sucesso pós-guerra do, 54-55
Jefferson, Thomas
    background e personalidade, 163-164
    carreira de, 163-164
    relacionamento com John Adams, 163-167
João Paulo II, papa, 90
João XXIII, papa, 90
Jobs, Steve, 115
Johnson & Johnson, 108
Johnson, Lyndon, 43, 85-90, 190-191, 202
Johnson, Samuel, 89-90
Joseph, Keith, 81-82
Joyce, James, 72, 124-126

K

Kant, Immanuel, 187
Kennedy, John F., 43, 190-191
    tranqüilidade de, 89-90
Kennedy, Robert, 190-191
Kerry, John, 157-158
Keynes, John Maynard, 44, 132-133
King, Martin Luther, Jr., 91, 190-191
King, Peter, 173-176
Klein, Joe, 85-86
Koch, Richard, 20, 22-26
Koestler, Arthur, 181-182
Kuhn, Thomas, 120-121, 127-128
Kurzweil, Ray, 199-200

L

La Guardia, Fiorello, 184
Lamarck, Jean-Baptiste, 120
Lanier, Jaron, 199-200
lei de Gresham, 98
Lênin, Vladimir, 93-94, 179

Les Demoiselles d'Avignon, 125-126
Les Noces, 125-126
letramento, 198-199
    aquisição do, 137-139
Levinson, Barry, 131-132
Lévy-Bruhl, Lucien, 72-73, 188-190, 192-193
Lewinsky, Monica, 87-88
liderança indireta, 117
    de uma grande audiência, 129-130
    esfera da, 117-118
    por meio da descoberta científica, 117-122
    por meio da descoberta psicológica, 122-124
    por meio das artes, 123-127
    resistência na, 127-130
liderança institucional, 71-72
    aspectos compartilhados pelos constituintes, 98
    distinguida da liderança política, 97-98
    exemplo do Dartmouth College, 98-99, 107
    histórias como método de, 100-102
liderança política, 71. Veja também liderar uma população diversa
liderar uma população diversa, 71-74, 77, 131-132
    dificuldades de, 88-89
    histórias como métodos para, 80-81, 88-90
    no contexto britânico, 78-79, 85-86
    no contexto norte-americano, 85-86, 90
    transnacional, 90-94
líderes
    indiretos, 117, 132-133
    instintos dos, 113
    integridade dos, 113-115
    inteligências dos, 112-113
    papel dos, como modificadores de mentes, 15-16
Lincoln, Abraham, 50
literatura, mudança mental na, 123-126
lógica, como entrada na redescrição representacional, 141-142
Luce, Henry, 190-191
Luther, Martin, 184-185
Lyell, Charles, 118-119

M

Machiavelli, Niccolò, 207-208
Madison, James, 164
Major, John, 71, 84
Malcolm X, 202
Malraux, André, 117-118, 181-182
Malthus, Thomas, 80, 117-118
Mandela, Nelson, 90, 93-94, 202
    apoiadores de, 93-94
    background de, 91-92
    mensagem e métodos de, 91-92

manipulação genética, de humanos, 198-199
Mao Zedong, 93-94, 202
Marshall Plano, 54-55
Marshall, Thurgood, 100-101, 107
Marx, Karl, 72, 117, 122-123
Matalin, Mary, 170
McCarthy, Joseph, 102
McLaughlin, David, 98-99
McNamara, Robert, 43
Media World (Sony), 201
Mendel, Gregor, 132-133
mentalês, 38-39
mente
    abordagem dualística da, 70-71
    conteúdos da, 31-34
    formas da, 38-39, 51-52
método, concepções errôneas de, 140
Meyerson, Martin, 101-103
Michaelis, G. Robert, 26
Michelet, Jules, 138-139
Michelson, Albert, 187
minimalismo, 127
missão, no Trabalho Qualificado, 202-203
modelos de papel, 203
modelos, de Trabalho Qualificado, 203
modernismo, 123-124
modificação genética, de alimentos, 109-110
    movimento contra, 111-112
modos de pensamento disciplinares, 138-139, 142-143
Molière, Jean-Baptiste, 123-124, 203
Monnet, Jean, 90, 113
    e liderança indireta de, 93-94, 105-103
    realizações de, 93-94
Monsanto
    e modificação genética de alimentos, 109-110
    má avaliação da, 111-112
Montgomery, Ward, 142-143
Moravec, Hans, 199-200
Morley, Edward, 187
Morrison, Toni, 156
motorista designado, 129-130
Mozart, Wolfgang Amadeus, 39-40, 123-124, 141
mudança mental interna, 72-73, 146-148, 173-174
    acadêmica, 187-190
    baseada na fé, 184-186
    estudo de caso de Bush, 173-178
    estudo de caso de Chambers, 179-184
    estudo de caso do autor da, 190-191
    exemplos históricos de, 184-190
    na vida cotidiana, 190-193
    progressão da, 183
    vista como inconsistência, 176, 184
mudança mental íntima, 72-74
    caso de Adams-Jefferson, 162-167
    caso de Harvard, 156-160
    entre amantes, 168-170
    na família, 167-169
    paciente-terapeuta, 151-156
    ressonância e, 159-163
mudança mental, 205-206
    agentes externos de, 70-71
    alavancas de, 26-31, 37-38, 73-74, 144-146, 207
    audiência da, 131-132, 205-207
    caráter direto *versus* indireto da, 131, 207
    caráter gradual da, 17-19
    conteúdo presente *versus* desejado, 205-206
    de populações diversas, 71, 73-74, 77-79, 94, 131-132
    dois eixos de, 131--133
    dryware e, 199-201
    em ambientes formais, 135, 147-148
    em cenários familiares, 151-170
    em contextos institucionais, 97-98, 115
    esferas da, 30-32
    ética da, 207-208
    exemplos de, 16-18
    fatores na, 66-67-69-70
    futuro da, 198-200
    indireta, 117, 132-133
    lei de Gresham e, 98
    lista de verificação da, 205-208
    montando o cenário para a, 37-38
    na vida cotidiana, 15-16
    no desenvolvimento infantil, 60-62
    pelo *self*, 146-148, 173, 192-193
    pontos críticos para a, 207-208
    Trabalho Qualificado e, 202-204
    wetware e, 197-200
música, mudança mental na, 123-125
Mussolini, Benito, 93-94

N

Nagel, Chuck, 173-176
Napoleão, 202
narrativa, como entrada na redescrição representacional, 141
nazismo, uso de histórias no, 89-90
neurociência cognitiva, 19-20
New York School, 123-124
Newton, Isaac, 121-122, 138-140
Nietzsche, Friedrich, 122-123

Nixon, Richard, 87, 89-90
Nurture Assumption, The, 122-123

O

O Casamento de Fígaro,141
Olin Fundação, 99-100
On the Waterfront, 131-132
Oppenheimer, J. Robert, 44
ordem de nascimento, 118-119

P

paciente-terapeuta relacionamento
   descrição de caso do, 151-152
   elementos do, 152-156
   técnicas no, 153-155
pais-filhos relacionamento, 167-169
Pareto, Vilfredo, 20, 22, 32
participação na história, como motivadora, 115
Pater, Walter, 44-45
Paulo de Tarso, 184-185, 191
pensamento,
personalidades autoritárias, 66-67
pesquisa, na mudança mental, 27-28
   no caso da BP, 145-146
   no caso de Dartmouth, 102-104
   no caso de Thatcher, 81-82
Pharmacia, 111-112
Piaget, Jean, 60-63, 192
Picasso, Pablo, 39-40, 72, 117-118, 129-130
   criatividade de, 131-132
   mudança mental de, 123-126
Pierrot Lunaire, 124-125
pintura, mudança mental na, 123-124
Pirandello, Luigi, 124-125
Planck, Max, 121-122
pontos cruciais para a mudança, 20
Poussin, Nicolas, 123-124
Powell, Colin, 130
Praça Tiananmen, 91
princípio de 60/60, 20-23
princípio de 80/20, 20-22
   conceito do, 22-23
   em ação, 20-22
   estudo de caso dos bebedores de cerveja e, 22-26
80/20 Principle, The (Koch), 20-26
processamento semântico, 200
Projeto Manhattan, 44
Projeto Zero, 35-36

Proust, Marcel, 123-124, 129-130
psicoterapia, 154-155

Q

Quantitativa na redescrição representacional, entrada, 50
Quick & Dirty Official Quick & Dirty Handbook, The, 26
Quincy, Josiah, 166-167

R

Ranke, Leopold von, 138-139
razão, na mudança mental, 27-28
   na psicoterapia, 155
   no caso da BP, 145-146
   no caso de Dartmouth, 106-107
   no caso de Thatcher, 81-82
Reagan, Ronald, 50, 84-86, 113-114
   métodos de, 103-105, 113
   tranqüilidade de, 89-90
recursos e recompensas, na mudança mental, 28-30
   na psicoterapia, 155
   no caso da BP, 145-146
   no caso de Dartmouth, 104-105
   no caso de Thatcher, 83
redescrição. Veja também redescrições representacionais na mudança mental
redescrições representacionais, na mudança mental, 28-29
   na educação, 141-143
   na psicoterapia, 156
   no caso da BP, 142-146
   no caso de Dartmouth, 104-107
   no caso de Thatcher, 83
   pontos de entrada nas, 141-142
   regras das, 145-146
Reggio Emilia, centros do bebê e da criança pequena em, 80
Reich, Steve, 127
relativismo, 127-128
Renault, 115
representações mentais, 20
República Weimar, 89-90
resistências, e mudança mental, 29-31
   empregando as resistências para derrotar, 145-146
   lidando com as, 140
   no caso da BP, 145-146
   no caso de Dartmouth, 104-105
   no caso de Thatcher, 84-86
   usos das, 127-130

ressonância, na mudança mental, 27-29, 145-146
   em ambientes íntimos, 159-163
   métodos para criar e preservar, 161-163
   na psicoterapia, 156
   no caso da BP, 145-146
   no caso de Dartmouth, 107
   no caso de Thatcher, 81-83
retórica, na mudança mental, 28-29
riqueza, como motivadora, 115
Rite of Spring, 124-125
Robinson, Jackie, 202-203
Rockefeller, Nelson, 98-99
romantismo, 123-124
Roosevelt, Franklin, 85-86
Rothko, Mark, 126
Rousseau, Jean-Jacques, 59
Rubin, Robert, 113
Rubinstein, Arthur, 39-40
Rush, Benjamin, 165

S

Sakharov, Andrei, 168-170
Salk, Jonas, 202-203
Saul (Paulo) de Tarso, 184
scaffolding, 68-69
Scales, Junius, 182
Schoenberg, Arnold, 123-125
Schweitzer, Louis, 115
11 de setembro de 2001, 174-175, 178
Shakespeare, William, 123-124
Shannon, Claude, 199-200
Shapiro, Robert, 109-113
Shell Oil, 142-143
Shelley, Percy B., 117-118
Shostakovich, Dmitri, 179
Silone, Ignazio, 181-182, 191
Simon, David, 143-144
Simonton, Dean Keith, 126
Sizer, Theodore, 146
Skinner, B.F., 35
Sloan, Alfred P., 43
St. Dennis, Ruth, 124-125
Stalin, Joseph, 93-94, 179
   hipocrisia de, 180-182
Stockhausen, Karlheinz, 182-183
Stravinsky, Igor, 123-126, 129-130
Structure of Scientific Revolution, The, 120-121
Sulloway, Frank, 118-119
Summers, Laurence, 156
   e Cornel West, 156-160
   possíveis estratégias alternativas para, 159-161

T

Talibã, 175-176
Taylor, Paul, 124-125
teoria evolutiva, 52-53, 139-140
   desenvolvimento da, 117-119
   influência da, 118-121
   natureza contra-intuitiva da, 120
   precursores da, 117-119
teorias
   descritas, 31-32
   prevalentes, 33-34
   refletindo sofisticação do pensamento, 32
teorias intuitivas, 62-64
   da matéria, 64
   da mente, 64
   da vida, 64
   das relações humanas, 64
   fatores na mudança das, 66-70
   lógica e, 64-66
   persistência das, 64-67
terapia, 154-155
teste do espelho, 203
Thatcher, Margaret, 16, 71, 97-98, 112-113, 117
   background de, 78-79
   contexto histórico de, 78-79
   húbris de, 84-86
   mensagem de, 79-80
   métodos de, 83-86, 104
   mudança mental de, 81-86, 104-105, 107, 113
themata, 192
Tillich, Paul, 187
Tojo, Hideki, 93-94
Tolstoy, Leo, 170
Toyota, 52-53
Trabalho Qualificado
   critérios para, 202-203
   e mudança mental, 203-204
   necessidade do, 202
   opostos ao, 203-204
   praticantes do, 202-203
Tractatus Logico-Philosophicus, 188
tranqüilidade, importância da, 89-90
transferência, 153-154
treinamento comportamental, 198-199
Truman, Harry, 176
Tucídides, 138-139
Turing, Alan, 199-200
Turner, J.M.W., 123-124
Turrell, James, 126
Tutu, Desmond, arcebispo, 91-92

U

Ullman, Chana, 185-186
Ulysses, 127

V

van Gogh, Vincent, 132-133
Vermij, Geermat, 44-48
Volkswagen, 52-55
Vygotsky, Lev, 68-69, 146-147

W

Wagner, Richard, 123-124
Wallace, Alfred, 118-119
Washington, George, 163-164
Watergate, 190-191
Wegener, Alfred, 120-121
Welch, Jack, 117
Welch, Joseph, 102
Welty, Eudora, 100-101, 107
West, Cornel, 160-161
    e Lawrence Summers, 156-160
    reputação de, 156
Westinghouse, 142-143

wetware, 197-198
    futuro do, 198-200
    intervenções no, 197-199
Wiener, Norbert, 199-200
Wilberforce, Samuel, bispo, 131-133
Wilson, Woodrow, 176
Winsten, Jay, 131-132
    liderança indireta de, 129-130
    métodos de, 129-131
    projetos de, 129-130
Witness, 180
Wittgenstein, Ludwig, 72-73, 188-193
Wolfram, Stephen, 51-52
Woolf, Virginia, 123-126
World Wide Web, 200
Wright, Richard, 181-182

Y

Yeats, William Butler, 33

Z

Zagajewski, Adam, 126
Zander, Benjamin, 44-45
Zander, Rosamund Stone, 44-45
zona de desenvolvimento proximal, 68-69